돈되는
펜션
만들기

수익형 펜션 창업과 마케팅

돈되는 펜션 만들기

초판 1쇄 2017년 12월 20일

지은이 전용환
발행인 김재홍
디자인 이근택
교정·교열 김진섭
마케팅 이연실

발행처 도서출판 지식공감
등록번호 제396-2012-000018호
주소 경기도 고양시 일산동구 견달산로225번길 112
전화 02-3141-2700
팩스 02-322-3089
홈페이지 www.bookdaum.com

가격 25,000원
ISBN 979-11-5622-334-4 03320

CIP제어번호 CIP201703320
이 도서의 국립중앙도서관 출판예정도서목록(CIP)은 서지정보유통지원시스템 홈페이지(http://seoji.nl.go.kr)와 국가자료공동목록시스템(http://www.nl.go.kr/kolisnet)에서 이용하실 수 있습니다.

수익형 펜션 창업과 마케팅

돈되는 펜션 만들기

| **전용환** 지음 |

- 한눈에 알아보는 펜션 마케팅의 모든 것!
- 불편하지만 알아야 하는 사실들!
- 수익형 펜션 창업의 기초부터 마무리까지!

지식공감 도서출판

맛있는 라면을 끓이기 위한 우리들의 자세?

라면, 참 많이 먹는 음식이죠. 흔히들 '노가다'라고 부르는 펜션 건축과 인테리어 현장에 매여있다 보면, 라면으로 끼니를 때우는 일은 일상다반사랍니다. 가격도 착합니다. 기껏해야 천원 남짓이고, 비싸도 몇백 원 차입니다. 끓이는 사람에 따라 맛도 천차만별이죠. 한때 유명 가수가 방송 중에 값비싼 전복과 대게를 넣고 라면을 끓이던 모습이 전파를 타 설왕설래했던 적도 있었고, 온라인 등을 뒤져보면 제법 그럴듯한 라면 요리법도 꽤나 많이 올라와 있습니다. 하지만 특별한 경우를 제외하면, 맛있는 라면을 끓이기 위해 애를 쓰는 사람은 별로 없습니다. 대충 물을 잡아 수프를 푼 다음, 적당히 면을 익힙니다. 다 끓이고 나면 냄비째 그냥 먹거나, 아무 그릇에나 담아 허겁지겁 배를 채우기 일쑵니다.

웬 뚱딴지같은 라면 이야기냐고요? 펜션과 라면은 묘하게 닮은 구석이 많습니다. 라면만큼 만만해 보이는 사업이 펜션입니다. 수많은 사람들이 별다른 고민 없이 펜션 사업에 뛰어듭니다. 대충 눈에 띄는 이름난 펜션들의 외형이나 시설만을 훑어본 후, 이름난 건축가나 평판 좋은 업체를 찾아갑니다. 그런 다음 무작정 집을 짓기 시작합니다. 공사가 끝나고 나면 서로가 치하와 찬사의 작별 인사를 나눈 채 헤어지지만, 막상 문을 열어도 생각만큼 손님이 차지 않아 애를 태웁니다. 분명 남부럽지 않은 땅에 오만 가지 비싼 자재와 인기 있다는 시설들을 몽땅 집어넣었는데도 말입니다. 보는 사람들마다 잘 지은 집이라고 입에 침이 마르지만, 영업이 부진한 이유조차 모르고 넘어가는 경우가 대부분입니다. 이 모든 일들이 맛없는 라면을 먹게 되는 과정과 별반 다르지 않습니다. 막무가내로 라면을 끓인 다음 '짜네, 싱겁네'를 타박하는 사람들이나, 별다른 고민 없이 펜션을 만든 다음 '죽네, 사네' 아우성치는 사람들의 모습은, 묘하게 닮아있습니다.

그럼, 맛있는 라면을 끓이기 위한 가장 손쉬운 방법은 무엇일까요? 포장지 뒷면에 나와 있는 조리법에 따라 라면을 끓이는 거랍니다. 간단하죠?

하지만 라면 봉지에 적혀 있는 레시피를 꼼꼼히 읽어보는 사람 역시 별로 없습니다. 너무 많이 먹었고, 너무나 자주 습관적으로 끓여온 탓이죠. 펜션도 마찬가집니다. 펜션은 펜션다움을 잃지 않아야 합니다. 많은 사람들에게 친근하게 다가설 수 있어야 합니다. 월풀이나 스파, 풀 빌라가 펜션의 전부는 아닙니다. 대게나 전복을 집어넣고 끓여도 라면은 라면일 뿐인 것과 마찬가집니다. 라면을 끓이는 사람들마다 약간의 차이가 있듯이, 펜션도 정해진 법칙이 존재하는 건 아닙니다.

하지만 맛있는 라면을 끓이기 위해선 최소한의 조리법을 지켜야 하듯이, 펜션 창업과 운영도 마찬가지입니다. 펜션 비즈니스가 무엇인지 정확히 이해한 다음, 누구를 상대로 어떻게 팔지를 결정하는 일은, 고작 한 그릇의 라면을 끓여내는 것과는 비교할 수 없을 만큼 중요한 일입니다. 물론, 이런 골치 아픈 이야기 따윈 무시해도 그만입니다. 그저 약간의 돈과 알맞은 땅만 있으면 얼마든지 펜션을 만들어 운영할 수 있습니다. 문제는 매출과 수익에 달려있을 뿐입니다. 마치, 조리법 따윈 무시한 채 아무렇게나 끓여도 그만인 불어터진 라면처럼 말이죠.

대략 10여 년 동안 펜션과 관련된 일을 해오면서, 수많은 사람들을 만나보았습니다. 턱없는 환상에 젖어 큰돈을 쏟아붓는 사람부터, 절박한 심정으로 매달리는 사람들까지. 다양한 사람들을 만나 수없이 많은 일들을 겪어왔지만, 언제나 결론은 하나였습니다.

누구나 아는 것 같지만, 그 누구도 제대로 알지 못한다는 점입니다. 펜션은 외형적인 겉 모습 때문에, 대부분 건축이나 인테리어의 관점으로만 접근합니다. 펜션을 만드는 목적이 자기 맘에 드는 멋진 집이라면, 크게 틀린 방법은 아닙니다. 하지만, 펜션으로 돈을 벌어 좀 더 안정적인 생활을 유지하는 것이 목적이라면, 대단히 잘못된 접근 방식입니다. 펜션은 내 마음에 드는 멋진 집이나 남들에게 뽐낼 수 있는 화려한 건물이 되어서는 곤란합니다. 펜션은 잘 팔릴 수 있는 '상품'이 되어야 합니다. 잘 팔릴 수 있는 상품이 되기 위해선 스스로의 욕심을 버려야 할 때가 많습니다. 내 맘에 드는 펜션이 아닌 소비자의 기호와 취향에 맞는 펜션을 만들어야 합니다. 펜션은 건축과 인테리어가 아닌 확률과 선택이라는, 마케팅적 관점에서 다루어져야 합니다.

흔히들 마케팅이라고 하면, 쉽게 알아들을 수 없는 전문 용어나 획기적인 성공의 비법 따위를 떠올리는 경우가 많습니다. 하지만, 생소한 용어나 남들이 알아듣기 어려운 이야기를 남발한다는 것 자체가 마케팅에 대해 전혀 모르고 있다는 반증에 불과합니다. 마케팅은 단순하게 상품을 광고하고 판매하는 일에 그치지 않습니다. 기업을 경영하는 일 외에도, 사람이 살아가면서 부딪치는 수많은 문제를 다루고 있다고 생각합니다. 펜션 마케팅도 마찬가지입니다. 펜션 마케팅이 다루고 있는 모든 문제들의 배경에는, 돈에 대한 막연한 욕망이 깔려있습니다. 싼값에 집을 짓고 싶다는 막연한 욕심보다는, 시장의 흐름에 맞는 합리적인 선택과 투자가 우선입니다. 펜션 마케팅의 가장 큰 목표는, 잘 팔릴 수 있는 펜션 만들기에 있습니다. 근거 없는 뜬소문이나 말도 안 되는 획기적인 비법 따위에 귀 기울이기보다는, 시장을 바라보는 관점을 키워야 합니다. 펜션? 어찌 보면 별거 아닐 수도 있습니다. 하지만, 말처럼 쉬운 일도 아닙니다. 펜션을 만들어 운영하고 있는 사람들은 수없이 많지만, 펜션으로 큰돈을 벌었다는 사람은 별로 없습니다. 모두들 손에 쥔 약간의 돈과 희망 어린 전망에만 기댄 채, 분별없이 덤벼든 탓입니다.

이 책에는, 건축이나 인테리어에 대한 전문적인 지식이나 학문적인 배경에 기초한 이론 따윈 들어있지 않습니다. 가장 현실적인 고민들과 실제로 현장에서 겪어온 다양한 사례들을 담아보았습니다. 무엇보다도, 성공적인 펜션 창업과 안정적인 운영에 보탬이 될 수 있는 내용들을 다루어보기 위해 최선을 다했다고 자부합니다. 언뜻, 하찮게 넘겨도 그만인 내용들일지도 모르겠습니다. 하지만, 적어도 우리가 무심코 지나쳤던 라면 봉지 뒷면의 간단한 조리법 정도는 되었으면 하는 바람입니다. 무엇보다도 펜션 사업에 대한 달콤한 환상보다는 살벌한 시장의 민낯을 있는 그대로 소개하고 싶었습니다. 그럼, 이제부터 펜션 시장의 다양한 모습들을 살펴보도록 하겠습니다. 생각보다 꽤 많은 이야기랍니다. 가끔은 지루한 내용이 이어질지도 모르겠네요. 조금만 양해해 주셨으면 합니다. 맛있는 라면을 끓이기 위한 약간의 수고로움 정도로 여겨주시기 바라면서, 펜션 마케팅에 대한 길고 긴 이야기를 시작해 보겠습니다.

CONTENTS

2장 땅 짚고 헤엄쳐 본 펜션 마케팅

3장 돈 되는 펜션 만들기

1장

펜션!
누구냐 넌?

펜션 사업에 대한 새로운 고민들

이미, 펜션 비즈니스의 기나긴 항해는 드넓은 푸른 바다 Blue Ocean 를 지나, 노을이 지는 좁디좁은 붉은 바다 Red Ocean 로 접어든 형국입니다. 맨 처음 펜션이 생겨나던 무렵만 해도, 누구나 손쉽게 달려들어 편하게 돈을 벌 수 있는 사업 중 하나가 펜션이었습니다. 그러나, 불과 20여 년이 채 지나지 않은 지금, 쉽게 돈을 벌기는커녕 살아남기에도 급급한 지경으로 변해버렸습니다. 물론, 밖에서 보는 사람들은 상상도 못할 일입니다. 지금도 전국 방방곡곡에선 새로운 펜션들이 쉼 없이 속속 들어서고 있습니다. 인기 있는 유명 펜션들의 경우, 주말이나 여름 휴가철엔 방을 구하지 못해 안달인 사람들로 가득합니다. 이런 탓에, 적어도 밖에서 보는 펜션 시장은 여전히 건재해 보입니다. 아직도 자금에 여유가 있는 중년의 남성들이나 새로운 돌파구를 찾는 젊은 사람들에게 펜션은 더없이 달콤하고 매력적인 사업으로 비치고 있습니다. 펜션 사업에 대한 새로운 고민들은 여기서 출발합니다.

1 친구 따라 강남 가도 좋은 일은 생기지 않는다

펜션이 기하급수적으로 늘어나던 2000년대 초중반만 해도 펜션이 무엇인지 따위는 뒷전인 채, 주변의 권유나 지인의 부추김만으로 창업한 경우는 부지기수였답니다. 그 당시만 해도, 펜션은 꽤나 짭짤한 사업이었습니다. 지금처럼 경쟁이 심하지도 않았고, 소비자들의 눈높이도 그다지 높지 않았던 터라, 말 그대로 돈을 긁어모으는 사업쯤으로 치부되곤 했습니다. 그럼, 지금은 어떨까요? 친구 따라 강남 갔다가 코 빠뜨리는 일만 늘어나고 있습니다. 경쟁은 치열해졌고, 소비자들의 눈높이는 머리 꼭대기에 올라선 지 오랩니다. 별다른 고민 없이 펜션을 시작해, 시쳇말로 '식겁'하는 일은 흔하디흔합니다. 들어간 돈이나 벌어야 할 돈은 둘째치고, 입에서 단내가 나도록 부산을 떨어도, 해야 할 일은 좀처럼 줄어들지 않습니다. 청소는 끝이 없고, 빨래는 산을 이룹니다. 부푼 꿈에 들떠 멋지게 꾸몄던 정원엔 잡초만 무성하고 화단엔 흙먼지만 날립니다. 눈코 뜰 새 없이 바쁜 통에, 이따금 걸려오는 예약 전화는 간만 보고 끊어버리기 일쑵니다. 간간이 맞닥뜨리는 손님들의 불평에 한바탕 혼이 나고 나면, '내가 왜 이 짓을 하고 있나?' 싶은 회의감마저 밀려듭니다. 친구 따라 강남 가는 심정으로 멋모르고 덤벼든 펜션이 돈을 벌어다 주기는커녕, 어느새 애물단지로 전락해 버리기 일쑵니다.

주변에서 그 어떤 환상적인 이야기를 들려주었던, 당신이 꿈꾸고 있는 펜션과 현실 속의 펜션은 지킬 박사와 하이드 씨만큼의 간극이 존재한답니다. 남들은 부러워할지 몰라도, 속으로는 어쩔 줄 몰라 애를 태우는 사람들은 부지기수입니다. 얼핏 보기에, 펜션만큼 쉬워 보이는 사업도 드뭅니다. 하지만, 역설적으로 펜션만큼 골때리는 사업도 드물답니다. 자세한 내막을 전혀 모른 채, 듣고 싶은 이야기, 보고 싶은 모습들만 쫓아다닌 결과입니다. 정작 잔인한 현실과 맞닥뜨리게 되는 건, 금쪽같은 자기 돈을 몽땅 쏟아부은 다음입니다. 장사가 잘 되면 잘 되는 대로 힘들고, 안되면 더없이 고단한 매일이 반복되곤 합니다. 이웃 간의 크고 작은 다툼도 버겁기만 합니다. 웃는 낯으로 인사를 나누던 옆집 펜션 주인의 터무니없는 민원 따위에 시달리고 나면, 한동안 온몸에 맥이 쭉 빠집니다. 펜션 사업의 이면에 도사린 무서운 장사 '샘' 때문입니다. 펜션으로 재미를 본 형과, 형의 권유로 뒤늦게 펜션을 차린 동생이 얼굴도 마주치지 않는 경우를 본 적도 있습니다. 이 모든 일들의 밑바탕에는 돈에 대한 끝없는 욕심이 깔려있습니다. 단순히 돈 때문이라고만 넘어가기에는 한계가 있으니 좀 더 구체적인 연원을 따라 올라가 보도록 하죠.

2000년대 중반 무렵, 아니 보다 정확히는 2004년 7월부터 실시된 주 5일 근무제는 우리 생활에 엄청난 변화를 가져다주게 됩니다. 갑자기 늘어난 휴일 덕에, 불쌍한 가장들의 남모를 고민만 한없이 커져갑니다. 여름휴가는 어쩔 수 없다고 쳐도, 매주 성화를 부리는 가족들과의 '뜻밖의 여정'은 생각보다 만만찮은 일이 되어버립니다. 그러던 차에, 전원에서의 낭만적인 하룻밤이라는 '펜션'의 콘셉트는 더없이 반가운 존재로 다가오게 됩니다. 가까운 근교에 자리 잡은 펜션을 찾아, 여장을 풀고 주변을 돌아다니다 보면 하루가 금세 지나가죠. 해 질 녘에 숯불을 피워 도란도란 고기를 구워 먹고, 쏟아지는 별빛이나 밤하늘을 바라보다 잠자리에 드는 펜션 여행은 안성맞춤이었습니다.

이때부터, 지역의 토착형 민박들은 외지에서 들어와 속속 문을 열기 시작한 현대식 펜션들에게 그 자리를 내어주게 됩니다. 그나마 발 빠른 민박들이 새로 건물을 짓거나 시설을 개改 보수한 다음, 재빨리 펜션으로 변신하게 됩니다. 그리고 펜션은 우후죽순 늘어나게 됩니다. 본격적인 펜션 붐이 일어나면서, 한 해 평균 10%, 지역별로 많게는 25%씩 늘어납니다. 시골에 사는 형님이 펜션으로 돈을 벌게 되면, 서울에 사는 동생에게 펜션을 차리게 합니다. 동생은 곧바로 가까운 친구들까지 불러드립니다. 펜션이란 '간판'만 붙여놓아도 돈이 되던 시절이었기 때문이죠.

지금도 펜션 창업은 꾸준히 이어지고 있습니다. 과거와 비교하기엔 다소 무리가 있지만, 아직도 일반인들이 꿈꿀 수 있는 자영업 중에 펜션만큼 수익을 거둘 수 있는 업종도 드문 것이 사실입니다. 펜션 창업도 과거와 같은 '묻지 마 식' 투자만으로는 결코 성공할 수 없습니다. 과거의 펜션과 지금의 펜션이 너무나 많이 달라진 탓입니다. 일단, 규모가 지나치게 커져버렸습니다. 초창기 펜션의 경우 70평형 건물 한 채에 객실도 예닐곱 개 정도가 보통이었습니다. 하지만, 요즘은 웬만한 소규모 호텔에 버금가는 수준으로 커져버렸습니다. 규모만 커진 것이 아닙니다. 풀 빌라 급 펜션 창업이 주를 이루다 보니, 과거와 달리 창업비용도 천정부지로 뛰어버렸습니다. 땅값을 제외한 건축 비용과 기타 창업 비용만 해도, 몇억 원은 우습게 들어가고, 경우에 따라선 몇십억씩 투자되기도 합니다. 펜션 창업도 과거처럼 도시 생활을 정리하고 손에 쥔 약간의 돈만으론 꿈도 꿀 수 없어졌습니다. 투자비용과는 별개로 자산관리목적으로 대규모 펜션을 짓는 사람들도 있기는 하지만, 생계를 목적으로 창업을 꿈꾸는 사람들에게는 너무 버겁습니다. 더 큰 문제는, 아직도 이런 사람들을 은근히 부추기는 못된 심보들입니다. 제법 그럴듯한 조언을 늘어놓거나, 각자의 이해관계에 얽힌 투자를 충동질하는 경우가 늘어나고 있습니다.

펜션 창업을 염두에 둔 사람치고, 세상 물정 어두운 사람은 거의 없습니다. 펜션 창업 이전의 삶이 결코 녹록하지 않았기에 펜션 창업을 감당할 만큼의 경제적인 여유를 일구어낼 수 있었던 사람들이 대부분입니다. 그럼에도 불구하고, 좌고우면左顧右眄 할 수밖에 없는 이유는 오로지 하나뿐입니다. 펜션에 대한 명확한 이해나 펜션 비즈니스에 대한 올바른 전략이 부족한 탓입니다. 펜션도 겉으로 보기엔, 조금 규모가 큰 집에 불과합니다. 실제로도 허가상 주택인 경우가 대부분이기 때문에, 펜션 창업은 곧 펜션 건축이라는 모호한 등식에 빠져들곤 합니다. 그런데 집을 짓는 과정에 한발씩을 걸치고 있는 대부분의 업체들이나, 나름 전문가라는 사람들조차, 펜션에 대한 이해가 전무하다는 것이 가장 큰 문제입니다. 펜션을 짓는 과정에서의 중요한 의사결정도, 주인이 호불호好不好에 맡겨질 뿐입니다. 애당초 돈을 내고 펜션을 예약할 사람들의 선호나 필요 따윈 안중에도 없습니다. 말로는 돈을 벌기 위해 펜션을 짓는다지만, 정작 완성된 건물은 주인의 맘에 드는 멋진 집 정도가 최선일 따름입니다. 올바른 잣대가 없다 보니 일어나는 현상이라고만 치부하기엔 너무나 안일한 태도들입니다. 펜션으로 돈을 벌 욕심을 부리면서도, 정작 장사는 뒷전인 사람들을 바라보고 있노라면 대경실색할 지경입니다. 대부분 건물에 붙일 마감재의 종류나 타일 색깔을 고르는 일에만 전전긍긍할 뿐, 어떻게 팔아야 할지에 대한 고민의 흔적 따윈 엿보이지 않습니다. 돈을 쓸 생각만 하지, 돈을 벌 궁리를 못하는 것이 펜션 창업을 꿈꾸는 사람들의 일반적인 모습입니다. 설령, 친구 따라 강남 간다고 해도, 좋은 친구를 두어야 생각지도 못한 큰 낭패를 면할 수 있습니다. 펜션에 대한 새로운 고민 중 첫 번째가 이런 안일한 태도들입니다.

귤이 탱자가 되기까지는 그리 오랜 시간이 걸리지 않았다 2

영문 표기 'Pension'은 연금을 뜻하는 단어입니다. 우리가 이야기하고 있는 펜션의 어원도 여기서 파생되었는데, 모두들 잘 아는 바와 같이 유럽에서 시작된 농어촌 지역의 작은 민박들이 펜션의 원형이라고 보면 큰 무리가 없습니다. 우리나라도 마찬가집니다. 8~90년대까지만 해도 유명 관광지나 해수욕장 인근에 즐비하게 들어서 있었던 민박집들을 기억하는 사람들은 꽤나 많을 겁니다. 까까머리 고등학생이나 주머니 가벼운 대학생들이 왁자지껄 동네 어귀로 몰려들면, 때맞춰 손님을 붙들던 민박집 할머니들과 마주치곤 했죠. 정감 어린 인심이 많이 남아있던 시절이라, 먹거리조차 변변찮던 어수룩한 어린 학생들에게 찐 감자나 옥수수 따위를 챙겨주시던 모습이 아직도 눈에 선합니다. 가끔 술에 취해 소란을 피울 때면, 때맞춰 불호령을 치시던 호랑이 할아버지도 있었지만요. 외국도 크게 다르진 않았습니다. 지나가는 길손을 상대로 간단한 식사와 잠자리를 제공해 얻은 약간의 수입을 생활에 보태던 것은 우리나 외국이나 별반 다르지 않았습니다. 대표적인 것이 아직도 모범적으로 운영되고 있는 프랑스의 농어촌민박 네트워크 '지트 드 프랑스 Gite de France'입니다. 이 장의 맨 끝 참고 자료 2. 참조

맨 처음 등장했던 민박이나 펜션은, 본격적인 사업과는 꽤나 거리가 먼 시설들이었습

니다. 숙박업 등록을 마친 호텔이나 모텔 등의 전문업소가 버젓이 존재하고 있었던 터라, 민박이나 펜션은 그저 자기 집에 남는 방 몇 개나 별도로 만들어진 작은 집 한 채 정도를 가지고 약간의 부수입을 기대하는 수준이었을 뿐입니다. 일 년 열두 달 문을 열어 손님을 받는 것도 아니었죠. 여름 휴가철이나 주말에, 미처 잠자리를 잡지 못한 손님들이나 주머니 가벼운 사람들을 상대로 빈방을 파는 것이 전부였습니다. 좀 더 발전한 후부터는 양상이 조금씩 달라졌지만, 그래도 초창기 펜션은 전통적인 민박과 크게 다르지 않았답니다. 그런데 뜻하지 않은 변화의 시기가 불현듯 찾아옵니다. 한 가지는 이미 이야기한 주 5일 근무제의 확산이었고, 또 다른 하나는 목조주택의 본격적인 확산이었습니다. 소소한 원인으로는 전반적인 가계 소득의 증가나 2000년대 초반 불어닥친 웰빙 Well-being 열풍 등을 꼽기도 하지만, 역시나 주된 이유는 앞서 언급한 두 가지가 가장 큰 원인이라고 봅니다.

경량 목구조 방식의 미국식 목조주택은, 전원주택 붐이 일어나자 국내에 도입된 여러 건축 공법 중 하나에 불과했었습니다. 90년대 중반 도입된 목조주택은, 철근콘크리트 방식에 비해 비교적 저렴한 비용?과 사계절 시공이 가능하다는 나름의 장점을 가지고 있었습니다. 처음에는 쉽게 대중화되지 못했지만, 차츰 늘어나기 시작한 전원주택 수요로 인해 크게 확산되기 시작합니다. 때마침 불어닥친 펜션 붐 역시, 목조주택의 영향을 많이 받게 됩니다. 노후화된 전통 민박의 시설 개선에 대한 보이지 않는 외부 압력과 전원주택을 선망하던 도시 생활자들의 기호와 취향이 맞물리면서, 2000년대 초중반부터 새로 만들어진 대다수의 펜션들이 미국식 목조주택 방식으로 만들어집니다. 박공 □□ 구조의 지붕과 테라스가 딸린 아늑한 실내, 나무 계단을 통해 오르내리는 복층 複層 구조 등은 답답한 아파트나 도시에서의 생활과는 전혀 다른 느낌을 주기에 충분했던 거죠. 더불어 적절한 조경과 입지적 이점까지 어우러지면서, 펜션은 딱딱하고 획일화된 호텔이나 모텔과는 크게 비교되는 색다른 정취를 제공하게 됩니다. 이때부터, 펜션 열풍은 가히 들불처럼 번져나갑니다. 기존 건축 방식에 비해 상대적으로 저렴한 비용으로, 외국에서나 보던 멋진 전원주택을 지어 펜션을 운영할 수 있었기 때문이죠. 별장 명목으로 펜션을 만든 후, 주말에만 잠깐씩 내려와 손님을 받아도 만만치 않은 수입을 올릴 수 있었던 터라, 도시에 살던 사람들에게도 꽤나 짭짤한 부업으로 각광받게 됩니다. 소비자들 입장에서도, 펜션은 더없이 매력적으로 다가오게 됩니다. 호텔의 엄숙함이나 콘도미니엄의 획일화된 분위기와는 전혀 다른, 전원에서의 하룻밤이라는 독특한 매력 때문이었죠. 본격적인 미국식 그릴 바비큐와는 다소 거리가 멀지만, 가족이나 연인들끼리 오붓하게 즐기는 바비큐 역시, 일등공신이 됩니다. 호텔이나 콘도미니엄에 비해 상대적으로 저렴한 가격은 두말할 나위 없었습니다.

펜션은 딱 이 지점에서 멈췄어야 합니다. 펜션의 불황은 스스로가 자초한 측면이 큽니다. 시장의 규모가 커지고 돈이 된다는 인식이 퍼지면서 경쟁이 과열된 원인도 있지만 펜션의 규모나 가격이 이 정도쯤에서 유지되었더라면, 지금과 같은 큰 어려움은 겪지 않았었을 겁니다. 지금의 펜션은, 강남의 귤이 강북의 탱자가 된 것만도 못하다고 봅니다. 혹자는 무슨 허튼소리냐고 반문할 수도 있겠죠. 하지만 결코 무리한 주장만은 아니라고 생각합니다. 그럼 왜 그런지 지금부터 하나씩 따져보죠.

장면 ①

여자 친구와 만난 지 100일을 기념하기 위해, 큰맘 먹고 동해안의 펜션을 예약했던 한라봉 씨는 쓰라린 속을 부여잡고 집으로 돌아왔다. 처음엔 그저 커플링이나 하나씩 맞춘 다음, 멋진 레스토랑에서 100일을 기념할 계획이었었다. 하지만 여자 친구는 한 달 전부터, 인스타그램 Instagram 에서 입소문 난 유명 풀 빌라 펜션에 가고 싶다고 조르고 졸라왔다. '그깟 펜션쯤이야!'하는 가벼운 마음에 호쾌하게 OK를 외친 순간부터, 한라봉 씨의 예상치 못한 고난은 시작되고 말았다. 커피 전문점에서 만난 여친이 아이패드로 보여준 풀 빌라 펜션은, 그런대로 괜찮아 보였다. 내심, 그동안 가끔씩 들리던 신촌의 모텔과 무슨 차이가 있나 싶기도 했지만, 기대에 부푼 여친을 생각해 내색도 하지 않았다. 하지만, "예약해도 되지?"라는 말을 무심코 흘려들은 한라봉 씨는 입금계좌와 함께 날라온 상상도 못한 요금을 보고 사색이 되고 말았다. 여친이 예약한 풀 빌라 펜션의 객실 요금은 한라봉 씨의 한 달치 아르바이트 비용을 전부 털어도 모자랄 만큼 비쌌다. 그러나 이미 엎질러진 물.

쪼잔한 남자가 되기는 싫어 렌트카까지 빌려 기어이 펜션에 도착했으나, 막상 입실한 펜션은 생각만큼 좋아 보이진 않았다. 여친은 연신 사진을 찍어 인스타그램에 올리며 즐거워했지만 말이다. 어차피 이미 낸 돈, 실컷 즐겨야겠다 싶어 스파를 쓰려고 보니 '스파 이용 시 요금은 5만 원입니다'라는 안내문을 본 순간, 기어이 열이 받고 말았다. 주인에게 따져 물으려고 했지만, 여친은 "요즘은 다 그래! 오빠 왜 그래? 찌질하게!"라며 쏴붙였다. 손이 발이 되도록 빌고 또 빌어 간신히 화를 풀었지만, 집으로 돌아온 후에도 여전히 기분은 찜찜했다. 그리고 속으로 굳게 다짐했다. '내가 두 번 다시 펜션에 가면 사람도 아니다!'라고 말이다.

장면 ②

요즘, 펜션 사업을 알아보던 천혜향 씨는 암담한 현실과 마주한 후 계속해서 어깨가 축 처져있다. 남편 회사의 구조조정 소식을 들은 다음부터, 이런저런 궁리 끝에 떠올린 것이 펜션 사업이었다. 덕분에 한동안 발품도 열심히 팔았다. 좀처럼 얼굴 보기가 힘들던 친구의 근황을 동창회에서 전해 들은 것이 발단이었다. 절친은 아니었지만, 동창회 모임에 빠짐없이 나오던 친구가 갑자기 보이지 않아 궁금하던 차에 동창생들의 입방아를 전해 들었던 것이 결정적이었다

"어머, 걔 남편하고 거제도 내려가서 펜션 차렸다나 봐!"
"그래? 잘 되나 보지?"
"응! 요새 펜션이 꽤 짭짤하다잖니!"

이런저런 수군거림을 들은 천혜향 씨는 친정이 있는 여수에서 펜션을 해보면 어떨까 싶었

다. 큰 애는 얼마 후면 군에 가고, 막내도 이제 곧 고3이 되니 교육 문제도 큰일 아니다 싶었다. 명색이 대기업 임원까지 하던 남편이 집에서 노는 것도 그렇고, 번듯한 사업하기엔 턱없는 형편을 생각해보니 펜션은 안성맞춤이다 싶었다. 퇴직금과 아파트를 팔아 이래저래 돈을 끌어모으면 창업 비용도 충분할 것 같았다.

하지만 겸사겸사 친정에 내려와 며칠 동안 이모저모 알아본 결과, 천혜향 씨의 부푼 꿈은 산산조각이 나고 말았다. 아무리 세월이 흘렀다곤 해도, 옛날 같으면 보리쌀 몇 섬이면 거저 살 수 있었을 바닷가 돌밭을 평당 4~5백만 원씩 부르기 일쑤였다. 맘엔 썩 들진 않아도 조금만 찾아보면 땅은 어찌어찌 살 수 있을 것 같아 내친김에 건축 비용까지 알아보았지만, 현실의 벽은 턱없이 높았다. 살림만 하느라 건축이나 인테리어에는 도통 감이 없던 천혜향 씨는, 고향 친지들의 소개로 몇몇 사람들을 만나보았지만, 끝내 펜션에 대한 꿈을 접을 수밖에 없었다. 요즘 만들어졌다는 눈에 띄는 몇몇 펜션들을 예로 들어 대충 얼마나 들까 알아본 결과, 아파트를 판 돈과 퇴직금 정도로는 언감생심 꿈도 꾸지 못할 정도라는 사실만 확인할 수 있었던 것이다.

위에 두 장면은, 가상의 상황을 묘사한 내용들입니다. 실제로 요즘 펜션 시장은, 이용하는 사람이나 사업을 염두에 둔 사람들, 모두에게 너무나 가혹합니다. 펜션을 운영하는 사람들과 이용하려는 소비자들 사이엔 미묘한 입장 차이가 존재합니다. 소비자들 입장에선 지나치게 비싸졌다고 불만을 토로하지만, 펜션 주인들은 들어간 돈을 생각하면 그마저도 싸다고 아우성입니다. 우리는 여기서 한 가지 사실에 주목해 볼 필요가 있습니다. 사업이든 장사든 목적은 '돈'입니다. 자선사업이 아닌 이상 돈을 벌기 위한 비즈니스를 탓할 바는 못되지만, 사업에도 반드시 지켜야 할 덕목이 있습니다. 받고자 하는 돈에 걸맞은 품질의 상품이나 서비스를 제공해야 합니다. 때론, 고객들이 지불하는 돈보다 더 큰 가치를 제공할 수 있어야 오랫동안 살아남을 수 있습니다.

하지만 요즘 소비자들의 인식 속에 펜션은 그저 타고난 금수저들이나 가는 특별한 호화시설쯤으로 여겨지고 있는 것이 현실입니다. 펜션을 운영하는 사람들이나 창업을 고민하는 사람들의 고민도 깊어졌습니다. 겉으로 보기에 번듯한 펜션을 짓기 위해 들어간 막대한 비용을 생각하면, 자칫 '빛 좋은 개살구'가 되기 십상이죠. 그럼, 예전에 어땠을까요?

일단, 펜션을 찾는 사람들의 발걸음은 더없이 가볍고 경쾌했습니다. 값비싼 호텔이나 회원제로 운영되는 콘도미니엄에 비해 시설은 다소 부족할지 몰라도, 펜션이 제공하는 이색적인 정취는 약간의 불편함 정도는 기꺼이 감수할 수 있었습니다. 편리하기야 모텔이 최고지만, 사랑하는 가족이나 연인끼리의 여행에선 왠지 좀 꺼림칙합니다. 이런저런 이유로, 가족적인 분위기의 펜션은 큰 부담 없이 즐길 수 있는 최적의 장소로 손색이 없었답니다. 펜션을 창업하는 사람들도 큰 부담 없이 손쉽게 시작할 수 있었습니다. 일단, 경량 목구조로 만들어지던 전원주택 스타일의 펜션은, 대도시 아파트 정도를 팔아 손에 쥔 돈 정도면 충분했고, 땅값 역시 요즘에 비하면 우스운 수준이었죠. 월풀이나 스파, 개별 수영장 따위의 값비싼 시설은 생각조차 못하던 시절이라, 말 그대로 내가 살 집과 손님을 받을 객실 대여섯 개만 갖추면 충분히 시작할 수 있었습니다. 평당 만 원을 넘지 말라는 지자체의 권고와 지도 덕분에 객실 가격도 비수기 주중을 기준으로 1박에 7만 원 내외가 보통이었습니다. 합리적인 요금 덕분에 고객과의 분쟁이나 영업상의 어려움도 훨씬 적었습니다. 가장 큰 장점은, 초기 투자 비용이 현저히 낮아 주말과 여름 휴가철만 알차게 장사를 해도 별다른 어려움이 없었다는 점입니다. 굳이 매출에 목을 맬 필요 없었기 때문에, 펜션을 찾는 고객이나 운영을 하는 사람, 양쪽 모두에게 서로 좋은 Win-Win 아이템이었습니다.

동네에서 흔히 볼 수 있는 오래된 가게들의 특징과도 유사합니다. 질 좋은 물건이나 맛난 음식을 착한 가격으로 팔다 보면, 단골손님은 꾸준히 늘어납니다. 찾아오는 손님들도 믿을 수 있는 가게라는 인식이 생겨 좀처럼 발걸음을 돌리는 일이 없죠. 이런 오래된 노포老鋪들과 비슷했던 것이, 과거의 펜션이었습니다. 펜션 주인들은 지금처럼 기를 쓰고 광고를 하거나 여기저기 대행이라는 명목으로 돈을 뜯기는 일이 없었고, 펜션을 찾는 손님들도 합리적인 가격과 이색적인 분위기 덕분에 부담 없이 찾을 수 있었답니다. 지금과 같은 호화로운 펜션을 원하는 사람도 드물었고, 굳이 값비싼 시설들로 방을 채울 필요도 없었습니다. 깔끔하게 정리된 침실과 주인의 따스한 환대 정도면, 그런대로 제법 운치 있는 하룻밤을 보낼 수 있었기 때문입니다.

펜션이 딱 그 지점에서 멈추었어야 한다는 의미를 이제 이해하시겠나요? 물론 동의하지 못하는 사람들도 있을 겁니다. 하지만, 실제로 펜션을 운영해 본 사람이라면 충분히 공감할 내용들입니다. 그럼, 어쩌자고 펜션이 탱자로 변해버린 걸까요? 두말할 나위 없이, 돈에 대한 끝없는 욕망 때문입니다. 어리석은 주인의 조바심이 황금알을 낳는 거위의 배를 갈라버린 것처럼, 나름 알찬 수익을 가져다주던 펜션을 탱자로 바꾼 것도 '부질없는 욕심' 때문이었습니다. 주말과 여름 휴가철만 알차게 운영해도 크게 부족함 없는 생활을 누리며 살 수 있었지만, 주 중에 비어있는 객실을 바라보며 은근한 욕심을 부리기 시작한 것이 결정적인 원인입니다. 겉으로 보이는 외형이나 숫자로 찍히는 매출이야 과거에 비해 월등하게 커졌다지만, 펜션을 차리는 데 들어가는 막대한 비용과 이런저런 명목으로 빠져나가는 돈들을 생각해보면 빛 좋은 개살구에 지나지 않는 경우가 더 많아졌습니다. 지금의 펜션은 지나치게 무겁고, 모든 면에서 과잉입니다. 돈을 번다는 것도, 들어간 돈과 노력에 비례합니다. 아무리 많은 돈을 번다 한들, 내 몸은 축나고 들어간 본전조차 회수하지 못한다면, 과연 성공한 사업이라고 말할 수 있을까요?

펜션을 이용하려는 사람들도 호화로운 고급 숙박 시설만을 찾는 것이 아니라는 점을 잊지 말아야 합니다. 기껏해야 풍광 좋은 위치 정도를 빼면, 웬만한 고급 모텔과 비교해 딱히 내세울 만한 것이 없는 게 요즘의 풀 빌라 펜션들입니다. 그럼, 서비스는 호텔에 비길 수 있을까요? 되려 호텔보다 비싸고, 모텔보다 불편하기만 할 따름입니다. 탱자는 고사하고, 자칫 빛 좋은 개살구가 되어버릴 가능성이 큽니다.

탱자를 옮겨 심어 감귤을 만들 방법은 없습니다. 굳어진 인식의 틀을 깨고, 고정관념을 버려야 합니다. 펜션에 대한 올바른 시각과 현명한 전략이 필요합니다. 갈라버린 거위의 배를 바라보며 한숨만 쉴 겨를이 없습니다. 다시금, 거위를 키울 궁리를 하는 편이 현명합니다. 비록, 그 거위가 또다시 황금알을 낳아주진 못한다고 해도 말입니다. 우리에게 정말 필요한 것은, 매일 같이 황금알을 낳아줄 거위가 아닌 삶의 여유라는 점을 잊지 말아야 합니다. 황금알을 기대하고 거위를 키우는 일은 사업이 아닌 투기일 뿐입니다. 우리가 꿈꾸는 펜션 사업이 한순간의 꿈에 그쳐서는 곤란합니다. 남은 인생의 삶을 굳건히 꾸려갈 수 있는 튼튼한 다리가 되어야 합니다. 펜션에 대한 새로운 고민의 두 번째 이유가 여기 있습니다.

3 십 리도 못 가서 발병 난다

펜션 창업을 염두에 둔 사람들의 특징이 있습니다. 그들 스스로는 나름 열심히 준비를 한다고 여길지 몰라도, 전혀 쓸모없는 발품을 파는 경우가 허다합니다. 계절마다 열리는 건축 박람회나 전시회를 부지런히 찾아다니거나, 나름 이름난 펜션들을 찾아 전국을 떠돕니다. 하지만, 전시장에서 애써 모아온 팸플릿이나 카탈로그 따윈, 막상 실전에 들어가면 아무런 도움도 되지 못합니다. 기껏, 업체들을 상대로 "이런 자재는 어떤가요?"라고 디밀어봐야, 돌아오는 대답은 매정한 면박 아니면, "그거 쓸 데가 별로 없는데요!"라는 핀잔 정도가 전부입니다. 현업에서 뛰고 있는 그들 세계의 생리를 이해하지 못하는 한, 별반 소용이 없을 때가 더 많습니다. 이름난 펜션들을 찾아 전국을 떠도는 일도 마찬가집니다. 부러움의 탄식이나 막연한 환상 외에, 특별히 얻을 것이 없기 때문이죠. 맘에 드는 펜션이 눈에 띌 때도 있지만, 솔직히 일반인이 가늠하기에 어느 정도 비용이 들었는지 알 수 있는 방법은 별로 없습니다. 주인에게 직접 물어봐도 딱히 제대로 된 대답을 듣기란 요원합니다. 허풍 아니면 엄살 정도가 전부입니다. 더 마음 아픈 건, 이런저런 펜션들을 다녀온 후 들뜬 기분으로 견적을 뽑아 본 다음에 밀려드는 허탈감입니다. 이런 쓸모없는 발품 끝에 남는 건 십 리도 못 가서 발병 난 아픔뿐입니다. 차라리 다른 준비를 하는 편이 옳습니다. 즉, 올바른 시장조사와 제대로 된 사업 계획입니다.

올바른 시장조사의 첫걸음은, 펜션 홈페이지를 찾아보는 일에서 시작됩니다. 온라인 포털 사이트에 올라와 있는 펜션 홈페이지는, 대략 12,000여 개쯤 됩니다. 여기서 '대략'

이라는 표현을 쓴 까닭은, 하루에도 몇 개씩 새로 생겨나는 펜션 홈페이지와 홈페이지 자체를 폐쇄했거나 아예 검색조차 되지 않는 펜션들이 매일같이 갱신되기 때문입니다. 어쨌든, 우리에게는 직접 찾아가 눈으로 확인하지 않아도, 편안하게 집에서 찾아볼 수 있는 수많은 펜션 홈페이지들이 있습니다. 자신들의 경영 상태를 공개하기 꺼려하는 일반 기업체나 온라인 회사들과는 달리, 펜션들은 자신의 모든 것들을 홈페이지에 올려둡니다. 그것도 최대한 열심히, 최대한 자세히 말입니다. 펜션의 외관과 주변 환경, 객실별 인테리어 등. 직접 찾아가서 확인해 보지 않아도 될 정도의 자세한 소개가 올라와 있습니다. 각자가 자랑하는 특별한 시설이나 서비스, 심지어 장사가 어느 정도 되는지까지, 실시간으로 알아볼 수 있습니다. 이용 후기를 읽어보면, 소비자들 사이에 오가는 펜션의 평판까지 알아볼 수 있기 때문에 더없이 좋은 시장조사 자료가 됩니다. 그런데 펜션 홈페이지를 살펴보는 과정을 반복하다 보면, 한 가지 어려움을 겪게 됩니다.

온라인 포털 사이트에는 보통 시, 군별로 지역에 따라 적게는 100여 개, 많게는 4~500여 개 남짓한 펜션 홈페이지가 등록되어 있습니다. 이들 중, 눈에 띄는 수준의 매출을 올리고 있는 펜션은 고작해야 5% 미만이며, 나머지 95%의 펜션은 매출이라고 부르기에도 민망한 경우가 대부분입니다. 규모나 시설 등을 감안해도, 참고할만한 펜션은 고작 10% 내외입니다. 나머지는 오래된 민박 수준을 겨우 면한 펜션들이거나, 한 달 치 예약 달력이 텅 비어있는 펜션들입니다. 결국 100여 개의 펜션 중 구미에 당기고, 눈에 띄는 펜션은 10집이 채 못 된다는 점이 가장 큰 걸림돌입니다. 고만고만한 펜션들을 계속해서 쳐다보고 있노라면, 별다른 차이를 느끼지 못하는 경우가 대부분입니다. 그래서, 대부분의 사람들은 인터넷으로 펜션을 검색한 다음, 광고를 올려둔 몇몇 펜션들만을 주마간산走馬看山 식으로 훑어본 후 이내 그만둡니다. 하지만, 이런 식으로는 장사가 잘 되는 펜션과 그렇지 못한 펜션들 간의 차이를 이해하기 어렵습니다. 차차 설명해 나가겠지만, 펜션 시장도 나름의 지역적 특징과 각기 다른 수요들이 존재합니다. 경주는 경주 지역만의 특징과 수요가 있으며, 남해군이나 거제, 통영 등도 각각의 시장 환경에 따른 특징들을 보여줍니다. 펜션 홈페이지를 일일이 확인해야 하는 이유는, 지역별로 서로 다른 시장 상황을 이해하기 위해서입니다. 눈에 띄는 이름난 몇몇 펜션들뿐만 아니라, 고만고만한 수준의 펜션들까지 지루할 정도로 찾아보고 또 찾아보는 수고로움을 견뎌내야 합니다. 그래야만, 같은 지역 내에서 비슷한 규모와 시설을 가진 펜션들 간의 매출 차이를 이해할 수 있게 됩니다.

펜션을 통해 나름의 성공을 거둔 사람조차, 자기 펜션이 어떤 이유로 돈을 벌고 있는지 정확히 아는 경우가 드뭅니다. 그저 남들보다 더 많은 돈을 들여, 더 좋은 시설을 만들었다는 믿음이 전부일 뿐입니다. 폄훼하려는 뜻은 결코 아닙니다. 원래 세상 모든 일이 다 그렇습니다. 스스로는 물론, 옆에서 지켜본 사람들조차 성공의 비법을 알아내기란 결코 쉬운 일이 아닙니다. 어쩌다 운이 따라 성공했을 수도 있고, 시류에 편승해 돈을 벌었을 수도 있습니다. 성공한 사람에게 얻을 수 있는 건 막연한 부러움이나 옳지 못한 시기심뿐입니다. 오히려, 실패한 사례들을 통해 더 많은 것들을 배울 수 있습니다. 한 가지 예를 들어볼까요? 경남 남해군은 대표적인 펜션 밀집 지역 중 하나입니다. 2013년과 2017년에 각각 남해군 지역 펜션 현황을 조사한 결과, 약 55개에 달하는 신축 펜션과 리모델링을 거쳐 새로 오픈한 펜션들을 찾아낼 수 있었습니다. 이중 약 32개의 신축 펜션들이 대부분 풀 빌라 급 규모와 시설을 갖추고 있습니다.

그런데 이들 펜션 중 비수기 주중 객실 예약률이 50% 이상인 펜션은 2곳에 불과합니다. 심지어, 절반에 가까운 펜션들이 10~40%까지 요금을 할인해 주고 있습니다. 하지만 55개의 펜션만을 따로 떼어내 살펴보는 것만으로는, 이런 현상이 벌어지는 원인을 이해하기 어렵습니다. 남해군의 경우 대부분 해안가를 따라 펜션이 밀집해있다 보니 입지적 차이도 크지 않습니다. 규모나 시설도 비슷비슷합니다. 얼핏 보면, 요금도 별 차이 없습니다. 그럼, 장사가 부진한 펜션들은 주인이 불친절하거나 장사에 의욕이 없어서 그럴까요? 결코 아닙니다. 장담컨대, 누구 못지않게 열심히 장사를 한다고 생각합니다. 매출에서 차이가 나는 이유를 알아볼 방법은 하나뿐입니다. 이들 55개의 펜션들뿐만 아니라 남해군에서 운영 중인 236개의 펜션 홈페이지를 모두 살펴보아야 합니다. 그래야만 매출의 차이를 이해할 수 있는 변별력이 생깁니다.

경남 남해군 지역 펜션 현황 자료(2017년 3월 기준)

구분	전체 등록수	홈페이지 운영	홈페이지 미운영	홈페이지 폐쇄	신축	리모델링	휴업
현황	570	236	334	105	32	23	3

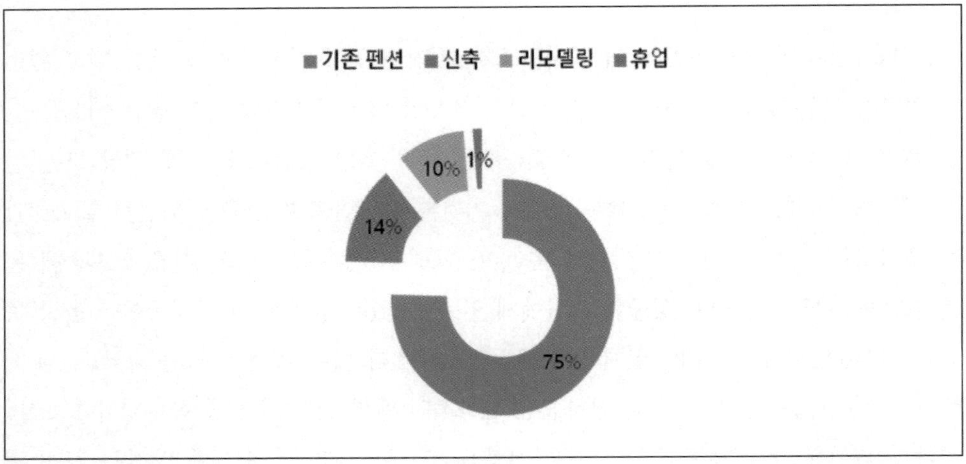

경남 남해군 지역 신축 및 리모델링 펜션 영업 현황(2017년 3월 기준)

구분	상	중	하	실시간 예약없음
현황	2	5	45	3

구분	현황
할인판매	23
10% 할인	5
15% 할인	7
30% 할인	10
40% 할인	1

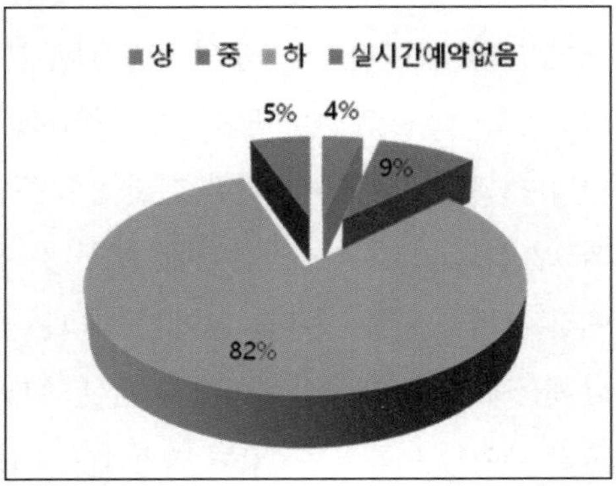

남해군 시장의 전반적인 요금 수준이나 지역으로 유입되는 펜션 수요, 인테리어 수준이나 시설에 따른 소비자들의 반응 등을 살펴보아야 합니다. 좀 더 범위를 넓혀, 인접한 거제시나 통영시에서 운영되고 있는 펜션 홈페이지도 함께 살펴보면, 보다 더 정확한 이유를 가늠해 볼 수 있습니다. 이런 과정은 오롯이 스스로의 몫입니다. 명망 있는 건축가나 실적 많은 규모 큰 건축 업체에서 들려줄 수 있는 내용들이 결코 아닙니다. 물론, 판단의 오류가 생길 수도 있고, 이런 지루한 과정을 거쳤다고 해서 반드시 성공하리라는 보장도 없습니다. 하지만 쓸모없는 발품을 파는 일보다는 몇 곱절 더 큰 도움이 됩니다.

펜션과 관련된 수많은 업체들이나 소위 전문가들조차, 수박 겉핥기식의 조언만을 늘어놓는 경우가 대부분입니다. 풀 빌라 펜션만이 유일한 해답이라고 주장하기도 하며, 듣도 보도 못한 전가의 보도와 같은 마케팅 기법을 늘어놓기도 합니다. 백번 양보해 이들의 논리가 모두 맞는다면, 일 년에도 수십, 수백 개씩 생겨나는 풀 빌라 급 신축 펜션들의 명과 암을 어떻게 설명할 수 있을까요? 풀 빌라 펜션이 대세라면, 입증할 수 있는 근거를 제시할 수 있어야 합니다. 몇몇 성공한 사례만을 들어 풀 빌라 펜션만을 강권한다면, 나머지 실패한 90% 이상은 어떻게 설명할 수 있을까요? 설마, 그 모든 원인을 주인의 불운이나 게으름 탓으로 돌리진 못하겠죠? 펜션 창업을 위해 고민하는 사람들도, 스스로를 깊이 성찰해 볼 필요가 있습니다. 펜션 창업에 대한 확고한 목표를 가져야 합니다. 의미 없는 것들에 현혹되어선 곤란합니다. 내가 원하는 것이 남들에게 뽐낼만한 멋진 집인지, 아니면 내 삶과 가족들을 위한 안정적인 펜션 운영인지를 명확히 해야 합니다. 펜션에 대한 새로운 고민의 마지막 핵심은 펜션에 대한 올바른 이해가 너무나도 부족하다는 점입니다.

지금까지의 펜션

그럼 이제부터, 본격적으로 펜션에 대해 알아보도록 하겠습니다. 제일 먼저 인터넷을 열어 '펜션'이란 단어를 검색해 보겠습니다. 대표적인 검색 포털인 네이버에서 펜션이란 단어를 검색해보면, 수없이 많은 검색 결과들이 쏟아져 나옵니다.

앞에 사진은, 수많은 검색 결과 중 펜션과 관련된 쇼핑 카테고리를 캡처Capture한 사진입니다. 검색된 상품 목록이 무려 870,725건이나 됩니다. 엄청나게 많은 숫자지요? 물론, 이 중 대부분은 객실 판매를 위해 업체들이 등록한 것들이고, 나머지는 이런저런 펜션과 관련된 용품들입니다. 어쨌든, 정말 어마어마한 양의 상품들이 등록되어있네요. 그럼, 또 다른 사례를 하나 더 살펴보죠. 우리가 길을 가다 보면 발에 차일 정도로 흔하게 보는 PC방 숫자가, 전국적으로 얼마나 되는 줄 아시나요? 역시나 네이버 검색을 통해 알아보니, 대략 10,842개나 되더군요. 2015년 8월 말 기준/국세청 통계자료 2007년 자료에는 약 22,171개의 PC방이 운영되고 있었다니, 그동안 꽤 많은 수의 PC방이 문을 닫았다는 이야기네요. 그래도, 아직까진 정말 많은 숫자의 PC방이 운영 중이라고 볼 수 있겠습니다. 얼마 전에 들은 바로는 전국의 편의점 숫자도 약 34,000여 개에 달한다고 합니다.

그럼, 전국에 있는 펜션의 숫자는 얼마나 되는지 알아볼까요? 사실, 우리나라 펜션에 대한 정확한 통계는 찾을 수 없답니다. 각 지역의 지방정부나 중앙정부 차원의 담당기관이나 주무부서가 따로 정해져 있지도 않기 때문에, 펜션에 대한 정확한 실태 조사는 전혀 이루어지지 않고 있습니다. 그 흔한 협회 하나 존재하지 않으니, 사실성 정확한 숫자를 알 수 있는 마땅한 방법은 없습니다. 대신, 여러 경로를 통한 추정만 가능합니다. 그동안 전국에 있는 펜션 홈페이지를 조사해서 데이터로 만든 숫자가 대략 1만 2천여 개쯤 됩니다. 펜션과 관련된 다양한 분야의 전문가들을 통해 전해 들은 바로는, 대략 2만여 개 이상의 펜션이 운영 중이라고 합니다. 물론, 이 숫자는 펜션 홈페이지를 기준으로 한 겁니다. 홈페이지가 없는 펜션이나 농어촌민박까지 포함하면, 약 3만에서 4만여 개 이상이 될 것이라고 추정하기도 합니다. 일례로, 경기도 가평군에만 2016년 11월 기준으로 약 2,674개의 펜션과 민박이 운영되고 있으며, 그중 약 713개의 펜션이 홈페이지를 가지고 있습니다. 네이버 검색 기준 2013년에 약 663개의 펜션 홈페이지가 조사되었는데, 이를 비교해 보면, 3년 동안 약 7% 정도가 늘어난 것으로 추정할 수 있습니다.

우리가 흔히 펜션으로 알고 있는 시설들은 법규상 모두 '농어촌민박'에 속합니다. 농어촌 민박은 별도의 허가 없이 신고제로 운영되는데, 정식으로 숙박업 허가를 취득해 운영하는 경우도 있습니다. 어쨌든, 우리가 길에서 흔히 볼 수 있는 편의점과 비슷한 숫자이며, PC방의 3~4배에 달하는 펜션이 전국에 산재해 있다고 보시면 됩니다. 아래 그림을 보면 좀 더 빨리 이해가 될 겁니다. 이 자료들은 펜션 관련 강의를 위해, 몇 해 전 만들어 두었던 자료들입니다. 시간이 조금 지난 탓에 정확도는 다소 떨어지지만, 큰 그림을 이해하는 데는 무리가 없을 것 같아 소개합니다.

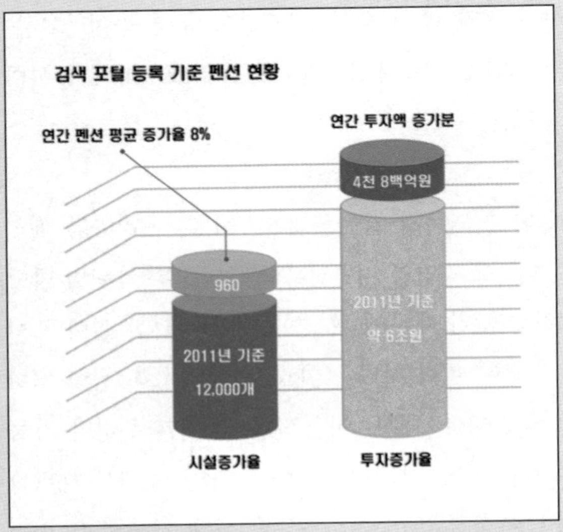

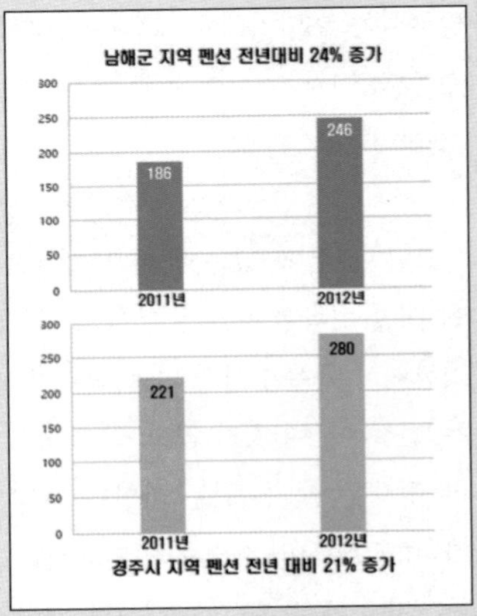

지역별 펜션 분포

구분	가평읍	북면	상면	설악면	조종면	청평면	계
2016년	169	198	134	53	49	110	713
2013년	160	159	117	68	42	117	663
증감률	106%	125%	115%	78%	117%	94%	108%

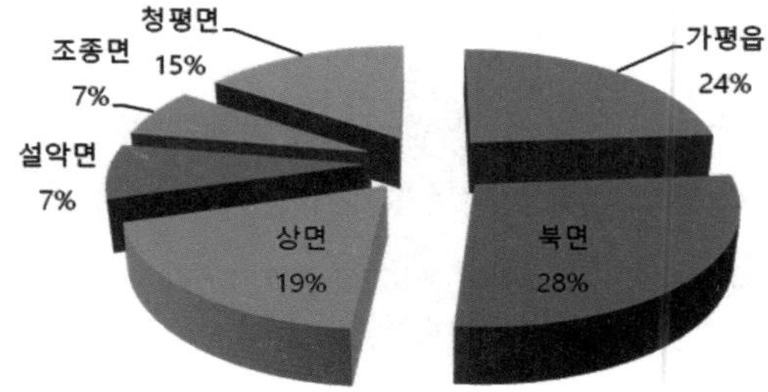

전국적인 펜션 증가율은 연간 약 8% 정도로 추정됩니다. 매년 전국적으로 약 1,000여 개 이상의 펜션이 새로 문을 연다고 볼 수 있죠. 2011년과 2012년을 비교해 보면, 경남 남해군은 약 24%, 경북 경주시의 경우 약 21%의 펜션이 새로 만들어진 것으로 조사되었습니다. 앞서 예를 든 가평군의 경우, 전국적으로 가장 많은 펜션이 운영 중인 지역인데 2016년 기준으로 3년간 약 50여 개의 새로운 펜션이 생겨났고, 약 166개의 펜션 홈페이지가 문을 닫은 것으로 조사되고 있습니다.

가평군 펜션 현황(2016년 11월 기준)

구분	펜션 홈페이지	증가	폐쇄
2013년	663개	50개	166개
2016년	713개		

결국, 전국적으로 하루에 약 3~4개의 신축 펜션이 문을 열고 있고, 그만큼의 펜션 홈페이지가 없어질 정도로 펜션 시장의 부침浮沈이 심하다는 이야기가 됩니다. 놀라운 건 숫자만이 아닙니다. 규모 면에서도 펜션 산업이 차지하는 비중은 간단치 않습니다. 펜션 하나를 만드는데 들어가는 비용은 아무리 적게 잡아도 최하 5억 원 내외입니다. 펜션의 기본 규모가 보통 70평 정도이니 일반적인 전원주택과 비교하면 무리한 추정치는 아니지요. 민박을 포함한 전국의 펜션의 숫자가 약 2만여 개라고만 쳐도, 지금까지 펜션에

투자된 선행투자비용은 약 10조 원 규모라고 볼 수 있습니다. 전국에 운영 중인 모든 펜션의 총매출을 따져보면, 아무리 낮게 잡아도 최소한 1조 원 이상의 시장이 형성되어 있다고 추정됩니다. KB국민은행 산하 경제 연구소의 발표에 따르면, 2010년 기준 포털 사이트 네이버의 키워드 광고 매출액은 약 1조 1천억 원에 달하며, 이 중 펜션과 관련된 키워드 광고 매출은 전체 3위를 차지하고 있다고 합니다.

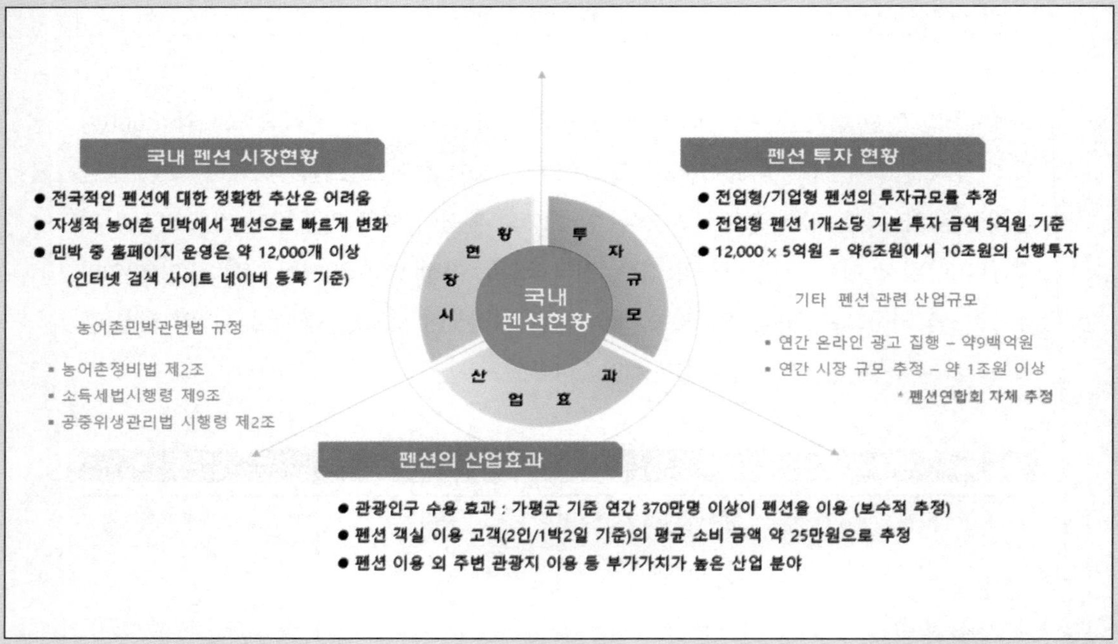

펜션이 붐을 일으키기 시작한 2000년대 중반만 해도, 우리나라의 펜션 숫자는 대략 700~1,000여 개 수준이 될 거라는 전망이 우세했었습니다. 그 무렵, 일본의 펜션 숫자가 약 2,000여 개 정도였기 때문에 시장의 크기를 감안하면 큰 무리가 없는 추정치였습니다. 하지만 불과 10년이 채 되지 않아, 우리나라 펜션 숫자는 이미 약 2만여 개를 넘어서고 있습니다. 양적인 성장뿐만 아니라, 외형적인 변화의 폭도 무척이나 큽니다. 인터넷으로 펜션을 검색해 보면 무수히 많은 펜션 종류들이 쏟아져 나옵니다. 커플 펜션, 모던 펜션, 스파 SPA 펜션, 풀 빌라 펜션 등 각양각색의 펜션들을 바라보고 있노라면 도대체 무슨 펜션의 종류가 이렇게 많은지 의아해질 따름입니다. 하지만 이런 미사여구들은 사람들의 관심을 끌기 위한 수단일 뿐, 실제로는 큰 차이가 없답니다. 그저, 자기 펜션에 설치되어 있는 시설이나 특징을 드러내기 위한 홍보문구에 지나지 않습니다.

구조적으로 보면, 펜션은 보통 70평 정도의 건물 하나에 대여섯 개의 객실로 이루어져 있습니다. 요즘은 워낙 많은 시설들이 설치되다 보니, 과거에 비해 상대적으로 객실의 크기가 커져 오히려 방 개수는 줄어든 경우가 많지만, 우리가 흔히 아는 펜션의 일반적인 형태는 이 정도입니다. 객실의 구조는 방 하나짜리 원룸이나 방 두 개 정도가 보통이며, 보이드 Void: 천정의 반 정도만 다락처럼 만든 형의 복층도 많이 볼 수 있습니다. 객실 크기에 따라 커플, 가족, 단체 펜션으로 나누기도 합니다. 객실 안에 월풀이나 스파 등을 설치한 경우를 스파 펜션이라고 부르며, 방 안이나 테라스에 객실 전용 풀 Pool 을 설치한 펜션들을 풀 빌라 펜션이라고 합니다. 맨 처음 펜션이 등장했을 때와 달리, 요즘은 보다 규모를 키워 건물 2~3개에 야외 수영장이나 여러 부대시설을 갖춘 소규모 리조트형 펜션이 일반화되어가고 있습니다. 시설뿐만 아니라 객실 인테리어나 가구, 비품 등의 화려함이 더해져 객실 요금도 웬만한 특급 호텔 가격을 상회하는 경우가 흔해졌습니다. 하지만 겉으로 보이는 구분보다는 운영 형태나 수익 구조에 따른 펜션의 분류가 더 큰 의미를 가집니다. 커플 펜션이나 풀 빌라 펜션 등의 외형적 분류는, 펜션을 찾는 고객을 끌어들이기 위한 수단에 불과할 뿐입니다. 정작 우리에게 중요한 과제는, 어떻게 하면 펜션을 잘 만들어 효율적으로 운영할 수 있느냐입니다. 외관상 보이는 구조나 형식은 크게 중요하지 않습니다. 하지만 모든 일엔 선후가 있듯이, 일단은 펜션의 큰 흐름과 전반적인 모습을 살펴보도록 하겠습니다. 얼핏 생각하기엔, 펜션이 우후죽순 생겨나고 제멋대로 발전해 온 것처럼 보이지만, 대략 15~16년의 기간 동안 펜션 시장도 나름 큰 변화의 마디를 거쳐 지금의 모습에 이르렀답니다.

펜션의 탄생과 변천 과정 1

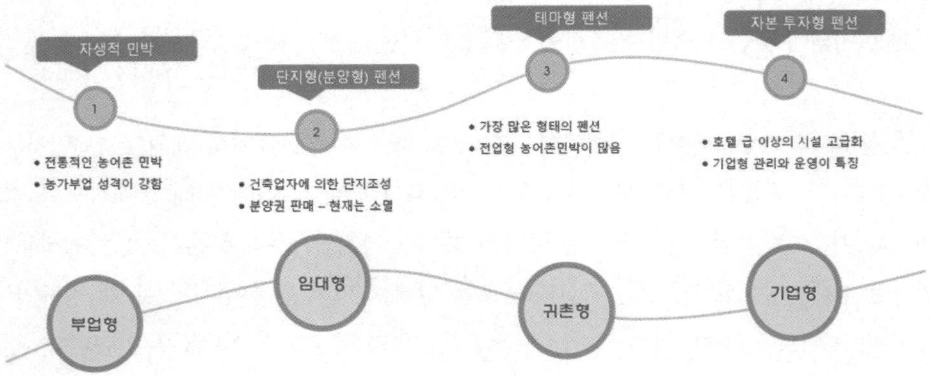

펜션은 앞에서 설명한 것처럼, 법규상 '농어촌민박'에 속합니다. 농어촌민박은 [농어촌정비법 제2조] 농어촌민박사업 규정에 의해 '농어촌 지역에서 민박사업을 하는 당해 주택에 주민등록이 되어있고, 7실 이하의 객실을 이용하여 숙박과 취사를 제공하는 것'으로 규정되어 있습니다. 일반적인 펜션의 규모가 70평 정도라고 설명한 이유도 바로 이 법적 규정 때문입니다. 참고로, [관광진흥법]에 나와있는 '관광펜션'은 이 책에서 다루고 있는 일반적인 펜션과는 조금 다른 형태에 속합니다. 1장 맨 마지막 참고 자료1 참조

우리가 흔히 '펜션'이라고 부르는 명칭은 편의상 붙여진 호칭에 불과할 뿐, 법령이나 업종으로 구분되어 있는 정식 명칭은 아닙니다. 전국에 있는 모든 펜션 홈페이지 중 약 90% 이상은 사업자등록상 농가민박 또는 농어촌민박으로 운영되고 있습니다. 물론, 대도시 지역의 경우 도시민박업을 별도로 규정하고 있으나 내용 면에선 큰 차이가 없습니다. 어쨌든, 법규상의 규정뿐만 아니라 운영 형태나 요금 체계도 여기서 받은 영향이 지금도 이어지고 있습니다. 농어촌민박 사업을 시행하던 초기, 행정기관에선 객실 요금을 평당 1만 원이 넘지 않도록 계도해 온 탓에, 지금의 펜션 요금 체계도 대체로 이 기준을 따르고 있습니다.

① 자생적 민박

펜션이 탄생한 배경을 살펴보면, 자생적으로 운영되던 농어촌의 부업副業형 민박이 펜션의 원형이라고 볼 수 있습니다. 2~30년 전쯤 이름난 관광지나 해수욕장 등지에서 흔히 볼 수 있었던 토착형 민박들이 펜션의 전 단계쯤이라고 볼 수 있는데, 2000년 1월 개정 시행된 [제주도개발특별법]에 의해 기존 민박들이 시설을 고급화시켜 펜션이 되었다는 것이 일반적인 의견입니다.

자생적 민박 수준의 펜션들은, 대부분 주인이 거주하는 주택의 일부나 농어촌민박 사업을 위해 만들어진 별도의 시설을 기반으로 운영되었습니다. 이때만 해도, 펜션은 휴가철이나 주말에 몰려드는 관광객들을 상대로 방을 빌려주는 단순한 부업의 성격이 컸기 때문에, 본격적인 사업이라고 부르기엔 다소 무리가 있었습니다. 하지만 2004년 7월부터 단계적으로 시행되던 주 5일 근무제가 전 사업장으로 확대되기 시작하면서부터 전통적인 민박 수준의 펜션들도 크게 발전합니다. 이 무렵부터 본격적으로 주업主業 또는 전업專業을 목적으로 만들어진 펜션들이 생겨나기 시작했고, 온라인 홈페이지가 만들어지는 한편, 실시간 예약 시스템을 도입해 사전에 객실을 예약받아 운영하는 형태로 발전해 나갑니다. 자생적 민박은 아직도 전국 유명 관광지 주변에서 흔히 볼 수 있으며, 펜션 시장이 뒤늦게 발전하고 있는 전라남북도 지역이나 내륙 지역에선 현대적 의미의 펜션과는 다소 거리가 먼 토착형 민박들이 여전히 성업 중입니다.

② 분양형(단지형) 펜션

분양형 또는 단지형 펜션이라고도 불리는데, 펜션이 급속도로 늘어나기 시작한 2000년대 중반부터 일부 부동산 개발 업체 등이 주도해 만들었던 분양 위주의 펜션 단지 등을 말합니다. 펜션에 대한 수요가 급격하게 늘어나면서, 새로운 사업에 눈을 돌린 이들 업체들은 콘도미니엄의 사업 방식을 펜션에 접목시키게 됩니다. 먼저 자신들이 예정부지를 매입한 후, 일반인들을 대상으로 한 분양을 통해 자금을 충당하는 방식으로 펜션 사업을 벌여 나갑니다. 일부 부유층 또는 도시 생활자들이 펜션을 분양받은 다음, 정해진 기간만큼은 자신들이 사용하고 나머지 기간엔 일반인들에게 객실을 판매해 수익을 얻는 식이었습니다. 대신, 분양 회사들은 별도의 '위탁관리회사'를 설립해 객실 판매와 관리를 대행하면서 또 다른 수익을 만들어가는 형태였습니다. 지금도 인터넷에 올라와 있는 펜션 관련 정보들 중 일부와 대형 서점에서 찾아볼 수 있는 제법 오래된 서적들 중 상당수는, 이 시기에 개발회사나 분양회사들이 자신들의 사업을 홍보할 목적으로 만든 것들이 제법 많습니다.

하지만, 이런 분양형 펜션 개발은 얼마 지나지 않아 대부분 사라지게 됩니다. 무분별한 난개발亂開發로 인한 행정제재와 위탁업체의 관리 부실 등의 이유로 급격하게 늘어난 후 삽시간에 쇠락하게 되는데, 아직도 전국에 부실 건물로 방치되어 있는 분양형 펜션의 흔적들은 꽤 많이 남아있습니다. 요즘에도 대기업 주도로 만들어지는 분양형 펜션들이 더러 있지만, 위탁 대행을 통한 수익 배분이나 분양회사 측에서 제시하는 수익률에 대한 기대치가 낮은 탓에, 크게 활성화되진 못하고 있는 실정입니다. 특히, 이들 분양형 펜션들이 제시하고 있는 수익률이, 직접 펜션을 지어 운영하는 것만 못하다는 계산이 나오기 때문에, 앞으로도 분양형 펜션의 전망은 그리 밝지 못하다고 봅니다.

③ 테마형 펜션

2000년대 중후반부터 등장한 테마형 펜션은, 펜션 사업의 수익성에 대한 입소문이 널리 퍼져나가고, 일찍 은퇴하게 된 도시 생활자들 사이에 새로운 창업 아이템으로 각광받기 시작하면서부터 크게 늘어납니다. 초창기 펜션들이 자생적 민박 수준을 크게 벗어나지 못했던 것과는 달리, 테마형 펜션들은 처음부터 인테리어와 시설을 고급화시켜 커플이나 가족 단위 고객만을 염두에 둔 영업전략을 선택합니다. 현재, 전국적으로 운영되고 있는 6~70% 이상의 펜션이 여기에 속합니다. 서두에 언급한 커플 펜션이나 스파 펜션, 풀 빌라 펜션들이 테마형 펜션에 해당하며, 펜션의 테마도 시기에 따라 급격하게 부상했다가 사라지는 일이 반복되고 있습니다. 황토방 펜션이나 한옥 펜션 등이 빠르게 사라진 반면, 최근에는 애견 펜션이나 키즈Kids 펜션 등의 새로운 테마를 내세운 펜션들이 점차 늘어나고 있는 추세입니다.

테마형 펜션의 특징은, 귀촌歸村한 도시 생활자들이 본격적인 사업을 목적으로 펜션을 만들어 다양한 시설을 갖춘 후 온라인 광고 등을 통해 고객을 유치하는, 보다 체계적인 운영 방식을 취하기 시작했다는 점입니다. 그 이전의 펜션들이 주로 부업 형태의 전통적인 민박 수준에서 벗어나지 못했던 것과는 달리, 본격적인 마케팅 개념을 도입합니다. 비수기 주중 예약률을 높이기 위해 객실 인테리어와 시설을 20대 초반의 연인이나 배우자 등의 커플이나 젊은 가족들 위주로 꾸몄고, 월풀이나 스파 등 고급 시설들을 갖추기 시작합니다. 보다 적극적인 고객 유치를 위해, 예약을 한 손님을 마중Pickup 나가거나 무료로 조식朝食을 제공하는 등의 다양한 서비스를 제공하기 시작합니다. 객실 요금도 시즌별로 보다 체계화시켜, 지금과 같은 형태로 정착시킨 것도 이 시기부터입니다.

펜션의 일반적인 요금체계

구분	시기	적용 요일	비고
비수기 주중	1~6월, 9~11월	일요일~목요일	금요일 요금을 별도 적용하기도 함
비수기 주말		금요일~토요일	
성수기 주중	7~8월, 12월	일요일~목요일	성수기 기간 중 극성수기를 따로 두는 경우도 있음
성수기 주말		금요일~토요일	

④ 자본 투자형(기업형) 펜션

테마형 펜션들이 속속 늘어나고 경쟁도 치열해지면서, 신규로 창업하는 펜션의 형태도 좀 더 발전하게 됩니다. 테마형 펜션까지가 보통 은퇴한 도시 생활자 등이 전업으로 펜션을 운영하고자 하는 자영업 규모의 창업이었다면, 자본 투자형 펜션은 규모를 더욱 키우고, 운영 방식 자체를 기업화시켜 나갑니다. 테마형 펜션들은 대부분 70평형 건물 한 동에 대략 6~7개 정도의 객실을 운영하며, 펜션의 관리도 자가 노동이나 가족단위에서 해결하는 것이 보통이었습니다. 하지만, 펜션의 수익률이 높다는 사실이 널리 알려지면서 상황이 크게 변하게 됩니다. 큰 자본을 가진 사람들이, 펜션의 규모를 70평짜리 건물 2~3개 동으로 늘리고 수영장이나 간단한 놀이기구, 데크 Deck 등의 다양한 부대시설을 갖춘 대규모 펜션을 창업하기 시작합니다. 펜션의 관리도 자가 노동이나 가족 단위에서 벗어나, 세분화된 관리 인원을 별도로 채용합니다. 청소를 담당하는 직원, 시설을 관리하는 직원, 픽업과 바비큐를 담당하는 직원 등, 펜션 운영을 시스템화시켜 나갑니다.

광고나 홍보 방식도 보다 공격적으로 변해 온라인 키워드 광고는 물론이며, 다양한 SNS 매체를 통한 홍보도 적극적으로 활용하게 됩니다. 객실 인테리어와 시설을 특급호텔에 버금가는 수준으로 끌어올려, 객실 요금도 한층 더 비싸집니다. 자본 투자형 펜션의 정점에 있는 펜션이 바로 풀 빌라 급 펜션입니다. 객실 내부에 단독으로 즐길 수 있는 바비큐장뿐만 아니라, 최고급 스파와 4계절 이용 가능한 실내 풀 Pool 까지 갖춘 풀 빌라 급 펜션이 빠르게 늘어나고 있습니다. 객실 요금도 1박에 성수기 기준으로 5~60만 원에 육박하는 곳들도 많습니다.

2 펜션 창업의 유형

펜션이 발전하면서부터, 펜션 창업도 다양한 형태로 나뉘게 됩니다. 아직까지도 전통 민박과 같이 지역 토착민에 의해 만들어진 펜션들이 대부분이지만, 도시 생활을 정리한 후 전업을 목적으로 펜션을 시작하는 사람들의 숫자도 급격하게 늘어나고 있습니다. 각자의 사정에 따른 여러 유형의 펜션 창업이 줄을 잇고 있지만, 큰 틀에서 보면 펜션 창업은 두 가지 유형으로 나눌 수 있습니다.

① 자산 관리형 창업

일반적인 펜션 창업은 대부분 자신들의 노후를 대비하기 위한 목적으로 이루어지지만, 극히 예외적인 경우들도 있습니다. 돈을 벌기 위해서라기보다는, 자산관리를 목적으로 한 창업이 여기에 해당합니다. 얼핏 이해가 되지 않을 수도 있지만, 이런 유형의 창업은 생각 외로 많습니다.

자산 관리형 창업이라고 해서 수익을 등한시한다는 뜻은 아닙니다. 다만, 자산 관리형 창업의 주된 목적은 여러 가지 불가피한 사유나 부유한 중년 남성들의 과시욕에 기반을 둔 경우가 많습니다. 수도권과 가까운 경기도 일원一圓이나 강원도 지역 등에서 많이 찾아볼 수 있는데, 이들 펜션의 경우 소유와 운영이 분리된 경우도 많습니다. 펜션의 실제 소유주는 펜션 운영에 관여하지 않는 대신, 시설을 관리하고 자체 운영이 가능할 정도의 영업만을 대신하는 사람을 따로 둡니다.

펜션 홈페이지들을 살펴보다 보면, 한눈에 압도될만한 수준의 규모와 최고급 자재로 만들어진 펜션들이 눈에 띄곤 합니다. 하지만 실시간 예약을 통해 확인되는 예약률은 생각 외로 저조하며, 객실 요금조차 현실적이지 못한 경우가 많습니다. 그럼에도 불구하고, 몇 년씩 끄떡없이 운영되고 있는 호텔급 수준의 펜션들 중 상당수가 자산 관리형 펜션 창업으로 추정됩니다.

남들이 부러워할 만한 좋은 땅에, 웬만한 개인은 엄두도 내지 못할 크고 호화로운 규모의 펜션을 운영할 수 있는 사람은 극히 제한적입니다. 이런 경우, 펜션 창업 과정에 필요한 예산이나 투자비용의 회수, 안정적인 수익 등은 처음부터 고려 대상에서 제외됩니다. 시설을 유지하고 관리할 수 있는 수준의 매출이면 충분한 탓에, 객실 요금도 일반 소비자들이 쉽게 범접할 수 없는 가격을 고수하기도 합니다. 굳이, 열심히 방을 팔아야 할 이유나 매출에 목을 맬 필요가 없기 때문이죠. 하지만 펜션 시장에 미치는 전반적인 영향은 매우 부정적이라고 생각합니다. 무분별한 풀 빌라 급 펜션 창업이 늘어난 이유도 일정 부분 여기 있습니다. 펜션 자체를 비즈니스로 여기기보다는, 겉으로 드러나는 과시의 수단으로 여기는 경향이 주된 원인입니다. 그 덕분에 신규 창업자들의 투자 부담은 더욱 커졌으며, 펜션을 찾는 일반 소비자들에게조차 의도치 않은 위화감을 조성하기도 합니다. 결과적으로 펜션에 대한 좋지 못한 인식을 확산시키는데도 일조했다고 봅니다. 진정한 의미의 펜션 마케팅과는 거리가 먼 창업 유형이기 때문에 특별한 관심을 두지 않고 있습니다.

② 수익형, 전업형 펜션 창업

자산 관리형과는 전혀 다른 유형의 본격적인 펜션 창업이며, 대부분의 펜션들이 해당됩니다. 전통적인 부업형 민박들과는 달리, 별다른 수입원 없이 펜션 운영을 통한 수익만으로 생활을 유지하기 위한 창업 형태입니다. 수익형, 전업형 펜션은 창업할 지역을 선택하는 일에 주의를 기울여야 합니다. 지역 토착민들의 경우 시장 상황에 매우 익숙하며 펜션 창업을 위한 부지 역시 기존에 보유하고 있던 토지를 활용하는 경우가 많습니다. 각종 인허가 및 민원 처리 면에서도 유리합니다. 이와 반대로 도시에서의 생활을 정리한 후 창업하는 경우, 여러 가지 문제에 부딪치기도 합니다.

일단, 토지 매입 단계에서부터 상대적으로 불리합니다. 제한적인 정보에만 의지해야 하는 경우가 많아, 부지 확보에 애를 먹기도 합니다. 특별히 텃세라고까진 생각하지 않지만, 각종 인허가나 창업 과정에서 뜻하지 않은 문제들과 맞닥뜨리는 경우도 많습니다. 따라서, 가급적 지역 기반이 확실한 곳을 선택하는 것이 좋습니다.

수익형, 전업형 펜션 창업은 투자 대비 수익률에 대한 진지한 고민과 체계적인 영업 전략이 선행되어야 장기적인 운영이 가능합니다. 세부적인 내용들은 이야기를 진행하면서 좀 더 자세히 다루겠지만, 펜션 투자에 대한 합리적인 판단은 무엇보다도 중요합니다. 펜션 자체를 기업 수준으로 여기는 경우도 많지만, 펜션 비즈니스는 어디까지나 소규모 자영업에 불과하다는 사실을 잊어서는 안 됩니다.

감당할 수 있는 범위 내에서의 투자, 회수 가능성을 염두에 둔 펜션 창업이 우선입니다. 일반적인 자영업이라면 뜻하지 않았던 최악의 상황과 맞닥뜨린 경우, 투자 비용 정도만을 손해 보는 수준에서 마무리 지을 수도 있습니다. 하지만 펜션의 경우 삶의 기반 자체가 송두리째 흔들릴 수도 있습니다. 매출이 극히 저조한 경우, 땅값 외에 건질 수 있는 부분이 전혀 없다고 해도 과언이 아닙니다. 펜션의 가치는 투자된 비용이나 건물의 가치가 아닌, 높은 예약률과 안정적인 매출만으로 평가되기 때문이죠. 펜션 마케팅의 가장 큰 목적이 바로 수익형, 전업형 펜션 창업의 안정성 확보에 있습니다.

3 펜션의 건축 형태와 기본 구조

펜션을 만드는 과정에서 빠질 수 없는 것이 바로 건축과 인테리어입니다. 펜션 사업 자체를 건축이나 인테리어 관점에서만 접근하는 것은 대단히 위험한 일이긴 하지만, 사업의 특성상 기반 시설을 갖추기 위한 건축과 인테리어의 중요성 역시 매우 큽니다. 펜션은 맨 처음 만들어졌을 때부터 지금까지 주택의 형태에서 크게 벗어나지 않았습니다. 건축 허가상, 펜션은 대부분 단독주택 또는 다가구, 다세대 주택으로 분류되기 때문입니다. 농어촌민박에서 출발한 영향이 가장 크다고 볼 수 있습니다. 일부 대규모 펜션 중엔, 숙박업 허가로 만들어진 경우도 있지만, 그 비중은 그다지 높은 편이 아닙니다.

가장 오래된 형태인 민박집에서부터, 최근에 각광받고 있는 미니멀 모던 건축 기법까지. 펜션은 주거공간이 만들어진 이후 등장했던 거의 모든 형식을 차용해왔습니다. 펜션의 건축 양식과 내부 인테리어도 몇 번의 큰 변곡점을 거쳐 지금까지 발전해 왔고, 앞으로도 계속 변화될 것입니다. 기존에 운영되고 있는 펜션의 건축 형태와 다양한 구조 등을 일률적인 틀에 맞춰 분류하기란 사실상 어렵습니다. 다만, 펜션 마케팅과 상품 기획의 관점에서 의미 있는 몇 가지 특징들을 중심으로 설명해 보겠습니다.

펜션에 일반적으로 적용되는 건축형태

구분	대략적인 형태	비고
민박형	일반주택과 유사한 스타일	조립식 건물, 방갈로 콘테이너 하우스 등
전원형	미국식 or 유럽식 전원주택 스타일	박공형 지붕, 목조 주택, 통나무 주택 등
모던형	박스형 스타일의 미니멀 모던 형식	평슬라브 구조, 노출콘크리트, 석재 마감 외
콘도형	집합 주택 형식의 건물	돌출형 테라스를 가진 3층 이상 건물
모텔형	일반 모텔과 유사한 형태	실제 모텔 중 펜션으로 전환한 경우가 많음
프로방스	산토리니 스타일의 외장 마감	스패니쉬 기와, 스타코 플랙스 마감(하이트)
한옥형	전통 한옥 스타일	전통한옥, 황토주택, 움집 형태 등

① 민박형 펜션

민박에서 출발한 펜션의 가장 기본적인 형태로서, 보통의 단독주택과 유사하다고 볼 수 있습니다. 각 객실별로 별도의 출입구와 독립된 공간을 가진 요즘의 펜션들과는 달리, 일반 가정집처럼 현관을 통해 집 안으로 들어가면 각각의 방들이 객실로 나누어진 형태라고 생각하면 이해하기 쉽습니다. 이런 구조는 입실한 고객끼리 동선이 부딪치거나 프라이버시가 침해당하는 문제가 자주 일어나기 때문에, 이후 등장하는 펜션들은 별도의 출입구와 독립된 객실을 갖춘 형태로 바뀌게 됩니다.

내부 인테리어도 기존의 주택과 큰 차이가 없으며, 서비스 시설이나 별도의 부대시설 없이 단순한 취사와 숙박만이 가능한 수준인 게 보통입니다. 건축 구조도 철근콘크리트보다는 조적조나 조립식 주택, 방갈로 정도인 경우가 많으며, 아예 별장으로 만들어진 주택 전체를 대관하는 곳들도 있습니다. 또한, 별도의 바비큐 시설조차 갖추지 못한 곳들이 많아, 최근에는 거의 없어져 가는 추세에 있습니다.

② 전원형 펜션

미국식 또는 유럽식 전원주택 스타일로 만들어진 전원형 펜션은, 민박형 펜션 이후에 등장한 본격적인 펜션 건축 스타일입니다. 경량 목구조 방식의 전원주택 보급이 늘어나면서, 급속하게 확산된 형태입니다. 경량 목구조 방식 외에, 철근 콘크리트조, 스틸하우스, 조적조, 조립식 주택 등 여타의 시공 방식으로도 많이 만들어졌습니다.

특별히 건축 시공 방식에 따른 차이는 존재하지 않으며, 외장 마감재의 발전 등으로 인해 현업 종사자들조차 쉽게 구분하기 어려울 정도입니다. 외관은 흔히 보는 일반적인 전원주택과 유사하지만, 각 객실별로 별도의 출입구와 독립된 공간을 갖춰, 펜션에 투숙하는 고객들의 동선이 겹치지 않도록 설계되었고, 별도의 바비큐 시설을 갖추고 있습니다. 보통, 박공 膊栱 형태의 지붕 구조와 넓은 데크, 정원 등이 여타 다른 건축 형태와 구분되는 특징들입니다.

자연 친화적인 목재와 기와 등의 자재를 이용한 외부 마감과 다양한 객실 인테리어는 판매를 촉진시키는 역할을 하게 됩니다. 실제로, 펜션이 급격하게 늘어난 시기에 가장 많이 만들어진 펜션 구조입니다. 각 지역별 펜션의 건축 형태를 조사해 보면, 아직도 약 6~70%의 펜션들이 대부분 전원형 펜션인 것으로 조사되고 있습니다.

강릉시 지역 펜션 건축 형태 구분

구분	모던형	모텔/콘도형	민박형	전원형	프로방스	한옥형
현황	15	41	22	128	7	11

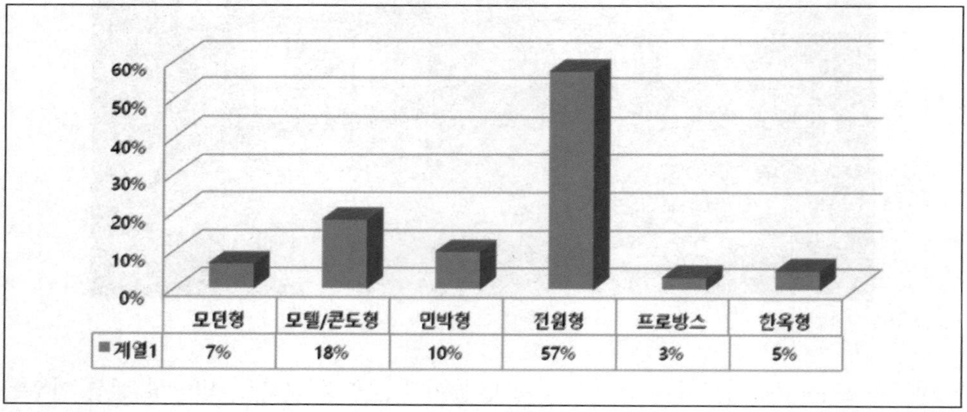

보통 70평 규모의 건물 한 동과 간단한 부대시설을 갖추고 있으며, 객실 내부 마감과 가구, 조명, 집기, 커튼 및 패브릭 등의 모든 것들이 펜션 영업을 목적으로 꾸며집니다. 커플이나 가족 단위 고객을 상대하는 경우가 가장 많으며, 입지 조건도 계곡이나 하천, 바닷가를 배후로 둔 경우가 대부분이기 때문에 전원생활을 간접 체험하기엔 가장 이상적인 구조입니다. 다만, 이후 등장한 자본 투자형 펜션의 영향으로 인해, 현재 신축되고 있는 펜션들 중에는 극히 일부만이 전원주택 스타일로 만들어지고 있습니다.

③ 모던형 펜션

최근엔 일반 건축분야에서도 단순함의 미학을 추구하는 미니멀 모던 디자인이 크게 유행하고 있는데, 이런 트렌드는 펜션에도 그대로 적용되고 있습니다. 전원형 펜션이 박공지붕으로 대표되는 전원주택과 유사한 형태로 만들어졌다면, 모던형 펜션의 경우 정사각형의 박스 Box 형태로 만들어진 평 슬라브 구조가 특징입니다. 외부 마감재도 면과 선의 대비를 강조한 석재, 징크, 스타코, 노출 콘크리트 마감 등이 주를 이룹니다. 우리가 사는 집 주변에서도, 비교적 최근에 지어진 건물들 중에 가장 많이 볼 수 있는 형태입니다. 펜션에서는 주로 풀 빌라 급 펜션들이 모던형으로 만들어지곤 합니다. 70평형 건물 하나에 객실은 3~4개 정도이며, 상대적으로 넓은 객실 면적을 활용해 다양한 부대시설을 갖추는 경우가 대부분입니다. 4계절 이용 가능한 실내 전용 풀 Pool 이나 스파, 월풀, 히노끼 편백 나무 욕조 등의 고급 서비스 시설을 갖춘 풀 빌라 급 펜션은 객실 인테리어나 시설 면에서 특급호텔에 버금가는 규모를 갖추고 있습니다.

자본 투자형 펜션을 창업하는 사람들이 주로 선호하는 형태로, 별도의 전문 인력을 고용해 시설을 관리합니다. 초기 투자비용이 많이 들어가고, 시설 및 서비스 관리 비용이 많이 들기 때문에 객실 가격도 상당히 비싼 편입니다. 주로, 소비 여력이 높은 커플 고객을 대상으로 운영됩니다. 모던형 펜션은 2010년 이후 지어진 상당수의 신축 펜션에 적용되고 있는 건축 형태인데, 당분간 새로 만들어지는 대부분의 신축 펜션들이 이와 유사한 형태로 만들어질 것이라고 예상됩니다.

④ 콘도형 / 모텔형 펜션

민박형이나 전원형 펜션의 원형이 단독주택을 기본으로 하는 반면, 콘도형/모텔형 펜션의 경우 다가구, 다세대 형태로 만들어집니다. 물론, 모던형 펜션도 건축 허가상 비슷한 유형의 건물이지만, 디자인이나 시설 외에 여러 가지 차이점들 때문에 따로 구분했습니다.

2층 또는 3층 이상으로 만들어진 건물 구조가 많으며, 객실별 단독 테라스를 갖춘 경우는 콘도형, 별도의 테라스가 없는 경우 모텔형으로 구분합니다. 실제로 모텔을 펜션으로 전환한 경우도 많습니다. 다만, 이런 경우 신고제인 농어촌민박이 아닌 숙박업 허가로 운영되곤 합니다. 특히, 모텔형 펜션의 경우 객실과 연결된 별도의 테라스가 없어 단독 바비큐가 불가능하며, 객실 내에 취사 시설이 없는 곳도 많습니다. 내부 구조도 긴 복도형 출입구와 복층 구조가 드문 단순한 원룸 형태가 대다수를 차지하며, 야외 수영장이나 기타 부대시설을 설치할 만큼의 여유 부지가 없는 경우가 대부분입니다. 참고로, 콘도형 펜션의 경우 펜션 시장 초기에 잠시 유행했던 분양형 단지형 펜션이 이런 형태로 많이 만들어졌었습니다. 요즘은 주로 유명 관광지의 숙박업소 및 펜션 밀집 지역에서 많이 볼 수 있는 펜션 구조입니다.

⑤ 프로방스형 펜션

자연친화적인 형태와 소재를 활용한 프로방스 스타일로 만들어진 펜션입니다. 해안가나 큰 강을 배후로 둔 지역에서 많이 찾아볼 수 있는 외관 형태입니다. 정형화되지 않은 건물 형태와 자연 친화적인 기와, 목재, 회벽 느낌의 스타코 마감 등을 위주로 시공됩니다. 내부 인테리어도 오래된 느낌의 빈티지, 쉐비 스타일의 벽체와 가구, 조명, 다양한 소품으로 구성되어 독특한 분위기를 연출합니다. 수영장 등 부대시설과의 조화가 뛰어나고, 특히 자연친화적인 펜션의 이미지와 매우 잘 부합되기 때문에 완성도 높은 만듦새가 특징입니다. 다만, 의외로 디자인과 시공상 난이도가 높아 아직까지도 많이 찾아볼 수는 없는 형태입니다.

⑥ 한옥형

전통적인 한옥 형식으로 만들어진 펜션으로서, 황토방 펜션이나 움집 형태의 구조도 한옥형 펜션에 포함시킵니다. 한옥형 펜션은 펜션 시장 초기엔 꽤 많은 숫자가 만들어졌으나, 현대식 주거 형태와는 맞지 않는 한옥 특유의 구조 등으로 인해, 최근엔 거의 찾아볼 수가 없습니다. 한옥이 가지는 특유의 건축 외관 때문에 현대적인 내부 인테리어를 기대하는 소비자들의 기호와도 거리가 멀며, 홈페이지 제작 시에도 여러 가지 문제점이 있어 극히 일부의 소수를 제외하곤 예약을 기피하는 경우가 많습니다. 한때, 크게 각광받던 황토방 펜션이나 움집 형태의 펜션들도 민박을 겨우 면한 수준이었습니다. 펜션에서 흔히 볼 수 있는 스파나 월풀, 야외 수영장 등 서비스 시설 및 부대시설의 설치에도 적절치 못해, 한옥형 펜션은 빠르게 줄어들고 있습니다.

⑦ 기타 여러 유형의 펜션들

펜션은 숙박과 취사라는 기본적인 기능만 갖추고 나면, 특별한 시설 기준에 구애받지 않고 운영할 수 있습니다. 사업자 등록 자체도 허가제가 아닌 신고제이기 때문에, 시설에 대한 규정이나 의무사항 역시 별도로 정해진 바 없습니다. 그래서, 위에 설명한 일반적인 주택이나 건물과는 전혀 다른 다양한 형태의 시설물들도 존재합니다. 일본의 아소팜 빌리지와 유사한 돔형 건물이나 방갈로, 카바나 Cabana, 글램핑 Glamping, 카라반 Caravan 과 같은 다양한 시설들이 펜션으로 활용되기도 합니다. 아주 드물게는 비행기나 선박, 애니메이션에 등장하는 특이한 형태의 건축물도 찾아볼 수 있는데, 막상 운영면에서는 큰 효과를 거두지는 못하는 편입니다.

펜션의 경우, 일시적인 유행이나 트렌드를 따라가는 방법은 크게 권하고 싶지 않습니다. 시류에 편승한 유행이나 트렌드는 단기간에 머무는 경우가 대부분이기 때문에, 장기적으로 운영되어야 할 펜션에 있어서는 영업적인 면에서 장점보다는 단점이 더 많습니다.

펜션 인테리어 4

펜션의 발전과 변화를 이끈 주역은, 아마도 인테리어와 시설 경쟁이 아니었을까 싶습니다. 늘어나는 펜션들로 인해 경쟁이 치열해지자, 보다 다양한 인테리어와 내/외부 서비스 시설들이 등장하게 됩니다. 호텔이나 콘도미니엄의 대체재로 등장했던 펜션이, 역설적으로 호텔식의 인테리어, 콘도미니엄 급의 서비스와 시설을 흉내 내게 된 가장 큰 이유도, 결국 더 많은 '돈'을 벌고 싶다는 욕망 때문이라고 보는 것이 맞습니다. 요즘, 펜션의 인테리어와 시설 수준은 일반적인 주거 환경이나 여러 숙박 시설과 비교해 볼 때, 가장 화려하고 가장 고급스럽게 꾸며지고 있다고 봐도 무방합니다. 펜션 창업 비용이 급격하게 늘어난 원인도, 펜션의 규모보다는 인테리어와 시설 경쟁에 따른 투자의 상승 때문입니다. 같은 규모라고 해도 10여 년 전과 비교하면 창업 비용은 2~3배 이상 늘어났습니다.

초기 단계의 펜션 인테리어와 시설이 실내 환경의 쾌적함과 편의성에 초점이 맞춰졌다면, 요즘 새로 만들어진 펜션들의 경우 단순한 쾌적함과 편의성을 뛰어넘어 엔터테인먼트 기능까지 요구받는 상황으로 변해버렸습니다. 펜션의 객실이 단순한 잠자리와 식사를 제공하는 수준에서 벗어나, 놀고 즐길 수 있는 거의 모든 시설을 포함하는 단계에 이르렀다는 의미입니다. 인테리어도 단순한 바닥과 벽체 마감의 수준을 넘어서서 모던, 빈티지, 쉐비, 프로방스, 인더스트리얼 등 다양한 디자인으로 꾸며지고 있습니다. 시설 역시 기본적인 가전제품이나 편의 시설 외에도 PC, 게임기, 무선인터넷, 에스프레소 머신 등이 일반화되고 있습니다. 여기에 더해, 서비스 시설이라고 분류할 수 있는 스파나 월풀, 히노끼 욕조 등뿐만 아니라, 미온수를 채워 4계절 이용이 가능한 실내 풀 Pool 까지 갖춘 경우가 흔해지고 있습니다. 또한, 상당수의 펜션들이 소형 워터슬라이드까지 설치한 대형 수영장이나 그네, 파고라, 자전거 등 다양한 놀이 시설을 갖춘 소규모 리조트급으로 운영되고 있습니다.

펜션의 인테리어와 시설은, 비단 펜션들 간의 경쟁뿐만 아니라 소비자들의 필요 Needs 와 요구 Wants 에 따라 발전한 측면도 있습니다. 관광이라는 고전적인 개념에서 벗어나 연인, 배우자, 가족끼리의 여가를 목적으로 한, 보다 다양한 즐길 거리를 찾게 됩니다. 그 결과, 여러 가지 대안 중 하나로 펜션이 부상하게 됩니다. 관광지를 둘러본 후 지친 몸을 이끌고 휴식을 위해 찾았던 기존의 숙박시설과는 달리, 펜션 자체가 여행의 목적이 되는 쪽으로 바뀝니다. 소비자들이 원하는 펜션의 모습도 기존의 바비큐나 전원생활의 정적인 분위기보다는, 보다 자극적이고 적극적인 즐거움을 찾는 쪽으로 변해왔습니다. 결국, 펜션이 지금과 같은 모습으로 발전해온 것도 소비자들의 보다 다양한 필요와 요구가 반영된 것이라고 볼 수 있습니다.

펜션은 기본적으로, 주택의 구조에 콘도미니엄의 기능을 더한 형태로 출발했습니다. 아주 초기에 만들어진 펜션의 경우, 일반 주택과 동일한 건축 형태로 만들어진 대신, 각 방에 독립적인 취사와 숙박이 가능한 시설을 갖춘 수준이었습니다. 때문에, 이 시기의 펜션 인테리어는 일반 주택과 큰 차이가 없었습니다. 아무리 좋게 봐주어도 잘 지은 전원주택 수준을 넘어서진 못했죠. 바닥과 벽체 마감은 일반적인 주택과 다르지 않았고, 가구나 집기도 입실 인원의 숫자에 맞춘 경우가 대부분이었습니다. 옷이나 여행용 물품 등을 보관할 수 있는 수납시설과 취사를 위한 싱크대, 화장실과 침구, 커튼 등이 사실상 인테리어의 전부였습니다. 별도로 바비큐를 즐길 수 있는 간단한 야외 조리 기구 외엔 지금과 같은 수준의 서비스 시설이나 부대시설은 거의 찾아볼 수 없었습니다.

하지만 차츰 펜션의 운영 방식이 커플, 가족, 단체 등 이용 인원의 숫자나 목적에 따라 세분화되기 시작하면서, 보다 다양한 형태로 변화, 발전하게 됩니다. 특히 비수기 주중 예약을 위해 전문적으로 커플을 상대하는 펜션의 숫자가 급격하게 늘어나면서 변화의 폭과 발전 속도는 더욱 빨라졌습니다.

① 클래식(Classic) 인테리어

가장 기본적인 펜션 인테리어가 클래식Classic 스타일입니다. 펜션이라는 이미지에 부합하는, 가장 안정적인 인테리어 타입이며, 주로 전원주택 스타일의 펜션에 가장 많이 쓰입니다. 화이트나 미색 위주의 벽체와 목재, 데코타일 등으로 마감된 바닥, 클래식한 분위기의 가구와 조명은 다양한 취향의 소비자들에게 큰 거부감 없이 다가갈 수 있다는 장점이 있습니다. 클래식 스타일의 펜션 인테리어에서 중요한 점은 카펫, 러그Rug, 러너Runner, 커튼, 침구 등 패브릭Fabric과 가구, 조명, 소품 등 전체적인 디자인의 조화입니다.

클래식 인테리어는 커플 전용 펜션이 늘어나면서 조금씩 변화를 주게 되는데, 대표적인 것이 컬러를 과감하게 사용한 러블리Lovely 콘셉트의 인테리어입니다. 화이트나 미색 위주의 벽체 마감은, 보다 과감한 컬러를 사용하는 쪽으로 바뀌게 되고, 조명이나 소품, 패브릭 등도 다양한 소재와 색상을 선택하게 됩니다. 클래식 스타일은 아직도 7~80%의 펜션들에 적용되어 있는 인테리어 디자인입니다. 다만, 오픈한 지 오래된 펜션들이 많고 시설이 노후화되는 등, 보다 적극적으로 다양한 분위기의 펜션을 찾는 소비자들의 요구와는 맞지 않아, 최근에 신축되는 펜션에서는 거의 찾아볼 수 없는 인테리어 스타일입니다.

② 프로방스(Province) 인테리어

원목과 자연친화적인 소재 위주로 꾸며진 프로방스 인테리어는, 프로방스 스타일의 건축물 외에도 다양한 형태의 펜션에서 찾아볼 수 있습니다. 고풍스러운 회벽灰壁 을 연상케 하는 건물의 외부 마감과 어울리도록, 오래된 낡은 느낌이 나는 원목이나 자연 친화적인 자재를 많이 사용합니다. 프로방스 스타일의 인테리어 디자인은 정형화된 방식 없이 비교적 다양한 형태와 소재를 가지고 꾸며지기 때문에 디자이너의 안목과 경험에 따라 완성도에서 큰 차이를 보입니다.

프로방스 인테리어는 벽체나 바닥 등, 큰 덩어리의 마감보다는 가구나 소품의 선택과 조화에서 완성도의 차이가 결정되기 때문에, 생각보다 많이 볼 수 없는 펜션 인테리어 타입 중 하나입니다. 특별히 프로방스 스타일은 큰 강이나 하천, 바닷가에 인접한 펜션에 어울리는 형태라고 볼 수 있습니다. 물론, 일반적인 펜션에도 무리는 없지만, 객실에서 보이는 외부 풍광이나 주변 여건이 뛰어난 경우 더 큰 효과를 얻을 수 있기 때문이죠.

③ 모던(Modern) 인테리어

건축뿐만 아니라, 최근에 가장 각광받고 있는 인테리어 스타일 중 하나가 모던 Modern 인테리어 디자인입니다. 극단적인 단순함을 지향하는 미니멀리즘 Minimalism 의 영향을 받아, 특별한 모양이나 패턴보다는 단색 위주의 벽체와 바닥 마감, 심플함을 살린 가구와 조명을 배치하는 것이 일반적입니다. 객실 내부에 월풀이나 스파 등의 시설을 설치하거나 개별 풀 Pool 을 갖춘 풀 빌라 급 펜션이 늘어나면서, 모던 인테리어는 펜션 인테리어의 주류로 자리 잡아가고 있습니다. 절제된 디자인을 강조하는 대신, 타일이나 대리석 등 비교적 고가의 마감재를 포인트로 삼아 고급스러움을 강조하는 것이 특징입니다.

하지만 모던 인테리어에도 몇 가지 큰 단점들이 존재합니다. 홈페이지를 기반으로 하는 펜션 비즈니스의 특성상, 촬영 노하우가 부족한 경우 객실의 고급스러움을 제대로 표현하기 어렵고, 대다수 신축 펜션들이 천편일률적으로 모던 인테리어를 채용한 탓에 개별 펜션들 간의 변별력이 떨어지는 점 또한 매우 아쉽습니다. 소비자들에게 자신만의 독특한 강점을 어필할 수 있는 기회가 줄어들기 때문이죠. 따라서, 모던 인테리어를 선택할 경우 여타의 펜션들과 차별화시킬 수 있는 디자인 포인트에 중점을 두어야 합니다.

④ 기타 펜션 인테리어들 - 빈티지(Vintage), 인더스트리얼(Industrial), 스팀 펑크(Steampunk)

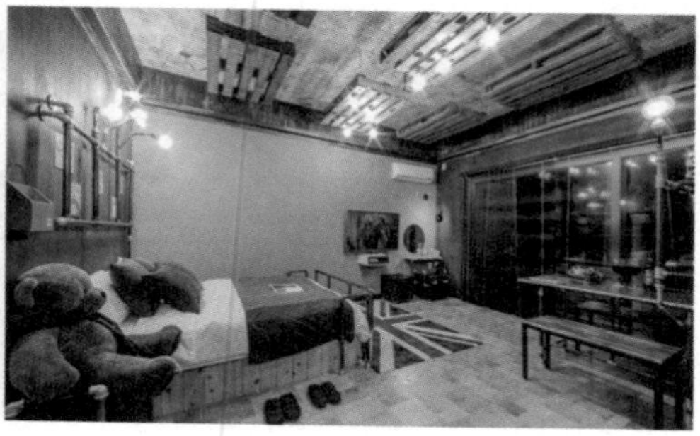

커피전문점이나 레스토랑, 의류매장 등 상업 시설에서부터 발전하기 시작한 빈티지, 인더스트리얼, 스팀펑크 등, 보다 파격적인 인테리어 스타일이 펜션에 적용되기 시작한 것은 극히 최근의 일입니다. 파이프나 시멘트 블록, 철망 등, 기존의 주거 환경에는 좀처럼 사용하지 않던 과감한 자재와 기법을 이용한 이런 류의 디자인은, 특히 유행에 민감하고 개성을 중시하는 젊은 소비자들 사이에서 크게 각광받고 있습니다. 오히려, 기존에 펜션을 운영하고 있는 사람들이나 새로 펜션을 창업하려는 사람들이 쉽게 받아들이지 못하고 있는 급진적인 디자인입니다.

펜션을 주택이나 흔히 보는 숙박시설과 동일시하다 보니, 과감한 형식의 인테리어 스타일을 선뜻 받아들이기 어려워하는 것 같습니다. 하지만 기존 펜션들과의 차별화뿐만 아니라, 새로운 환경과 스타일을 찾는 소비자의 요구를 고려하면, 보다 적극적으로 받아들일 필요가 있습니다. 실제로 그 숫자도 조금씩 늘어나고 있습니다. 다만, 기존의 인테리어 방식과 전혀 다른 유형의 디자인이기 때문에, 일반적으로 널리 알려진 시공 방법이나 규격화된 자재 등이 거의 없어, 실제 시공 시 해결해야 할 부분은 아직도 많이 남아있는 편입니다.

펜션 인테리어 스타일은 대략 이 정도로 나눌 수 있으며, 분류하는 관점에 따라서 보다 더 많은 종류의 인테리어 스타일로 구분하기도 합니다. 하지만 펜션 인테리어의 성패는 완성도나 호불호보다는 예약률로 평가되어야 합니다. 극심한 경쟁에 돌입한 펜션 시장에서, 더 이상의 화려한 시설이나 더 큰 규모는 현실적으로 불가능합니다. 결국, 마지막 남은 펜션의 경쟁력은 인테리어라고 생각합니다. 실제 각 지역별 펜션 운영 현황을 조사해 보면, 펜션 인테리어의 수준과 매출에는 깊은 연관이 있다는 점을 쉽게 발견할 수 있습니다.

강릉시 지역 펜션 인테리어 수준 및 내/외부 시설 현황

구분	인테리어			내부시설				외부시설	
	상	중	하	월풀	월풀 / 스파	스파	시설평이	수영장	시설평이
현황	23	54	147	33	4	7	180	34	190

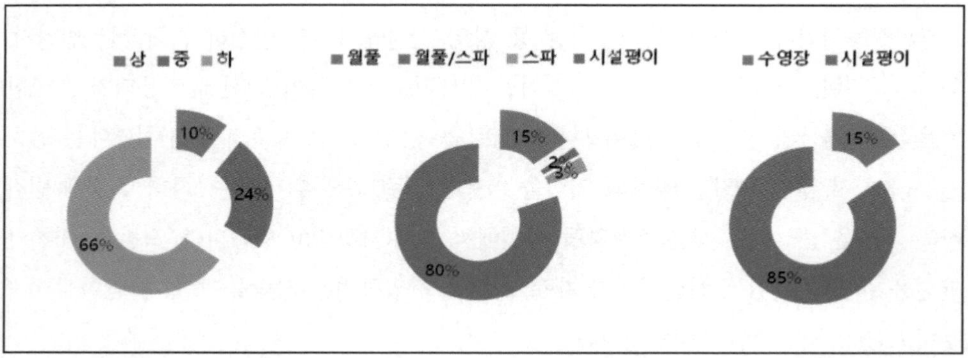

다분히 주관적인 평가이긴 하지만, 각 지역의 펜션 인테리어 수준을 상/중/하로 나누어 평가해 보면, 그 비율이 해당 지역의 펜션 예약률 순위와 비슷합니다. 펜션 예약에 있어, 월풀이나 스파 등의 서비스 시설이나 수영장 등의 부대시설보다는 인테리어가 미치는 영향이 더 크다는 사실은 주목할만합니다. 결국, 앞으로의 펜션 경쟁은 시설이나 규모가 아닌 인테리어 위주로 변화될 것이라고 봅니다.

전구 주요 지역 펜션 인테리어 수준 및 내/외부 시설 현황

구분	인테리어			내부시설				외부시설	
	상	중	하	스파	월풀	스파 / 월풀	시설평이	수영장	시설평이
여수시	8%	46%	46%	4%	4%	10%	82%	30%	70%
가평군	9%	44%	50%	9%	18%	4%	69%	41%	59%
통영시	4%	22%	74%	3%	5%	3%	89%	14%	86%
거제시	9%	39%	52%	4%	12%	1%	83%	6%	94%
남해군	6%	31%	63%	5%	6%	1%	88%	4%	96%
경주시	11%	37%	52%	2%	4%	1%	93%	19%	81%

5 펜션의 편의 시설과 서비스 시설

펜션의 시설은 큰 범주에서 보면, 편의 시설과 서비스 시설로 나눌 수 있습니다. 편의 시설은 TV, 냉장고, 에어컨, 쿡탑, 후드, 바비큐 장비 등 기본적인 취사와 숙박을 위한 필수 시설을 말하며, 서비스 시설은 월풀 및 스파, 야외 수영장 등과 같은 부가적인 서비스 관련 시설을 의미합니다.

편의 시설은 대부분의 펜션들이 기본적으로 갖추어 놓고 있기 때문에 특별한 의미를 가지진 않습니다. 크기나 용량, 편의성 외에 별다른 차별적 요소가 없기 때문이죠. 반대로, 서비스 시설은 조금 다릅니다. 물론, 서비스 시설이라곤 해도 별도의 요금을 받는 경우는 극히 드물고, 사용에 제한을 두는 경우도 없습니다. 하지만 펜션 예약과 영업 측면에선 아주 큰 의미를 가집니다. 초기 펜션의 경우, 기본적인 편의 시설 외에 특별한 서비스 시설을 구비하는 경우는 거의 없었습니다. 숙박이라는 가장 기본적인 효용 외에, 별다른 고민 없이도 영업하는데 아무런 지장이 없었기 때문이죠. 그 무렵의 소비자들 역시, 펜션의 시설 자체에 큰 의미를 두진 않았습니다. 호텔이나 콘도미니엄과는 조금 다른 분위기와 연인, 배우자, 가족끼리 오붓하게 바비큐를 즐기면서 하룻밤을 묵어가는 색다른 장소로만 여겼기 때문이죠. 그래서, 특별히 호텔급의 서비스나 콘도미니엄과 같은 다양한 부대시설을 기대하진 않았습니다. 그러나 펜션의 숫자가 점점 더 늘어나면서 경쟁적으로 새로운 시설들을 갖추기 시작했고, 소비자들 역시, 기본적인 숙박 외에 다양한 즐길 거리와 놀 거리를 따라 펜션을 예약하기 시작합니다.

지난 5~6년 동안 펜션들은 여러 종류의 서비스 시설들을 경쟁적으로 설치해 왔고, 신축 펜션 외에 기존 펜션들조차 리모델링을 핑계로, 객실의 구조나 형태를 무시한 채 월풀이나 스파 등에 아낌없는 투자를 해왔습니다. 이런 식의 시설 경쟁은 객실 가격을 높이게 되는 주된 요인이 되어버렸고, 상식 수준을 벗어난 요금은 펜션의 불황을 가중시키는 원인으로 작용하게 됩니다. 호텔이나 콘도미니엄의 대체재로서의 효용가치를 잃어버린 펜션은, 호화스러운 시설 위주로만 발전해 버렸고, 특급 호텔의 몇 배에 달하는 비싼 요금은 소비자들에게 외면당하고 맙니다. 보다 적극적으로 소비자를 끌어들이기 위해 설치되었던 서비스 시설이, 역설적으로 소비자를 가로막는 악재가 되고 맙니다.

문제는 여기에서 그치지 않습니다. 풀 빌라 급 펜션을 포함해 거의 대부분의 펜션들이 앞다투어 시설 위주의 경쟁을 이어오다 보니, 월풀이나 스파 등의 희소성이 크게 떨어져 버립니다. 어느새, 이런 종류의 서비스 시설들이 TV나 에어컨, 냉장고와 같은 기본 시설로 격하되어 버리고 맙니다. 오히려, 소비자들 입장에선 딱히 새로울 것도 없는 서비스 시설들 때문에 가격만 비싸졌다는 불만을 토로할 지경입니다. 실제로 다양한 서비스 시설을 갖춘 펜션의 예약률이, 그렇지 않은 펜션들보다도 떨어지는 경우가 생겨나고 있습니다. 앞으로는 특별한 전략적 판단 없이 무작정 서비스 시설을 늘리는 일도 진지하게 고민할 시기가 되었다고 봅니다.

① 월풀, 스파, 히노끼(편백 나무) 욕조

펜션의 서비스 시설 중 대표적인 것들이 바로, 월풀이나 스파, 히노끼 편백 나무 욕조 등입니다. 이들 시설의 경우, 단순한 서비스 기능 외에 인테리어 효과를 높여주기도 합니다. 실제로 욕실 안이 아닌 객실 내부에 인테리어 목적을 겸한 월풀이나 스파를 설치하는 것이 일반화되고 있습니다. 다만, 월풀과 스파, 히노끼 욕조 등 실내에 설치되는 시설들의 경우, 부수적인 문제들을 잘 해결해야 효율적인 운영이 가능합니다.

월풀과 스파는 설치비용 외에도 온수 공급과 설비용량의 확보, 청소와 관리 등 다양한 문제를 해결해야 합니다. 스파의 경우 자체적인 히팅 Hitting 기능이 있어서, 일반 가정의 경우 추가적인 온수 공급 없이 장기간 사용이 가능합니다. 반면, 펜션의 경우 고객들의 반복적인 입, 퇴실로 인해 매일같이 청소를 하고 새롭게 온수를 채워야 하는 번거로움이 발생합니다. 특히, 청소와 세척에 세심한 신경을 쓰지 못하는 경우, 고객 불만의 상당수가 월풀이나 스파의 청결에서 나온다는 점을 염두에 두어야 합니다.

구분	모터	공회전	배수	소비전력	분사노즐	물사용량
월풀	습식(물분사)	불가능	잔수잔류	높음	6~8개	많음
스파	건식(공기분사)	가능	완전배수	낮음	10~200개	적음

일반인들의 경우, 월풀과 스파의 차이를 쉽게 구분할 수 없을 정도로 비슷해졌기 때문에, 대부분 '스파'로 용어를 통일해서 쓰고 있습니다. 특별히 '버블 스파'라고 표기된 경우는 월풀, '제트 스파'라고 표기된 경우는 스파라고 보면 됩니다. 또한, 히노끼 편백 나무 욕조를 설치하는 경우도 많은데, 분사 노즐을 달아 월풀과 비슷한 기능을 제공하기도 합니다. 히노끼 욕조 역시, 재질의 특성상 청소와 관리에 많은 신경을 써야 합니다.

여러 가지 관리적인 이유들 때문에 일부 펜션에서는 스파 이용 시 별도의 요금을 받는 경우도 있는데, 결코 바람직하지 못한 운영 방식이라고 봅니다. 월풀이나 스파가 설치된 객실은 일반 객실에 비해, 최소 3~40% 높은 가격을 받습니다. 소비자 입장에선 가뜩이나 비싼 객실 요금을 생각하면, 바가지 상술이라고 느낄 수밖에 없겠죠. 실제로, 소비자들의 항의와 심각한 매출의 감소를 겪은 사례도 있기 때문에, 서비스 시설의 운영은 언제나 신중하게 다루어져야 합니다.

② 수영장

월풀이나 스파가 내부 시설이라면, 펜션의 외부 시설 중 대표적인 것이 바로 수영장입니다. 풀 빌라 급 펜션의 경우, 객실 내에 4계절 이용이 가능한 전용 풀 Pool 을 설치하는 경우도 흔해졌습니다. 수영장은 과거에 비해 중요성이 더욱 높아진 시설입니다. 월풀이나 스파 등의 내부 서비스 시설이 큰 힘을 발휘하지 못하고 있는 반면, 수영장은 예약에 더 큰 도움을 주고 있습니다. 최근, 여름 휴가철 시즌 예약률을 살펴보면, 규모가 큰 수영장을 가진 펜션의 예약률이 좀 더 높은 편입니다. 비싼 입장료와 긴 대기 시간 등의 이유로 워터파크나 야외 리조트보다는, 별도의 추가 비용 없이 사용할 수 있는 펜션의 야외 수영장이 크게 각광받는 것이 주된 이유입니다.

원래, 펜션의 수영장은 여름 성수기를 늘리려는 의도로 만들어진 부대시설입니다. 일반 야외 수영장이나 워터파크, 해수욕장 등이 개장하기 전부터 일찍 수영장을 오픈해, 보다 적극적으로 고객을 유치할 목적이었습니다. 야외 수영장에 스파를 설치해 5월 중순부터 수영장을 이용할 수 있게 하거나, 아예 설치 단계에서부터 4계절 이용이 가능한 온수 수영장을 만드는 경우도 많아졌습니다, 특별히 잘 만들어진 펜션 수영장의 경우, 수영장 주변에 카바나를 설치해 별도 요금을 받아 일반인들에게까지 개방하는 경우도 생겨나고 있습니다.

수영장의 크기도 점점 더 커지고 있고, 작은 규모의 워터슬라이드까지 설치하는 등, 펜션의 야외 수영장은 펜션의 중요한 경쟁 요소로 부각되고 있는 중입니다. 펜션이 과거와 달리 몇 개의 건물로 이루어진 소규모 리조트급으로 만들어지는 경우도 많아, 수영장을 포함한 데크나 파고라, 카바나 등의 시설을 함께 설치해 보다 더 큰 효과를 얻으려는 것이 일반적인 추세입니다.

③ 기타 다양한 서비스 기구들

스파나 월풀, 수영장과 같은 서비스 시설 외에도, 펜션에는 다양한 서비스 기구들이 있어 왔습니다. 가장 먼저 설치되기 시작한 서비스 기구는 역시, PC와 무선 인터넷이었습니다. 온라인 이용이 일상화되면서 PC와 무선 인터넷의 설치는 시장 초기 단계부터 필수였고, 그 후 다양한 게임기와 DVD 플레이어 등이 추가되었습니다. 최근엔 객실 내에 간단한 에스프레소 머신이나 캡슐형 커피 기계를 설치하는 경우도 많아지고 있습니다. 별도의 자전거 보관함을 설치해 고객들에게 무료로 대여하는 건 오래전 일이며, 바닷가나 큰 강을 배후에 둔 펜션들의 경우 수상 스포츠나 보트 등을 무료로 이용하게 해주는 서비스까지 활발하게 이루어지고 있습니다.

펜션 서비스의 종류 6

호텔이나 콘도미니엄과 비교하기엔 다소 무리가 있지만, 펜션도 나름의 다양한 서비스를 제공하고 있습니다. 가장 대표적인 것이 픽업 Pickup 과 조식 서비스입니다. 펜션이 생겨난 초창기만 해도, 지리적 여건상 대중교통으로는 쉽게 찾아가기 어려운 경우가 많았습니다. 이런 이유로, 찾아오는 손님을 마중 나가는 픽업 서비스는 비교적 일찍부터 제공되었습니다. 덕분에, 펜션을 시작함과 동시에 픽업을 핑계로 새 차를 뽑는 호사 豪奢가 덤으로 따라오게 되었죠. 보통 1박 2일을 기본으로 하는 펜션의 특성상, 다음날 아침을 거르기 일쑤기 때문에, 보다 원활한 예약을 위해 간단한 아침을 무료로 제공하는 조식 서비스도 꾸준히 이어져 내려오고 있습니다. 그럼, 대표적인 펜션 서비스 몇 가지를 소개해 보겠습니다.

① 픽업(Pickup) 서비스

손님을 마중 나가는 서비스는 이제 서비스라고 부르기에도 민망할 정도로 일반화되어 있습니다. 풍광 좋은 위치를 따라 펜션이 늘어난 탓에, 대부분 교통편이 불편한 경우가 많습니다. 자가용 보급이 보편화되었다곤 하지만, 아직도 대중교통을 이용해 펜션을 찾아오는 손님들도 드물지 않습니다. 이런 점들 때문에 거의 대부분의 펜션들이 픽업 서비스를 제공하고 있다고 보아도 무방합니다. 재미있는 점은, 가평이나 경주 등 펜션이 일찍부터 활성화된 지역의 경우, 대형마트를 중심으로 자기 가게에서 쇼핑을 한 손님들을 펜션까지 태워다 주는 서비스를 앞다투어 실시하고 있다는 점입니다. 펜션 산업이 지역 경제에 끼치는 영향이 만만치 않음을 시사하는 사례입니다.

② 조식 서비스

펜션을 찾는 고객들은, 전날 즐긴 바비큐나 늦은 밤까지의 여흥 등으로 아침을 준비하지 않는 경우가 많습니다. 대부분 오전 중에 방을 비워준 후 집으로 돌아가는 길에 식사를 하곤 하지만, 펜션에서 제공되는 간단한 아침을 이용하는 경우도 많습니다. 이런 점에 착안해 고안해 낸 서비스가 무료 조식 제공입니다. 우유와 토스트, 컵라면 정도를 객실에 비치하거나, 별도로 꾸며진 펜션 카페에서 먹을 수 있도록 한 조식 서비스도, 픽업만큼 오래된 대표적인 펜션 서비스입니다. 초창기엔 우유나 토스트, 컵라면 정도가 보통이지만, 최근에는 직접 끓인 죽이나 보다 다양한 메뉴들을 개발해 제공하는 추세입니다.

조식 서비스는 순수한 의미의 서비스라기보다는, 일종의 영업 전략이라고 볼 수 있습니다. 인테리어나 시설 면에서 우위를 가리기 힘들어진 바람에, 조금이라도 예약률을 늘려보기 위한 궁여지책으로 마련된 서비스입니다. 최근에는 일정한 금액을 따로 받아 제공하는 '브런치 Brunch' 서비스도 점점 더 늘어나고 있습니다. 하지만 마케팅 측면에서 보면 긍정적인 면만 있는 것은 아닙니다. 서비스는 말 그대로 서비스에 그쳐야 합니다. 서비스에 비용이 붙게 되면, 생각지도 못한 고객 불만이나 서비스에 대한 좋지 못한 평이 나올 수 있어 자칫, 득보다 실이 더 많아집니다. 차라리 객실 요금에 포함 시키거나, 무료로 제공할 수 있는 범위 내에서 서비스되는 것이 바람직합니다.

③ 바비큐 시즈닝(Seasoning) 서비스

픽업이나 조식 서비스가 통상적인 펜션 서비스라면, 바비큐용 고기를 양념에 재워서 제공하는 시즈닝 서비스는 조금은 특별한 서비스입니다. 여기서 '특별하다'는 뜻은 고객 서비스에 대한 진취적인 사고를 가진 소수의 펜션에서만 제공하고 있기 때문이죠. 사실, 고기를 양념에 재워 손님들에게 제공하는 시즈닝 자체는 크게 어려울 게 없는 서비스입니다. 저렴한 와인에 고기를 재운 후 허브나 파슬리 정도를 뿌려주는 약간의 수고만 감수할 수 있으면 그만입니다. 소비자들의 반응도 매우 좋은 편이라, 신규로 오픈하는 펜션들에게 적극적으로 권장하고 있습니다.

바비큐 시즈닝 서비스는 일반적인 펜션 서비스와는 달리, 하나의 세일즈 프로모션 Sales Promotion 으로서의 역할을 톡톡히 합니다. 실제로, 모 지역에서 운영 중인 펜션의 경우 작은 규모와 불리한 입지 등을 시즈닝 서비스로 극복해 놀랄만한 매출을 올리기도 했습니다. 물론, 고기에 양념을 재워주는 일 외에 고객과의 적극적인 커뮤니케이션과 친절한 응대도 한몫했습니다.

④ 기타 소소한 서비스들

다양한 콘셉트의 펜션들이 새롭게 생겨나면서, 펜션 서비스도 점점 더 세분화되고 다양해졌습니다. 바리스타 자격증을 가진 펜션 주인들의 경우, 원두를 직접 로스팅 Roasting 한 커피를 서비스로 제공하기도 하며, 객실에 에스프레소 머신을 설치한 펜션들도 늘어나고 있습니다. 사전 주문으로, 간단한 파티용 음식 메뉴를 유료로 제공하는 곳도 있습니다. 프로젝터와 DVD플레이어를 설치해 영화 타이틀을 대여해주거나, 보드 게임 등을 빌려주는 서비스도 꽤 오래전부터 이어져 내려오고 있습니다. 숙박 당일이 특별한 기념일인 경우, 와인이나 케이크를 서비스로 주는 것도 테마형 펜션이 생겨나면서부터입니다. 바닷가를 중심으로 한 펜션들의 경우, 주인이 소유하고 있는 보트나 소형 어선 등을 활용해 해양 레포츠 체험이 가능한 곳도 있고, 승마 등 일상적으로 접해보지 못한 즐길 거리를 서비스로 제공하는 펜션들도 늘어나고 있습니다.

조금 더 넓은 의미에서 보면, 월풀이나 스파, 야외 수영장 등도 일종의 서비스 범주에 포함시킬 수 있습니다. 요즘 새롭게 각광받고 있는 애견 펜션이나 키즈 펜션도, 테마에 걸맞은 시설이나 인테리어 외에 강아지나 어린이들을 위한 다양한 서비스가 주효한 영업 전략이라고 볼 수 있는 사례들입니다.

7 펜션 마케팅의 현주소

펜션 시장이 형성되기 시작한 초기에만 해도, 펜션 운영에 있어 특별한 마케팅 전략은 필요 없었습니다. 검색 광고도 몇몇 펜션들을 제외하면 지극히 한정적이었습니다. 요즘에는 일상화되다시피 한 예약 대행이나 소셜커머스 등을 통한 할인 판매는 상상도 할 수 없는 일이었죠. 단순한 수준의 펜션 홈페이지만으로도 충분한 매출을 올릴 수 있었기 때문이죠. 하지만, 펜션의 숫자가 급격히 늘어나고 경쟁이 치열해지자, 다양한 광고나 홍보에 매달릴 수밖에 없어졌습니다. 그 이면에 숨어있는 다양한 이해관계는 뒤에 따로 자세히 다루기로 하고, 여기서는 지금까지의 펜션 마케팅 도구들에 대해서만 간략하게 설명하겠습니다.

① 펜션 홈페이지

펜션 비즈니스의 가장 큰 특징 중 하나가 전형적인 온라인 비즈니스라는 점입니다. 펜션이 민박뿐만 아니라 다른 종류의 숙박업과 구분되는 가장 큰 차이가 바로 펜션 홈페이지입니다. 물론, 호텔이나 콘도미니엄, 비교적 규모가 큰 모텔 등도 자체 홈페이지를 갖추고 있는 경우가 많습니다. 하지만 펜션 홈페이지는 자신의 펜션을 소개하는 것을 물론이며, 각 객실별 예약 현황을 한눈에 확인할 수 있는 실시간 예약 시스템을 갖추고 있습니다. 고객들은 펜션 홈페이지를 통해 객실뿐만 아니라, 외부 시설과 주변 환경, 다양한 서비스 등을 한눈에 파악할 수 있습니다. 맘에 드는 객실이 있을 땐, 예약 가능한 날짜를 확인해 그 자리에서 바로 예약까지 할 수 있는 편리함을 제공합니다. 물론, 모든 예약 과정이 온라인으로만 이루어지는 것은 아닙니다. 하지만, 고객 응대에 필요한 시간과 노력의 상당 부분을 실시간 예약 시스템으로 해결할 수 있다는 운영상의 장점이 있습니다. 이 때문에, 펜션 시장이 생겨난 초기부터 거의 모든 펜션들이 펜션 홈페이지 안에 실시간 예약 시스템을 연동시키고 있습니다. 실시간 예약 시스템은, 시스템만을 전문적으로 서비스하는 회사를 통해 임대 형식으로 사용합니다.

펜션 홈페이지도 전문 업체가 따로 있을 정도로 그 중요성이나 제작 난이도가 높은 편입니다. 천혜의 입지환경과 화려한 시설을 갖추었다고 해도, 홈페이지의 완성도가 떨어질 경우 원하는 만큼의 매출을 기대하긴 어렵습니다. 눈에 보이는 현실 속의 펜션을 소비자들에게 알릴 수 있는 유일한 수단이 펜션 홈페이지인 탓이죠. 때문에 펜션 홈페이지는 펜션에 대한 체계적인 이해와 전문성을 갖춘 업체를 통해 만들어져야 합니다. 홈페이지를 통해 묘사된 펜션의 경쟁력이 두드러질 때, 원하는 만큼의 매출을 올릴 수 있습니다. 펜션 홈페이지의 중요성에 대해서는 뒤에 따로 자세히 다루도록 하겠습니다.

② 검색 광고

키워드 광고 또는 오버추어Overture 라고도 부르는 검색 광고는, 거의 유일한 광고 수단이라고 볼 수 있습니다. 아무리 규모가 크고, 매출이 높은 펜션이라고 해도 TV나 신문, 잡지 등 전통적인 매스커뮤니케이션 매체를 통한 광고는 엄두도 내지 못합니다. 비용적인 부분 때문에 펜션 마케팅에 활용할 수 있는 광고 수단이 지극히 제한적이라, 펜션들은 초창기부터 온라인 검색 사이트를 통한 키워드 광고에만 매달려오고 있는 실정입니다. 요즘은 SNS를 통한 홍보도 비교적 활발하게 이루어지고 있기는 하지만, 그 효과는 극히 미미한 편입니다.

키워드 광고는, 포털 사이트에 가고 싶은 여행지나 원하는 유형의 펜션을 검색했을 때, 가장 먼저 노출되는 검색 결과 페이지에 자신의 펜션을 광고하는 방식입니다. 노출

순위에 따라 비용이 다르게 책정되는데, 정액제가 아니라 광고를 노출시키려는 사람이 클릭당 가격을 매겨 원하는 위치를 정하는 응찰제로 운영되는 것이 특징입니다. 대표적인 검색 포털 사이트 '네이버'의 전체 광고 수익 중 3위에 해당하는 것이 펜션 관련 광고 매출입니다. 펜션들간의 경쟁이 치열해지면서, 키워드 광고비용도 엄청나게 늘어났습니다. 정액제가 아닌 응찰제인 키워드 광고의 특성상, 경쟁자가 많아지면 많아질수록 상위에 노출 시키기 위해선 높은 비용이 필요합니다.

초창기만 해도 한 달에 몇십만 원 수준이던 키워드 광고 비용이, 요즘엔 기본 몇백만 원에서 천만 원을 훌쩍 넘기는 일이 흔해졌을 정도입니다. 키워드 광고 비용에 따른 부담은 갈수록 커져가고 있습니다. 한 가지 재미있는 점은, 키워드 광고에 노출되고 있는 펜션들 중 상당수가 생각 외로 매출이 높지 않다는 점입니다. 이와 반대로, 예약률이 높고 매출이 안정적인 펜션일수록 키워드 광고에 대한 의존도가 낮은 편입니다. 장사가 잘 되는 펜션일수록 광고 비용을 적게 쓰고, 장사가 안 되는 펜션들의 광고 비용이 많다는 점은 매우 모순적인 부분입니다. 소비자들조차 키워드 광고의 신뢰성을 의심하는 추세로 돌아섰기 때문에 키워드 광고에 대한 효과도 진지하게 고민해보아야 할 시점입니다. 하지만 키워드 광고 외에 펜션이 감당할 수 있는 광고 수단이 거의 없다는 점은 언제나 고민입니다.

③ 예약 대행 사이트 및 소셜커머스

키워드 광고에 대한 비용 부담이 갈수록 늘어나고, 웬만한 비용으론 폭넓은 소비자들에게 노출조차 어려워지면서 등장한 것이 예약 대행 사이트들입니다. 예약 대행 사이트들은 상당한 비용의 대중 매체 광고를 통해 자신들의 인지도를 키운 다음, 전국의 수많은 펜션들을 자신들의 사이트 안에 입점시켜 예약을 유도합니다. 대신, 예약이 이루어지면 일정액의 수수료를 떼어가는 것이 예약 대행 사이트들의 일반적인 비즈니스 모델입니다. 펜션들 입장에서도 막연하게 키워드 광고비용을 쏟아붓기보다는 예약 대행 사이트를 통해 광고를 하는 편이 오히려, 합리적이라는 인식이 생겨나면서 예약 대행 사이트의 규모는 갈수록 커져가고 있습니다.

초창기 펜션들 중에서도, 서로 뜻이 맞는 펜션들끼리 자체적인 통합 사이트를 운영하던 사례가 있었습니다. 그리고, 늘어나는 광고비 부담 때문에, 각 지역별로 몇 개의 펜션들이 묶음 광고 형식으로 사이트를 공유하는 일도 많았었습니다. 하지만 예약 대행 사이트들이 늘어나면서 이런 모습들은 점차 줄어드는 추세입니다. 예약 대행 사이트의 수수료도 점점 더 높아져, 통상 15~20% 정도의 수수료를 떼어가는 것이 보통입니다. 최근에는 예약 대행 사이트들 간의 인수 합병 등이 활발하게 일어나 대략 2~3개 정도의 대규모 예약 대행 사이트가 시장을 분할하고 있는 형국입니다.

예약 대행 사이트와 함께 소셜커머스도 펜션의 매출 중 상당 부분을 차지하고 있습니다. 초창기와 달리, 대부분의 국내 소셜커머스들도 일반적인 오픈 마켓과 큰 차이 없이 변해버렸지만, 펜션 예약은 소셜커머스라는 소비자 인식이 확고해졌을 만큼, 아직도 그 위세는 굳건한 편입니다. 소셜커머스의 비즈니스 모델도 예약 대행 사이트와 별다른 차이가 없습니다. 하지만 일반적인 예약 대행 사이트들에 비해 소비자들의 인지도가 월등하게 높은 편이며, 매스커뮤니케이션을 통한 막대한 광고와 홍보로 높은 유명세를 유지해나가고 있습니다. 펜션 입장에서도 체감되는 효과는 예약 대행 사이트에 비해 훨씬 높은 편입니다. 그런데, 불과 5~6년 전만 해도 직접 펜션을 찾아다니면서 입점 유치에 힘쓰던 소셜커머스들이, 최근에는 매출이 높은 펜션들만을 골라내고 있다는 점은 매우 우려되는 부분입니다. 예약 대행 사이트와 소셜커머스의 영향력이 점점 더 높아지면서, 펜션들도 이들 사이트와 업체들에 대한 의존도가 갈수록 높아지고 있습니다. 사실상 시장의 권력이 이들에게 넘어갔다고 보아도 무방합니다.

④ SNS(Social Network Service) 홍보

펜션 홈페이지를 유심히 살펴보면, 커뮤니티 카테고리 내의 '이용 후기' 게시판을 발견할 수 있습니다. 고객과의 커뮤니케이션이라는 단순한 목적에서 출발했던 것이 점차, 펜션의 평판을 가늠할 수 있는 척도로 변해가면서, 펜션들은 은연중에 퇴실하는 고객들에게 호의적인 이용 후기를 올려주었으면 하는 의중을 내비치게 됩니다. 그런데 블로그와 더불어 SNS 매체들이 급속하게 발전하면서, 호의적인 평을 올려주었으면 하던 소박한 바람이 본격적인 홍보수단으로까지 발전하게 됩니다. 이른바, '파워 블로거'로 대표되는 SNS 홍보가 다양한 형태로 이루어지고 있습니다. 가장 일반적인 것이 블로그 대행업체를 통한 홍보입니다. 개인의 사적인 신변잡기 따위를 온라인에 소개하던 블로그가, 기업체나 작은 규모의 자영업을 홍보하는 상업적 수단으로 변해버린 건 오래된 일입니다. 펜션의 경우에도 자칭, 타칭 '파워 블로거'들을 불러들여 무료로 숙박을 제공하거나, 대행업체를 통해 인위적인 홍보를 맡기는 것은 일반화되어 있습니다. 펜션들이 자체적인 블로그를 만들어 간접적인 홍보에 힘쓰는 경우도 많지만, 펜션을 운영하는 것만으로도 빠듯한 시간을 감안하면, 블로그를 키워나가는 일은 사실상 불가능합니다. 따라서, 대행업체나 파워 블로그를 통한 홍보는 불가피한 선택이라고 인정해야 합니다.

최근에는 블로그 외에도, 기타 다양한 SNS를 통한 홍보 대행도 늘어나는 추세입니다. 펜션들이 자체적으로 만든 페이스북 Facebook 의 방문자를 늘려주거나, 카카오스토리 Kakao Story, 인스타그램 Instagram 등을 대신 관리해주는 일도, 알게 모르게 무수히 많아지고 있습니다. 관건은 어떤 매체 Messenger 를 이용하느냐보다는, 어떤 콘텐츠 Message 를 온라인에 올려둘 수 있느냐에 달려있습니다. 소비자들도 온라인이나 SNS를 통한 간접 광고에 무차별적으로 노출되다 보니, 오히려 부작용만 더 커져가고 있습니다. 아예 펜션에는 가본 적도 없는 사람들이, 펜션으로부터 전달받은 몇 장의 사진이나 간략한 프로필만으로 의미 없는 콘텐츠만 양산하다 보니, 되려 펜션에 대한 신뢰도가 떨어지는 경우도 많아지고 있습니다. 펜션을 예약하려는 사람들조차, 이런 저급한 콘텐츠를 귀신같이 골라내고 있어 SNS를 통한 간접 홍보의 효과는 생각보다 크지 않습니다. 오히려, 과거처럼 실제로 펜션에 묵어간 고객들이 올려주는 진정성 있는 이용 후기가 훨씬 더 큰 효과를 얻어낼 수 있습니다.

참고 ① 농어촌 민박 관련 규정

[공중위생관리법]

제2조 (정의)

① 이 법에서 사용하는 용어의 정의는 다음과 같다.

1. '공중위생법'이라 함은 다수인을 대상으로 위생관리서비스를 제공하는 영업으로서 숙박업, 목욕장업, 이용업, 미용업, 세탁업, 위생관리용역업을 말한다.
2. '숙박업'이라 함은 손님이 잠을 자고 머물 수 있도록 시설 및 설비 등의 서비스를 제공하는 영업을 말한다. 다만, 농어촌에 소재하는 민박 등 대통령령이 정하는 경우를 제외한다.

[공중위생관리법시행령]

제2조 (적용제외대상)

① 공중위생관리법(이하'법'이라 한다) 제2조제1항제2호 단서의 규정에 의하여 숙박업에서 제외되는 시설은 다음 각호와 같다.

농어촌정비법에 의하여 농어촌에 설치된 민박사업용 시설(객실이 7실 이하인 경우에 한한다)

[농어촌정비법]

제2조 (정의) 이 법에서 사용하는 용어의 정의는 다음과 같다.

8의2. '농어촌관광휴양사업'이라 함은 다음 각목의 사업을 말한다

라. 농어촌민박사업 : 농어촌지역에서 이용객의 편의와 농어촌소득증대를 목적으로 숙박·취사시설 등을 제공하는 업

[소득세법]

제9조 (농가부업소득의 범위)

① 법 제12조제3호에서 '대통령령이 정하는 농가부업소득'이라 함은 농·어민이 부업으로 영위하는 축산, 양어, 고공품제조, 민박, 음식물판매, 특산물제조, 전통차제조 및 그 밖에 이와 유사한 활동에서 발생한 소득 중 다음 각 호의 소득을 말한다.

② 제1항 각호외의 부분에서 '민박'이라 함은 농어촌정비법에 의한 농어촌지역에 설치된 민박사업용으로서 객실이 7실 이하인 시설을 말한다.

[관광진흥시행령]

제2조 (관광사업의 종류)

① 관광진흥법이하 '법'이라고 한다 제3조 제2항의 규정에 의하여 관광사업의 종류를 다음과 같이 세분한다.

6. 관광편의시설업의 종류

아. 관광펜션업 : 숙박시설을 운영하고 있는 자로서 자연·문화체험관광에 적합한 시설을 갖추어 이를 관광객에게 이용하게 하는 업

② 제1항 제6호 아목의 규정은 제주도국제자유도시특별법의 적용을 받는 지역에 대하여는 이를 적용하지 아니한다.

(별표1) 관광편의시설업의 지정기준(제14조 관련)

8. 관광펜션업

(1) 자연 및 주변환경과 조화를 이루는 3층 이하의 건축물일 것

(2) 객실이 30실 이하일 것

(3) 취사 및 숙박에 필요한 설비를 갖출 것

(4) 바비큐장, 캠프파이어장 등 주인의 환대가 가능한 1종류 이상의 이용시설을 갖추고 있을 것(다만, 관광펜션이 수 개의 건물 동으로 이루어진 경우에는 그 시설을 공동으로 설치할 수 있다)

(5) 숙박시설 및 이용시설에 대하여 외국어 안내 표기를 할 것

참고 ② 프랑스 지트(Gtes)

1. 프랑스 농어촌민박 네트워크 지트 드 프랑스 소개

프랑스의 농어촌민박 네트워크 지트 드 프랑스(Gite de France)는 전 세계적으로 가장 성공한 농어촌민박 모델로 평가받고 있다. 특히, 지트(Gite)의 성공 비결은 지역 농어촌민박의 자발적인 노력과 적극적인 참여, 지방 정부와 국가, 유럽연합 차원의 지원과 교육을 통해 실질적인 경제적 성과를 얻고 있다는 점이다. 국내 농어촌민박의 관리와 서비스 향상에 대한 좋은 사례가 될 수 있으며, 기형적으로 성장하고 있는 국내 농어촌민박 및 펜션의 순기능적인 발전 방향을 찾을 수 있다고 판단된다.

① 지트(Gite)의 설립 배경

1954년, 2차 세계대전 이후 피폐해진 프랑스 농촌의 현실을 바꾸기 위한 노력으로 알프스 하류지역의 한 농가를 시작으로 농촌 되살리기 운동이라는 모토 아래 값싼 요금으로 장기 휴가를 지낼 수 있는 임대 별장형 민박(Gite rural)의 탄생으로 생겨났다. 농촌의 이농화 현상과 침체된 농촌 지역의 개발과 농외소득의 활성화에 초점을 맞추어 우선적으로 농촌을 찾는 사람들에게 농가를 개방하면서부터 시작되었다.

1955년에 공식적인 농어촌민박 조직인 프랑스 지트 연맹(Gite de France)을 발족하여, 6개 지자체, 150여 농가로 시작하여 2년 후인 1957년에는 30여 개의 지자체, 600여 개 농가가 참여하게 된다. 2005년 현재 5만 5천여 개의 지트가 운영되고 있으며, 해마다 2,500에서 3,000개가량의 지트가 새로 문을 열고 있다. 현재는 연 숙박일수 3천500만, 연 매출 12억 유로(약 1조 8,000억 원)의 규모를 자랑하고 있다.

② 지트(Gite)의 형태와 관리

지트는 시골마을에 있는 농가를 관광객에게 빌려주는 프랑스의 대표적인 민박 조직이다. 지트의 목적은 농촌에 있는 낡은 주택의 보존, 농촌 인구의 유출 방지, 저렴한 요금으로 양질의 숙박을 제공하는 데 있다. 지트는 전국연맹이 지트의 시설, 운영 및 품질관리 기준을 통일하고, 국내외 홍보 선전활동, 안내서 발행, 민박 예약 시스템 운영과 소비자들에게 숙박 관련 정보를 체계적으로 제공하고 있다. 전국 연맹은 97개 도지부가 부담하는 회비와 보조금 등으로 운영되고 있다. 지트는 민박이면서도 연맹에서 자율적으로 기준을 마련해 등급을 정해놓고 엄격한 품질관리 시스템을 통해 이용객들에게 전국 어느 지트를 이용하더라도 안심할 수 있다는 신뢰감을 심어주고 있다.

지트 소유자들은 소득창출 의욕과 물려받은 유산 및 전통을 계승 발전시키면서 도농 교류 등 지역의 소통을 담당하는 등 경영적 마인드가 강하다. 이들은 숙박뿐만 아니라 방문자가 농촌을 느낄 수 있도록 역사와 풍속, 관광지 등 문화를 설명하는 일도 함께한다.

구분	주요특징
독채 대여형·대가민박 (Gite rural)	가족이나 소규모 단체가 휴가를 보낼 수 있도록 농가를 단체로 대여
객실 대여형·대실민박 (Chambre d`Hotes)	주로 아침 식사와 객실을 제공, 외국인 이용률이 높은 편임
아동용 민박 (Gite d`Enfants)	방학 중에 농가에서 4세 이상의 어린이를 대상으로 운영 (연령별 세분)
농가 캠핑장 (Camping la Ferme)	농가의 부지 또는 삼림 등에 캠핑장을 마련 (매우 저렴한 가격)
간이 단체민박 (Gite d`Etappe de Gruppe)	윗층은 객실, 아래층은 공동 편의 시설을 둔 저가형 민박

지트의 종류는 위의 5가지 형태로 나뉘며, 다양한 서비스를 제공한다. 특히, 주인과 손님의 대화가 가능하고 농민 입장에서 수입이 좋은 편이며 이용객들이 도시로 돌아가 다른 고객을 소개하는 등 소비자의 만족과 호응이 높다.

③ 지트(Gite)의 발달 배경

프랑스에서는 산업혁명 후 귀족들 사이에 농촌에서 생활을 즐기는 것이 일반적이었다. 1936년에 연간 15일간의 연차유급휴가 제도가 도입되었고, 1981년에는 최장 5주까지로 늘어나 1년에 적어도 5주 이상 휴가를 갖도록 법으로 정해 놓고 있다. 이로 인해 프랑스 국민들은 장기 휴가를 가는 것이 일반화되어 있는데, 지중해 연안에 위치한 고급 별장에서 휴가를 보내기 위해서는 많은 비용이 들기 때문에 저렴한 비용으로 장기간 휴가를 즐길 수 있는 숙박시설, 즉 농어촌민박이 발달하게 되었다. 여기에 프랑스 정부는 유급 휴가자들이 직접 농어촌민박에서 휴가를 보낼 수 있도록 지원함과 동시에 지역 문화와 관광 등으로 수익성을 내기 어려운 농어촌민박을 살리기 위한 사회적 관광 개념을 도입하고 있다. 사회적 관광 차원에서 민간 관광협회가 저소득층에게 정액권 바캉스 수표를 지급하고, 이용자는 농어촌민박 이용 시 바캉스 수표를 지불하면 국가는 농어촌민박에 바캉스 수표 액면 금액의 150%를 지급해 주는 방식으로 사회적 관광을 지원하고 있다.

④ 지트(Gite)에 대한 지원과 관리

프랑스 정부는 1988년부터 농가의 관광산업과 농산물의 직접 판매를 농업활동의 일부로 간주하여 농업활동과 동일한 세제상(사회보험료) 지원과 시설 개선 저리 융자 등을 시행하고 있다. 1995년 농업 근대화 법에 의해 농업관광을 포함해 새롭게 농업에 종사하는 젊은이들에게 다양한 우대조치를 취하고 있다. 정부에서는 지역마다 다소간의 차이가 있지만, 새롭게 농어촌민박을 시작하려는 농가에 제반 시설 정비 자금을 장기 저리로 융자하거나 세제상 우대조치를 하고 있다. 예를 들면, 농어촌민박을 신설 시 공사비의 30~35%를 보조하며 주민세, 부가가치세, 소득세 등을 감면해주고 있다.

지원 내용	시·읍·면	도	지방자치	국가	EU
관광객 수용	★★★	★			
액티비티, 이벤트 등	★★★	★★	★		
운영	★★	★			
판매	★★	★★★	★		
홍보, 광고	★★	★★	★★★	★★★	★
투자에 대한 경제적 지원	★★	★★★	★★	★	★
연수		★	★★★	★★★	
컨설턴트		★	★★	★★	
조사, 연구		★	★★	★★★★	
코디네이터	★	★	★	★★	
계획		★	★★	★★★	
규칙	★			★★★	★★

2장

땅 짚고 헤엄쳐 본 펜션 마케팅

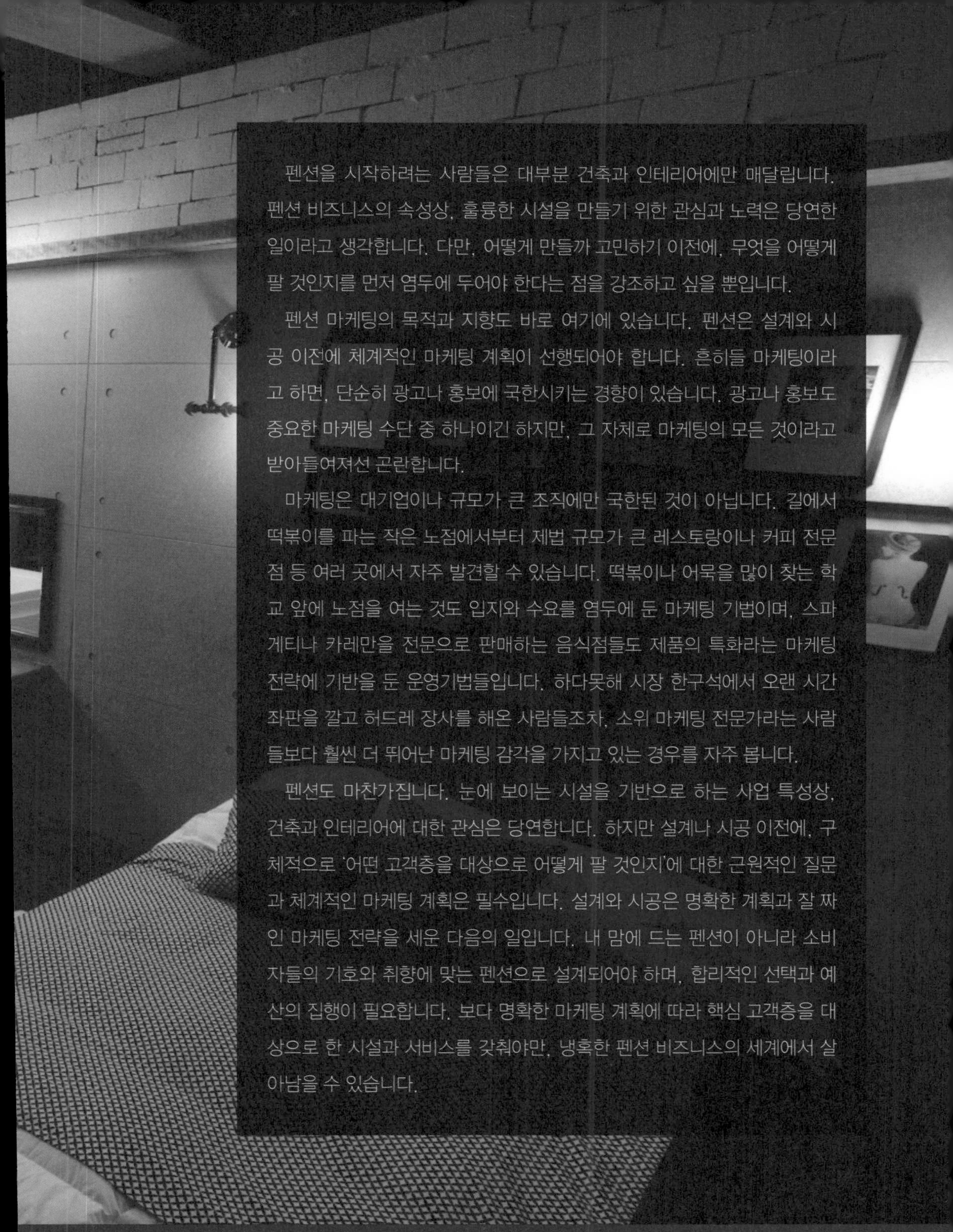

펜션을 시작하려는 사람들은 대부분 건축과 인테리어에만 매달립니다. 펜션 비즈니스의 속성상, 훌륭한 시설을 만들기 위한 관심과 노력은 당연한 일이라고 생각합니다. 다만, 어떻게 만들까 고민하기 이전에, 무엇을 어떻게 팔 것인지를 먼저 염두에 두어야 한다는 점을 강조하고 싶을 뿐입니다.

펜션 마케팅의 목적과 지향도 바로 여기에 있습니다. 펜션은 설계와 시공 이전에 체계적인 마케팅 계획이 선행되어야 합니다. 흔히들 마케팅이라고 하면, 단순히 광고나 홍보에 국한시키는 경향이 있습니다. 광고나 홍보도 중요한 마케팅 수단 중 하나이긴 하지만, 그 자체로 마케팅의 모든 것이라고 받아들여져선 곤란합니다.

마케팅은 대기업이나 규모가 큰 조직에만 국한된 것이 아닙니다. 길에서 떡볶이를 파는 작은 노점에서부터 제법 규모가 큰 레스토랑이나 커피 전문점 등 여러 곳에서 자주 발견할 수 있습니다. 떡볶이나 어묵을 많이 찾는 학교 앞에 노점을 여는 것도 입지와 수요를 염두에 둔 마케팅 기법이며, 스파게티나 카레만을 전문으로 판매하는 음식점들도 제품의 특화라는 마케팅 전략에 기반을 둔 운영기법들입니다. 하다못해 시장 한구석에서 오랜 시간 좌판을 깔고 허드레 장사를 해온 사람들조차, 소위 마케팅 전문가라는 사람들보다 훨씬 더 뛰어난 마케팅 감각을 가지고 있는 경우를 자주 봅니다.

펜션도 마찬가집니다. 눈에 보이는 시설을 기반으로 하는 사업 특성상, 건축과 인테리어에 대한 관심은 당연합니다. 하지만 설계나 시공 이전에, 구체적으로 '어떤 고객층을 대상으로 어떻게 팔 것인지'에 대한 근원적인 질문과 체계적인 마케팅 계획은 필수입니다. 설계와 시공은 명확한 계획과 잘 짜인 마케팅 전략을 세운 다음의 일입니다. 내 맘에 드는 펜션이 아니라 소비자들의 기호와 취향에 맞는 펜션으로 설계되어야 하며, 합리적인 선택과 예산의 집행이 필요합니다. 보다 명확한 마케팅 계획에 따라 핵심 고객층을 대상으로 한 시설과 서비스를 갖춰야만, 냉혹한 펜션 비즈니스의 세계에서 살아남을 수 있습니다.

펜션 비즈니스란 무엇인가?

펜션은 단순하게 객실을 파는 숙박업과는 전혀 다른 비즈니스입니다. 펜션은 그 자체로서 매우 감성적인 '상품'이 되어야 합니다. 그렇다면, 여기서 말하는 상품이란 어떤 의미일까요? 펜션 자체가 단순히 씻고, 잠자고, 밥을 해 먹기 위한 숙박 시설에 불과하다면, 애당초 모텔이나 호텔, 콘도미니엄과는 경쟁 자체가 불가능했을 겁니다. 펜션을 찾는 사람들의 필요와 요구를 곰곰이 따져보면 쉽게 이해할 수 있습니다. 펜션을 이용하는 소비자들은 감성적인 체험과 이색적인 즐길 거리를 찾아 펜션을 찾습니다. 만약, 숙박이 주된 목적이라면 합리적인 대안은 얼마든지 있습니다. 펜션은 눈에 보이는 객실이나 시설을 파는 사업이 아니라, 숙박이라는 외피를 둘러쓴 전혀 다른 형태의 서비스 사업으로 이해되어야 합니다. 아이폰iphone을 사는 사람들이나 스타벅스를 찾는 사람들의 심리와 동일합니다. 단지, 전화를 걸거나 커피를 마시기 위한 것이 전부가 아니라는 점을 곱씹어 볼 필요가 있습니다. 펜션도 크게 다르지 않습니다.

펜션 비즈니스는 돈을 벌기 위한 사업입니다. 돈을 벌기 위해 펜션을 알아보고, 돈을 벌기 위해 설계를 맡기고, 돈을 벌기 위해 펜션을 짓습니다. 돈을 벌 요량이 아니라면, 애당초 펜션 비즈니스에 대한 관심조차 가질 필요가 없겠죠. 돈을 벌기 위해서는 내가 하려는 일이 무엇인지부터 정확히 알아야 합니다. 아무런 준비 없이 무턱대고 도전하는 일은 용기가 아닌 만용에 불과할 뿐입니다. 우리는 제일 먼저, 펜션 비즈니스가 무엇인지 그리고 어떤 방식으로 움직이고 있는지부터 알아야 합니다.

1 아무리 크게 봐줘도 자영업에 불과하다

지금은 과거에 비해 명성이 많이 떨어졌지만, 꽤 많은 분들이 '홀리데이 인 서울'이란 이름의 호텔을 기억하고 있을 겁니다. 한때, 영화 제목으로 쓰였을 만큼 유명한 호텔이었죠. 그런데 이 호텔의 이름을 'Holiday in Seoul'로 잘못 알고 있는 사람들이 많습니다. 전 세계적으로 유명한 호텔 체인 중 하나인 이 호텔의 영문 표기는 'Holiday Inn'이랍니다. 따라서 홀리데이 인 서울의 올바른 영문 표기는 'Holiday Inn Seoul'이 맞습니다. 시작부터 꽤나 엉뚱한 소리처럼 들리겠지만, 보통 'Inn'은 호텔이나 모텔보다 낮은 등급의 여인숙 정도를 지칭하는 단어입니다. 요즘은 유명 호텔 체인의 브랜드로 사용될 정도지만, 원래의 의미는 우리나라의 민박 정도로 생각하면 무리가 없습니다. 펜션 비즈니스도 바로 여기에 해당됩니다. 민박보다는 수준이 높고, 호텔보다는 낮은 중간쯤에 속하는 것이 펜션 사업입니다.

Inn Business 사업 범위		구분	숙박업 사업 범위			
농어촌민박	펜션	구분	콘도미니엄	호텔	모텔	리조트
소규모 투자에 의한 자영업 기반의 사업 형태		운영형태적 특징	대규모 투자에 의한 기업 형태			
객실 판매 위주(운영비용의 조달 방식의 한계)			객실 판매 + 부대 시설 이용 수익(다양한 재원조달 가능)			
홈페이지를 통한 온라인 판매 or 소비자의 방문 구매			방송, 광고, 제휴 등 마케팅 범위 제한 없음			

'Inn'이란 개념은, 대강 이 정도로만 이해하기로 하고 일단, 펜션이란 비즈니스의 형태와 성격부터 알아보겠습니다. 펜션은 모텔과 더불어 개인이 운영할 수 있는 가장 큰 규

모의 숙박업이라고 볼 수 있습니다. 대도시에서 운영되고 있는 꽤 많은 수의 호텔들이 개인 사업자라는 점을 따지고 들면 조금 애매한 면도 있지만, 아무리 좋게 봐줘도 호텔과 펜션은 규모나 경영방식에서 비교가 불가능합니다. 간단히 말해 펜션은 자영업에 불과하고, 호텔은 대기업과 유사한 수준이라고 보는 편이 타당합니다.

펜션과 호텔, 콘도미니엄은 자본의 규모 자체가 다릅니다. 요즘은, 펜션의 투자 규모도 상상을 넘어설 수준으로 커졌다고는 하지만, 이런 경우는 극히 일부에 불과합니다. 아무리 많은 투자가 이루어져도 펜션과 호텔, 콘도미니엄은 출발 자체가 전혀 다릅니다. 자본의 조달방식이나 크기뿐만 아니라 객실의 규모나 부대시설의 수준, 수익 구조 자체가 완전히 다른 비즈니스입니다.

운영 방식도 전혀 다릅니다. 규모가 제법 큰 펜션들의 경우, 직원들을 채용해 분야별로 관리를 하는 경우도 있지만, 이마저도 호텔과 콘도미니엄에 비하면 한참 못 미칩니다. 대부분 주인 스스로가 상당 부분을 책임져야 하며 경우에 따라선 직원의 숫자를 줄이거나, 아예 채용할 엄두조차 못 내는 경우가 대부분입니다. 반면에 호텔이나 콘도미니엄은, 상시적으로 잘 훈련된 전문적인 직원들을 통해 시스템적으로 잘 갖춰진 관리와 다양한 서비스를 제공합니다.

보다 근본적인 차이는 수익구조에 있습니다. 바비큐용 숯불이나 브런치 등을 제공해서 얻어지는 약간의 부수입을 제외하면, 수익의 대부분을 객실 판매에 의존할 수밖에 없습니다. 객실 판매가 원하는 만큼 이루어지면, 사람을 쓸 수 있는 여유도 생기지만, 반대의 경우엔 당장 경영 자체가 위험해지기도 합니다. 객실을 판매한다는 기본적인 수익 구조는 비슷하지만, 호텔이나 콘도미니엄의 경우, 보다 다양한 수익 원천을 가지고 있습니다. 식음료 객장이나 연회실 등의 대여, 워터파크나 골프장, 스키장 등의 다양한 부대시설을 통해 얻어지는 매출은, 이따금 객실 판매를 앞서기도 합니다. 유명 관광지에 위치한 호텔이나 콘도미니엄 등이 비성수기 시즌에 말도 안 되는 가격으로 객실을 할인 판매할 수 있는 이유입니다.

그럼, 모텔과 비교하면 어떨까요? 모텔도 개인이 운영하는 소규모 자영업이란 점에선 펜션과 별반 다르지 않지만, 투자자금의 조달에서부터 기타 여러 가지 면에서 큰 차이가 납니다. 요즘은 제법 엄격해졌다지만, 한때 모텔은 금융권에 대출 한도가 거의 없던 몇 안 되는 업종 중 하나였습니다. 객실 판매가 부진할 경우, 경영상의 위험에 빠진다는 점은 유사하지만, 부동산의 가치에서부터 비교가 안됩니다. 대부분 도심에 위치한 모텔의 입지적 특성상, 불가피하게 사업을 정리할 때도 투자비용의 상당 부분을 회수할 수 있습니다.

이와 반대로, 깊은 산속이나 교외에 위치한 펜션의 경우, 사업을 정리하려고 할 때 투자비용을 보존 받을 길이 별로 없습니다. 부동산의 가치도 땅값을 제외하면 사실상 크게 기대할 것이 없으며, 예약률이 뒷받침되지 못할 경우엔 매각조차 불가능한 경우가 대부분입니다. 모텔과 펜션은 객실의 판매 방식에서도 큰 차이를 보입니다. 펜션은 대부분 실시간 예약 시스템에 의한 사전 예약 위주로 운영됩니다. 예약률도 주 중과 주말, 성수기와 비성수기에 따라 차이가 큽니다. 반면, 모텔은 숙박 외에도 대실貸室이나 장기 투숙 등 다양한 판매 형태가 존재하기 때문에 시기나 상황에 따른 매출의 차이를 극복하는 일이 상대적으로 크게 어렵지 않습니다.

펜션과 호텔, 콘도미니엄을 비교하면 광고나 홍보 방식에서도 분명한 차이가 납니다. 펜션은 온라인 키워드 광고나 소셜네트워크SNS를 통한 간접 홍보 외에 마땅한 채널이 없습니다. 비용적인 측면에서 집행할 수 있는 매체가 한정된 탓에, 예약 대행 사이트나 소셜커머스를 통한 할인 판매가 대부분입니다. 하지만 호텔이나 콘도미니엄의 경우, 맘만 먹으면 거의 무한대의 홍보가 가능합니다. 전통적인 광고매체인 TV, 라디오, 신문, 잡지 등 대부분의 채널에 노출시킬 수 있으며, 부대시설과 연계한 묶음 상품이나 할인권을 만들어 뿌려도 됩니다. 협찬이나 장소 제공 등을 통한 PPL Product Placement 이나 간접 홍보도 가능합니다.

펜션은 아무리 크게 잡아도 소규모 자영업 수준 이상을 벗어날 수 없습니다. 벤처 기업이나 일반적인 창업의 경우, 생산과 판매가 지속적으로 늘어나게 되면 법인으로 전환해 외형을 키우거나 지점을 늘리는 등, 회사를 키워가는데 아무런 문제가 없습니다. 때에 따라선, 외국으로 진출하거나 주식시장에 상장시키는 수준까지 키워낼 수도 있습니다. 반면, 펜션의 경우 아무리 규모를 키우고 매출을 끌어올려도 한계가 분명합니다. 자기가 가지고 있는 객실 수 이상의 예약은 불가능하며, 아무리 가격을 높이 잡아도 매출 또한 일정 범위를 넘어설 순 없습니다. 프랜차이즈 사업으로의 확장도 쉽지 않습니다. 비슷한 입지에 동일한 규모와 시설을 갖춘 펜션을 늘려가더라도, 시장의 접근성이나 고객층, 주변 여건 등을 감안하면 동일한 결과를 장담할 수 없기 때문이죠.

펜션은 어디까지나 소규모 자영업 수준을 벗어날 수 없습니다. 때문에, 펜션 비즈니스 가장 큰 목표는 초기 투자비용의 빠른 회수와 안정적인 운영에 맞춰져야 합니다. 타인의 찬사나 주변의 평판, 자기만족 등은 부차적인 문제입니다. 남들이 부러워할 만한 멋진 집을 가져도, 높은 예약률과 안정적인 매출이 따라주지 못하면 사상누각 沙上樓閣 일 수밖에 없는 것이 펜션 사업의 본질입니다.

펜션 비즈니스의 독특한 위치 2

펜션은 일반적인 숙박업과는 전혀 다른 포지션 Position 에 위치한 상품입니다. 흔히, 숙박 宿泊 이라고 하면 여행을 가거나 외지에 나갔을 때 잠을 자고 휴식을 취할 수 있는 시설을 떠올립니다. 호텔이나 콘도미니엄, 모텔은 전형적인 숙박 시설입니다. 하지만 펜션은 단순한 숙박 이상의 기능을 제공할 수 있어야 합니다. 호텔이나 콘도미니엄, 모텔의 객실에서 숙박을 하는 것이 지극히 정적 靜寂 이라면, 펜션을 찾아 바비큐와 기타 다양한 부대시설 등을 즐기는 모든 과정은 매우 동적 動的 인 편에 속합니다. 펜션은 그 자체가 유희의 대상이며, 객실에 머무르는 것 자체가 하나의 놀이가 됩니다. 선뜻 동의가 되지 않으시나요? 그럼, 소비자들이 펜션에 머무는 과정을 통해 좀 더 자세히 알아보죠.

요즘은 관리상의 이유로, 대부분의 펜션들이 입실 가능 시간을 오후 3시 이후로 정해 놓고 있습니다. 물론 그 이전에 도착한 경우에도 객실 정리가 끝난 상태라면 입실은 당연히 가능합니다. 호텔이나 콘도미니엄이라면, 여장을 푼 후 주변 돌아보거나 인접한 관광지를 찾는 것이 보통입니다. 하지만 펜션에 입실한 고객의 경우 객실 밖을 벗어나는 일이 드뭅니다. 고작해야 펜션 안에 있는 부대시설을 이용하거나 펜션에 비치된 자전거를 타고 주변을 가볍게 돌아보는 정도가 전부입니다. 저녁에 바비큐를 즐기는 시간 외엔, 다음날 퇴실할 때까지 거의 모든 시간을 객실 안에서 보냅니다. 지극히 정적인 행동으로 비칠 수도 있지만, 심리적으로는 오히려 더 활발한 유희와 놀이를 즐긴다고 보는 편이 맞습니다. 침실과 욕실, 케이블 TV 정도가 전부인 일반적인 숙박 시설에서라면, 펜션과 같이 장시간 객실 안에서 머무르기가 어렵습니다. 여행의 목적 자체도 다릅니다. 호텔이나 콘도미니엄, 모텔을 찾는 고객들은 행선지에서 머물 수 있는 숙박을 염두에 둔 사람들이지만, 펜션을 찾는 사람들은 펜션 자체를 목적 삼아 오는 경우가 대부분입니다. 펜션의 대표적인 놀 거리가 바비큐라면, 객실의 인테리어와 다양한 서비스 시설, 외부에 설치되어 있는 수영장이나 기타 다양한 부대시설 등은 또 다른 의미의 즐길 거리들입니다.

펜션이 생겨난 초기부터 지금까지, 이런 독특한 포지션은 한 번도 변한 적이 없습니다. 그런데 펜션 특유의 특성을 잘못 이해하면서부터, 다양한 문제들이 생겨납니다. 돈에 대한 무리한 욕심이 근본적인 원인입니다. 펜션이 머물러야 할 고유의 위치에서 벗어난 고급 펜션들이 늘어나면서 소비자들은 발걸음을 돌리고 있습니다. 과거에 비해 펜션의 규모나 시설은 비약적으로 발전했지만, 상대적으로 다양한 즐길 거리는 점점 더 줄어드는 모습이 눈에 띕니다. 규모가 커지고 호화로운 시설로 가득 찬 지금의 펜션은 모든 면에서 지나치게 무거워졌습니다. 지금의 펜션은 호텔의 엄격한 분위기나 정형화된 콘도미니엄의 모습과 별반 다를 바 없어졌습니다.

고급 자재 위주의 인테리어와 호화로운 시설, 호텔식 침구만을 내세우는 펜션들만 눈에 띕니다. 각각의 펜션들이 가지는 고유한 특징이나 독특한 가치는 사라지고, 대부분

틀에 찍어낸 듯 동일한 모습으로 변해가고 있습니다. 잘 만들어진 모텔과 별반 다르지 않지만, 특급호텔을 상회하는 높은 가격은 점점 더 부유한 소수의 전유물로 전락해가는 느낌입니다. 호텔이나 콘도미니엄의 대안으로 등장했던 펜션이 거꾸로 이들을 따라가는 듯한 모습을 보이고 있는 점은 무척 아쉬운 대목입니다. 펜션은 좀 더 캐주얼Casual 한 모습을 유지해야 살아남을 수 있습니다.

호텔이나 콘도미니엄의 규모나 시설은 쉽게 넘어설 수 있는 영역이 아닙니다. 모텔의 편의성과 접근성 역시 마찬가지입니다. 단순한 숙박 기능만으론 이들과 상대할 수 없습니다. 펜션은 전혀 다른 포지션에서 경쟁해야 합니다. 펜션은 호텔이나 콘도미니엄, 모텔의 대체재로 성장해온 산업입니다. 숙박을 파는 것이 아니라, 펜션 그 자체가 즐거운 시설이 되어야 살아남을 수 있습니다. 겉으로 드러난 펜션의 불황은, 스스로가 자초한 결과일 수 있습니다. 펜션이 펜션다움을 되찾을 수만 있다면, 아직도 충분히 매력적인 상품으로 소비자들에게 다가갈 수 있습니다. 지금도, 고객의 선호와 요구에 따라 잘 만들어진 펜션들의 높은 인기를 생각하면, 펜션이 가지는 특별한 포지션은 여전히 유효하다고 생각합니다.

전형적인 온라인 비즈니스 3

펜션 사업은 시설을 기반으로 하는 자영업의 일종입니다. 펜션을 짓기 위한 땅이 필요하고, 적정한 규모의 건물과 잘 팔릴 수 있는 객실, 다양한 부대시설이 필요합니다. 이런 이유로 많은 사람들이 펜션을 오프라인 사업이라고 착각합니다. 펜션 창업을 위해 꽤나 많

은 돈을 쏟아부은 사람들조차, 펜션 홈페이지 제작엔 유난히 인색한 경우들을 자주 봅니다. 경치 좋은 곳에 멋진 집을 지어 장사한다는 단순한 생각에만 사로잡혀, 정작 펜션 비즈니스가 어떤 경로를 통해 이루어지는지를 알지 못하는 경우가 대부분입니다. 펜션은 저잣거리의 좌판이나 가게들처럼, 누군가 알아서 제 발로 찾아오는 게 아닙니다. 소비자와의 모든 소통과 판매가 전적으로 펜션 홈페이지를 통해 이루어지는 전형적인 온라인 사업입니다.

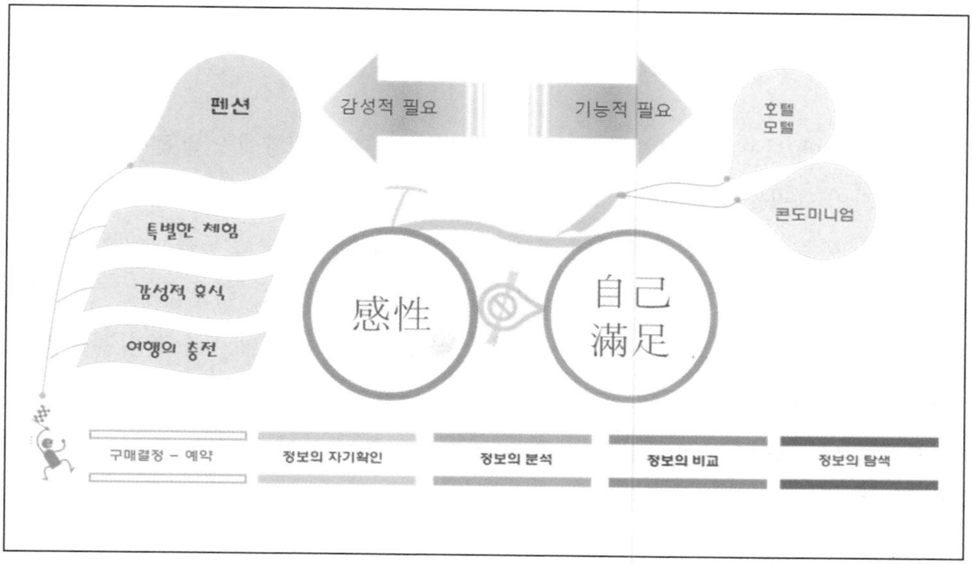

깊은 산속이나, 인적이 뜸한 바닷가에 지어놓은 자신의 펜션을 소비자들에게 알릴 수 있는 유일한 방법은 홈페이지뿐입니다. 지나가는 길손을 끌어들일 요량이라면, 목 좋은 곳에 모텔을 차리거나 관광지 인근에서 민박을 운영하는 게 맞습니다. 펜션은 실시간 예약 시스템을 통한 온라인 예약이 이루어지지 않으면, 곧바로 민박으로 전락하게 됩니다. 펜션의 가치는 들어간 돈과 정비례하는 것이 아닙니다. 잘 만들어진 홈페이지는 펜션의 가치를 높여줍니다. 들어간 돈에 비해, 만족할만한 매출이나 수익을 얻지 못하는 여러 이유 중 하나가, 잘못 만들어진 홈페이지 때문인 경우가 꽤 많습니다.

펜션의 뛰어난 풍광, 잘 꾸며진 객실, 누구나 만족할 수 있는 다양한 부대시설과 서비스 등을 소비자들에게 알릴 수 있는 유일한 통로가 홈페이지입니다. 호텔이나 콘도미니엄과 달리, 소비자들은 물리적인 거리나 시간의 구애 없이 온라인을 통해 실시간으로 펜션들을 비교할 수 있습니다. 눈치 볼 필요 없이 펜션의 구석구석을 거리낌 없이 살펴볼 수 있죠. 펜션에 대한 다양한 평가나 소비자들끼리의 소통도, 온라인을 통해 실시간으로 전달됩니다. 소비자의 사소한 불만이나 부정적인 의견만으로도 큰 어려움을 겪을 수 있기 때문에, 홈페이지의 관리와 온라인상의 소통은 항상 주의 깊게 살펴보아야 합니다.

홈페이지상에 보이는 객실의 인테리어와 시설은 소비자의 취향에 어필할 수 있어야 합니다. 온라인 쇼핑몰을 운영하는 회사는 홈페이지상에 자기 회사를 알리려는 별다른 노력을 하지 않습니다. 오직, 자신들이 판매하는 '상품'이 돋보일 수 있도록 쇼핑몰을 꾸며나갑니다. 펜션도 마찬가지입니다. 펜션이 팔아야 할 주된 상품은 객실입니다. 건축이나 부대시설 등의 나머지 요소들은 내가 판매할 '상품'을 돋보이게 할 부수적인 것들에 불과합니다. 펜션을 만들 땐 객실이 돋보일 수 있게 만들어져야 합니다. 그리고 이 모든 것을 종합적으로 보여주고 판매를 유도할 수 있는 유일한 수단이 홈페이지라는 점을 잊지 말아야 합니다.

좋은 땅에 대한 지나친 욕심, 화려한 건물에 대한 과도한 집착을 버려야 합니다. 펜션 홈페이지에 대한 진지한 고민과 객실의 완성도를 높이기 위한 투자가 우선입니다. 펜션을 완공한 후 지인들이나 관계자들의 입에 오르내리는 찬사나 부러움의 감탄사 따윈, 실제 운영에 아무런 도움도 되지 못합니다. 찬사는 눈앞에서, 평판은 등 뒤에서 쌓이듯 펜션에 대한 평가는 스스로도 느끼지 못하는 사이에 온라인을 통해 퍼져나갑니다. 온라인을 통해 이루어지는 펜션 비즈니스의 특징을 제대로 이해하고, 그에 맞는 적절한 대응 없이는 결코 성공할 수 없습니다.

4 펜션 비즈니스를 구성하는 8가지 요소

펜션이 팔아야 할 주된 상품이 '객실'이라면, 객실을 구성하는 요소들은 어떤 것들이 있을까요? 언뜻, 떠오르는 것들이 있습니다. 풍광 좋은 땅, 멋지게 만들어진 건물, 다양한 시설 등입니다. 물론, 이런 부분들도 중요합니다. 하지만 조금만 더 깊이 생각해보면 객실이란 상품을 구성하는 요소들은 대략 8가지로 나눌 수 있습니다. [입지], [접근성], [고객층], [건축], [인테리어], [시설], [서비스], [가격]입니다.

펜션 비지니스의 8가지 요소

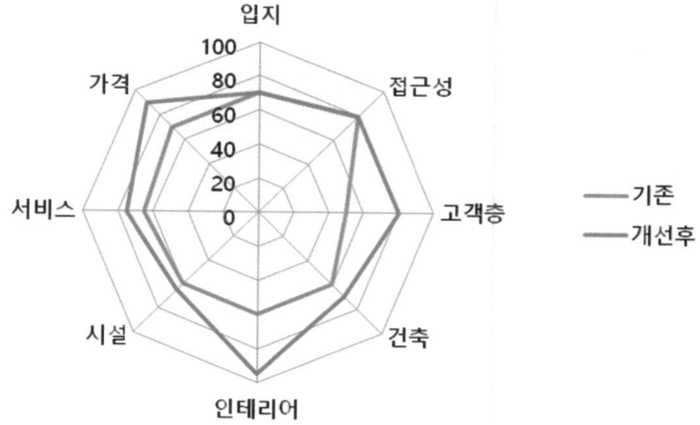

펜션을 만들기 위해서는 입지 조건이 좋은 땅이 필요합니다. 마땅한 땅을 고르기 위해서는 배후시장과의 물리적인 거리와 수요, 소비자들의 다양한 심리적 접근성 등을 따져보아야 합니다. 펜션을 설계하기 전에, 내가 만든 펜션이 주력으로 상대할 고객층을 고르는 일은 필수입니다. 건축을 통해 수요와 입지, 고객층에 맞는 규모와 크기를 결정해야 하며, 차별화된 인테리어를 통해 객실의 경쟁력을 끌어올려야 합니다. 객실을 돋보이게 할 수 있는 다양한 시설들도 필요합니다. 소비자의 만족을 이끌어낼 수 있는 차별화된 서비스를 제공하는 일도 중요합니다. 그리고, 이 모든 과정을 통해 만들어진 결과물들이 잘 팔릴 수 있도록, 합리적인 가격을 매기는 것이 펜션 비즈니스의 전 과정입니다.

한 가지 잊지 말아야 할 점은, 펜션 비즈니스를 구성하는 8가지 요소들은 각기 독립적인 개념이 아니라는 점입니다. 각각의 요소들은 상호 작용을 통해 서로의 약점을 보완할 수 있으며, 경우에 따라선 더 큰 가치와 효과를 창출해 내기도 합니다. 입지가 불리한 경우, 건축설계를 통해 불리함을 보완할 수 있으며, 객실 인테리어의 차별화된 경쟁력은 규모가 큰 고급 펜션들과 충분히 경쟁할 수 있는 나만의 힘이 됩니다. 고객들이 필요로 하는 알맞은 시설과 서비스만으로도 풀 빌라 급 펜션들과 경쟁하는데, 아무런 어려움이 없습니다. 합리적인 가격은 나머지 7가지 요소들이 가지는 약점들을 상쇄시키는 역할을 하기도 합니다. 우리가 팔아야 할 객실이 '상품'이라면, 펜션 비즈니스를 구성하는 8가지 요소들은 훌륭한 상품을 생산하는 과정인 동시에, 상품을 돋보이게 하는 프로모션 도구가 되기도 합니다.

펜션 비즈니스의 여덟 가지 요소

첫 번째, 입지

우선, 가장 먼저 생각해볼 부분이 펜션의 [입지]입니다. 펜션을 지을 땅에 관한 문제죠. 장사란 목이 좋아야 된다는 말이 괜한 소리가 아닌 것처럼, 펜션 역시 마찬가집니다. 한눈에 탄성이 튀어나올 만큼 뛰어난 풍광은, 돈으로는 살 수 없는 크나큰 자산이 되기도 합니다. 좋은 땅을 골라내는 힘은, 개인의 안목과 연륜에서 나옵니다.

하지만 우리가 생각하는 땅에 대한 일반적 개념도 마케팅 관점에서 바라보면 전혀 다릅니다. 남들이 부러워할 만한 천혜의 입지는 분명한 가치를 가집니다. 하지만 쓰는 사람에 따라 좋고, 나쁨이 극명하게 갈립니다. 펜션을 짓기 위해 고민한 땅치고, 나쁜 땅은 없습니다. 땅이 문제가 아니라, 쓰는 사람의 관점과 노력이 문제입니다. 특별히 뛰어난 경관이 아니더라도, 펜션을 만들기에 충분한 넓이와 다양한 부대시설을 설치할 수 있는 여유 공간만 확보된다면 펜션 사업을 통해 얻고자 하는 바를 충분히 얻어낼 수 있습니다.

펜션 지을 땅? 1
호불호가 아니라 효율이 문제다

강이든, 바다든 또는, 깊은 산 속이든 상관없이 펜션은 어떻게 기획하느냐에 따라, 원하는 만큼의 결과를 얻을 수 있습니다. 성패를 좌우하는 요소는 오직, 한 가지뿐입니다. 바로 부지에 대한 '매입 비용'과 '효율'입니다. 일단, 풍광 좋은 바닷가 땅과 깊은 산속에 자리한 땅은 가격 자체가 다릅니다. 풍광 좋은 바닷가 땅을 사기 위해선 그만큼의 돈이 필요합니다. 그리고 효율을 논하기 위해선, 한 가지 전제 조건이 성립되어야 합니다. 풍광 좋은 위치의 땅을 선택하는 것이 매출에 얼마나 도움이 되는지를 따져봐야 합니다.

땅값이 두 배 이상 차이가 난다면, 매출도 두 배가 될 수 있을지를 고민해보아야 합니다. 지역에 따라 다소 차이가 나긴 하지만, 보통 바닷가를 끼고 있는 땅의 경우 평당 수백만 원을 호가하는 경우가 많습니다. 불과 몇백 미터 떨어진 안쪽 땅들과 비교하면, 몇 배 이상 비싼 경우가 대부분이죠.

일단, 건폐율이나 용적률 따윈 제쳐두고, 가격과 효율만 따져보도록 하죠. 예를 들어, 70평짜리 펜션 하나를 짓기 위해 평당 100만 원짜리 땅을 살 경우, 부지 매입 비용은 7천만 원이 듭니다. 반대로, 10만 원짜리 땅을 살 경우엔 7백만 원이면 충분합니다. 땅에 대한 가치는 둘째치고, 7천만 원짜리 땅을 사려고 결심한다면, 적어도 6천만 원 이상은 더 벌 수 있다는 확신이 필요합니다.

혹여, 오해가 있을까 봐 미리 밝혀두지만 결코, 값싼 땅을 고르라는 이야기는 아닙니다. 비싼 만큼 입지의 유리함을 살릴 수 있는 계획이 있어야 하고, 멋진 풍광을 상품화시킬 수 있는 전략이 필요하다는 뜻입니다. 반대로, 입지가 다소 불리한 땅이라고 해서, 마냥 불리한 것만은 아닙니다. 상대적으로 저렴한 땅을 선택했기 때문에, 보다 가치 있는 시설을 만들 수 있는 자금 여력이 생깁니다. 각각의 장단점이 있으며, 선택에 따른 계획이 필요합니다. 비싼 만큼 장점을 더욱 부각시킬 수 있는 계획이 필요하며, 입지의 불리함을 극복할 수 있는 전략이 선행된다면 어떤 땅을 선택하든 관계없다는 이야기입니다.

풍광이 좋은 땅, 입지가 뛰어난 땅은 크나큰 가치를 가집니다. 그런데, 풍광 좋은 땅이라는 이점은 나만이 누리는 강점이 아니라는 점도 기억해야 합니다. 바다를 면해 길게 펼쳐져 있는 해안가 땅들의 경우, 대부분 펜션들이 밀집해 있습니다. 예외적으로, 주변에 다른 펜션들이 들어설 수 없는 천혜의 입지 조건도 있을 수 있지만, 극소수에 불과합니다.

좋은 땅이 가지는 입지적 장점이란, 나와 내 주변의 모든 펜션들이 함께 누리는 [공유가치]라고 정의합니다. 펜션 사업이 성공하기 위해서는, 다 함께 누리는 [공유가치]보다는 나만의 장점, 나만의 무기가 될 수 있는 [고유가치]의 확보가 훨씬 더 중요합니다. 앞으로 계속해서 다룰 펜션 비즈니스의 8가지 요소 중 입지와 물리적 접근성은 공유가치에 속하며, 나머지 6가지 요소는 모두 고유가치에 속합니다. 공유가치도 펜션 사업에 있어 분명한 장점이며, 절대 무시할 수 없는 이점으로 작용합니다. 다만, 공유가치가 뛰어나다는 건, 그만큼 경쟁이 치열하다는 의미가 되기도 합니다. 장사를 하는 사람치고 목 좋은 곳을 마다할 사람은 없으며, 목 좋은 곳엔 언제나 경쟁이 심합니다. 일단, 목 좋은 곳을 찾았다면 거기서 살아남을 수 있는 나만의 가치를 찾아야 합니다. 땅에 대한 비용과 효율이란, 결국 스스로가 만들어가야 할 가치에 대한 문제로 연결됩니다.

2 땅에 대한 두 번째 고민

목이 좋다는 것이 과연 장점이기만 할까?

장사란 문을 연 순간부터, 주변의 경쟁자들을 압도할 수 있어야 살아남을 수 있습니다. 단숨에 시장의 주목을 끌만한 힘을 발휘하지 못하면, 속절없이 사라질 수밖에 없습니다. 펜션도 마찬가지입니다. 문을 연 순간부터, 단숨에 선두로 치고 올라가야 합니다. 맨날 2등, 3등에 머물러선 승부가 나지 않습니다. 눈에 띄게 예약률이 높은 것도 아니고, 때려치우자니 아주 엉망도 아닌 어정쩡한 상태여선 곤란합니다. 여차하면, 본전을 뽑기도 요원해집니다.

펜션을 만들기에 적당한 땅, 장사가 될 만한 위치란, 목이 좋은 곳을 뜻합니다. 목이 좋으면 많은 사람들이 붐비기 마련입니다. 경쟁자들도 자연스럽게 늘어나겠죠. 물건을 사려는 사람들의 이목을 끌지 못하면, 장기간 영업을 이어나가기 힘들어집니다.

눈에 띄어야 팔릴 수 있고, 팔려야 돈이 됩니다. 여러 가지 면에서 1등을 하지 못하면 경쟁에서 밀려날 수밖에 없습니다. 규모나 시설만으로는 1등이 될 수 없습니다. 예약률이 높은 펜션이 1등입니다. 수익률이나 이윤은 잠시 내려두어도 좋습니다. 펜션은 무조건 많이 팔아야 살아남을 수 있습니다. 수익률이나 이윤은 살아남은 다음에 계산해도 충분합니다.

예약률이 높은 펜션은 매출이 꾸준합니다. 자칫, 원하는 날짜에 예약을 할 수 없을지도 모른다는 조바심 때문이죠. 반대로, 예약률이 낮으면 매출은 갈수록 떨어집니다. 조바심은커녕, 느긋한 마음에 예약을 미루다 잊어버리기 마련이죠. 목 좋은 곳에서의 장사란, 동전의 양면과도 같은 속성이 있습니다. 사람들이 꾸준히 몰려들기 때문에 장사에 유리한 측면도 있지만, 그만큼 치열한 경쟁을 이겨내야 한다는 단점도 존재합니다. 그럼, 반대로 그다지 목이 좋지 않은 곳에서 장사를 할 땐 어떨까요?

목이 좋지 않다는 건 자릿세가 싸다는 이야기가 되며, 펜션의 경우 비교적 싼값에 충분한 크기의 땅을 구할 수 있다는 이점이 됩니다. 찾는 사람은 적어도, 장사를 하는 사람들의 숫자가 많지 않아 비교적 경쟁에서 여유롭습니다. 무리하게 가격을 낮출 이유도 없고, 지나치게 많은 광고비를 쓸 필요도 없습니다. 시장의 규모는 작아도 내게 돌아오는 몫은 생각보다 클 수 있다는 점에 주목해야 합니다. 목이 좋은 곳은 생각보다 내게 돌아오는 몫이 적을 때가 많습니다. 반대로, 목이 좋지 않은 곳은 그만큼 장사하는 사람의 숫자가 적어 내 몫의 파이가 커질 수 있습니다. 예를 들어, 가평이나 경주, 남해, 거제 등과 같이 펜션이 밀집해 있는 지역은 찾아오는 관광객 숫자는 많아도 이미 장사를 하고 있는 펜션들 역시 수없이 많습니다. 그만큼 내 몫으로 돌아오는 크기가 작습니다. 하지만, 문경, 밀양, 양산 등 내륙 지방의 경우, 시장의 크기는 작아도 내 몫으로 돌아오는 파이의 크기는 생각보다 클 수 있습니다.

목이 좋지 않은 곳의 경우, 펜션의 시설이나 규모에 따른 경쟁에서도 유리합니다. 목이 좋은 지역은, 서로 더 많은 고객을 끌어들이기 위한 경쟁이 치열합니다. 대표적인 것이 월풀이나 스파, 개별 수영장 등의 시설 경쟁입니다. 대부분의 풀 빌라 급 펜션들이 이른바, 목 좋은 위치에 자리 잡곤 합니다.

하지만 목 좋은 곳에 자리 잡은 풀 빌라 급 펜션의 매출은 생각보다 높지 않습니다. 고만고만한 경쟁자들 때문에, 쉽게 선두로 치고 나가기 어려운 탓이죠. 반대로, 펜션의 숫자가 적은 지역은, 시설이나 규모에 대한 강박에서 자유롭습니다. 무리한 투자나 불필요한 경쟁 없이도, 비교적 안정적인 운영이 가능합니다. 물론, 목 좋은 곳보다 심리적으로 불안한 마음이 들 수도 있지만, 기를 쓰고 장사를 할 이유가 없다는 점은 분명한 장점입니다. 그만큼 적은 비용으로 창업이 가능하며, 투자비용의 회수도 훨씬 유리합니다.

3 땅, 언제나 그렇듯 모든 것의 시작

낙관도 낙담도 필요 없다

펜션은 땅을 기반으로 하는 부동산의 일종입니다. 일반적인 부동산과는 달리, 영리를 목적으로 만든다는 점이 다를 뿐입니다. 땅에 대한 가치는 언제나 중요합니다. 좋은 땅을 가졌다는 것은 분명한 이점입니다. 부동산적인 가치로 환산하면, 그만큼의 값어치를 합니다. 하지만 좋은 땅을 가졌다고 해서 모든 것이 끝나는 건 아닙니다. 좋은 땅을 가진다는 건, 그만큼 투자비용이 늘어난다는 뜻입니다. 높은 투자비용을 감수할 만큼의 확신과 입지의 이점을 살릴 수 있는, 보다 구체적인 계획이 필요합니다. 입지가 가지는 이점을 충분히 살릴 수 있는 설계와 시공, 서비스 수준이 뒷받침되어야 합니다. 물론, 그에 따르는 비용은 언제나 만만치 않습니다.

내가 가진 땅이 남들만 못하다고 낙담할 이유도 없습니다. 입지가 좋지 않다는 점을 역으로 생각해보면, 비교적 적은 비용으로 보다 넓은 부지를 확보할 수 있다는 장점이 되기도 합니다. 최근 펜션 시장의 흐름을 살펴보면, 보다 다양한 부대시설을 갖춘 펜션들이 각광받고 있다는 사실을 발견할 수 있습니다. 장기간 이어지고 있는 경기 침체의 여파로 워터파크나 값비싼 리조트를 찾기보다는 넓은 야외 수영장과 다양한 부대시설을 갖춘 펜션으로 사람들이 몰려드는 경향이 뚜렷해지고 있습니다. 싼값에 여유 있는 부지를 가질 수 있다는 점은, 풍광 좋은 땅을 가지는 것 이상의 효용가치가 있습니다. 풍광 좋은 땅은 비싼 매입 비용 때문에, 별도의 부대시설을 갖출 수 있는 넓은 부지를 확보하기 어려운 경우가 많습니다. 더불어, 비용 외적인 문제들로 인해 충분한 땅을 확보하지 못하는 경우도 있습니다. 좁은 부지 때문에, 야외 수영장이나 부대시설 등은 엄두도 낼 수 없어 여름 성수기 매출에서 애를 먹는 일도 많습니다.

좋은 땅, 나쁜 땅이란 구분은 큰 의미가 없습니다. 가지고 있는 땅을 어떻게 활용할 것인지를 고민하는 편이 현명합니다. 자칫, 땅에 대한 지나친 투자는 매몰비용으로 이어질 가능성도 있습니다. 펜션에 대한 투자는 땅이 전부가 아닙니다. 땅의 가치는 쓰는 사람에 따라 얼마든지 달라집니다. 목이 좋고 나쁘다는 의미도 목을 대하는 태도와 전략에 따라 얼마든지 달라집니다. '흑묘백묘 黑猫白猫'식의 논리를 펴자는 건 아닙니다. 아무리 좋은 땅이라고 해도, 입지적 이점을 살리지 못하면 헛된 비용만 쓴 꼴이 되고 만다는 사실을 지적하고 싶을 뿐입니다.

입지가 좋지 못해도, 현명한 판단과 선택으로 얼마든지 금싸라기 땅을 일굴 수 있습니다. 땅에 대한 선택은 시작에 불과합니다. 입지에 대한 쓸데없는 미련보다는, 내가 만들고자 하는 펜션을 담을 수 있는 적당한 그릇이냐를 따져보는 태도가 바람직합니다. 남의 땅에 대한 막연한 동경보다는 내가 가진 땅의 쓰임을 따져보는 것이 펜션 사업의 첫걸음입니다. 우리에게 필요한 것은 언제나 돈이 되는 펜션일 뿐, 남들이 부러워할 만한 땅이 아니라는 점을 기억해야 합니다.

펜션 비즈니스의 여덟 가지 요소

두 번째, 접근성

시장을 이야기할 때 빠짐없이 등장하는 용어 중 하나가 바로 접근성입니다. 접근성이 높으면, 비교적 수월하게 장사를 할 수 있습니다. 반면, 접근성이 낮으면 손쉽게 고객을 유치하기 어렵습니다. 펜션에 있어 접근성은 입지와도 깊은 연관이 있습니다. 좋은 입지를 차지하고 있다는 건, 접근성이 높다는 의미입니다.

그런데 조금만 더 깊이 들어가 보면, 접근성이란 것이 단순하게 물리적인 거리나 시장의 크기만을 이야기하는 건 아닙니다. 고객이 받아들이는 심리적 접근성이 보다 더 중요합니다.

아무리 맘에 들어도 가격이 지나치게 비싸면 팔리지 않습니다. 가격이 저렴해도 인테리어나 시설에 대한 만족도가 떨어지면, 예약으로 이어질 확률은 크게 낮아집니다. 접근성도 입지와 마찬가지로, 만드는 사람의 태도와 노력에 따라 얼마든지 달라질 수 있습니다. 물리적 접근성이 낮아도, 먼 거리를 감수할 만큼의 가치가 있다고 느낄 땐 예약이 이루어집니다. 심리적 접근성은 더 말할 필요도 없습니다.

그래도 언제나 중요한 물리적 접근성 1

요즘, 새롭게 주목받고 있는 애견 펜션이나 키즈 펜션과 같은 특별한 콘셉트의 아이템들은 인접한 배후 시장의 크기에 따라 성패가 크게 갈립니다. 애완견이나 어린 자녀를 동반한 경우, 거리가 너무 멀면 꺼려지기 마련입니다. 이런, 특성화된 펜션들의 경우 배후 시장의 크기와 거리에 따라 예약률의 편차가 크게 납니다. 펜션이 위치한 지역의 관광 인프라와 유입되는 관광객의 숫자도 중요합니다. 경기도 가평군의 경우, 수도권과 가까운 지리적 여건 때문에 일찍부터 펜션이 발전한 대표적인 지역 중 하나입니다. 물론, 예외적인 경우도 있습니다. 경남 남해군의 경우, 특별히 내세울 만한 관광 인프라 없이도, 천혜의 자연 풍광 덕분에 상당히 많은 펜션들이 밀집해 있습니다.

물리적 접근성과 관련해 특별히 주목해야 할 부분은, 배후 시장의 크기나 거리 외에 지역별로 형성되어 있는 독특한 시장 상황들입니다. 앞에 언급한 가평군의 경우, 수도권과 가까운 물리적 특성이 작용합니다. 그런데 북한강을 사이에 두고 인접해 있는 양평군은, 가평군에 비해 펜션의 규모나 시설, 예약률에서 큰 차이를 보입니다. 동해안에 위치한 강릉시와 속초시의 경우도 유사합니다. 강릉시는 비교적 펜션 운영이 수월한 편이며, 풀 빌라 급 펜션의 예약률도 안정적입니다.

하지만 인접한 양양군이나 속초시로 시야를 넓혀보면, 상황은 전혀 다릅니다. 금강산 관광이 활성화된 이후 설악산의 인기가 상대적으로 식어버린 탓에, 펜션뿐만 아니라 관광 수요 자체가 큰 폭으로 줄어든 상태입니다. 펜션의 시설이나 규모도 매우 열악하며, 예약률 역시 극히 저조한 것으로 조사되고 있습니다. 물리적 거리와는 별개로, 양쪽의 시장 특성이 전혀 다른 경우들입니다. 인접한 지역에 비해 시장 상황이 나쁠 경우, 펜션 창업의 방향과 운영 방식도 달라져야 합니다. 수요를 예측한 적정 투자는 기본이며, 상황에 따라선 투자 규모를 키워 단숨에 시장을 압도하는 전략을 쓸 필요도 있습니다. 목이 좋지 않은 시장의 특성을 역으로 활용하는 것이죠. 거기에 더해 각 시장에서 운영되고 있는 기존 펜션들의 특징들도 잘 살펴보아야 합니다.

인천 광역시 펜션 건축 형태 분석

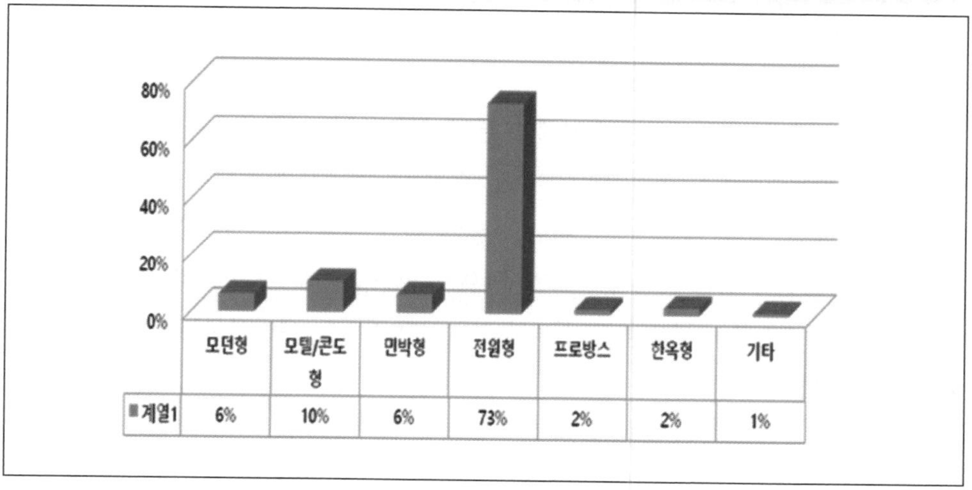

부산 광역시 펜션 건축 형태 분석

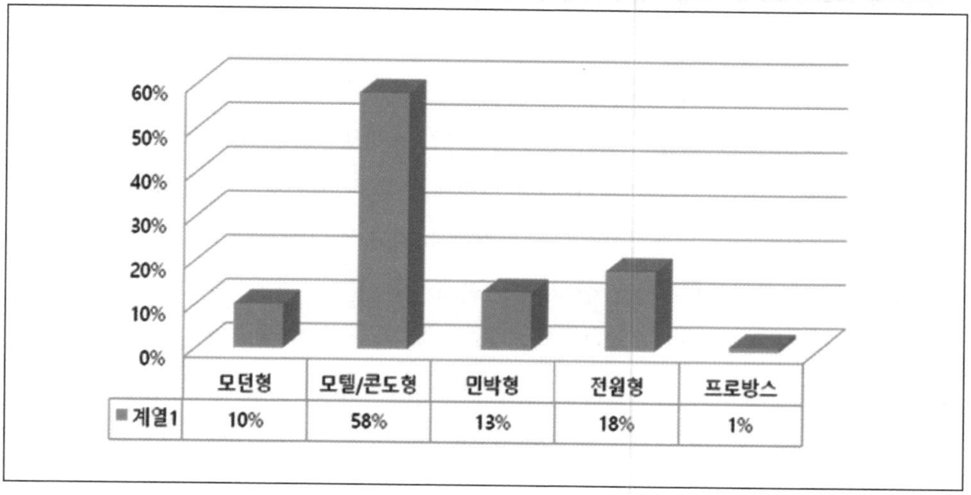

인천과 부산광역시를 비교해 보면, 배후 시장의 크기나 관광 수요면에서 별다른 차이가 없습니다. 양쪽 모두 비교적 안정적인 펜션 시장이 형성되어 있습니다. 그런데 건축이나 인테리어, 시설 등 여러 요소들을 종합적으로 검토해 보면, 전혀 다른 모습들을 발견할 수 있습니다. 예를 들어, 인천광역시는 전통적인 전원주택 스타일의 펜션들이 압도적으로 많습니다. 인천과 같은 상황이라면, 요즘 새롭게 부각되고 있는 모던 건축 스타일의 펜션이 유리합니다. 희소성에서 앞서기 때문이죠. 반대로, 부산광역시는, 기장군을 포함한 지역 내 펜션 중 상당수가 모텔 또는 콘도미니엄 스타일의 복합 건축물 형태로 만들어져 있습니다. 주로, 기장군과 해운대, 송정, 광안리 등 부산 지역의 유명 해수욕장을 중심으로 펜션 시장이 형성된 탓에, 땅값이 비싼 것이 주된 원인입니다. 비싼 땅값의 영향으로 넓은 부지를 가진 펜션이 드뭅니다. 이런 경우엔, 다소 거리가 떨어진 곳에 충분한 부지를 확보하는 것도 좋은 선택입니다. 보다 다양한 부대시설을 갖춘 소규모 리조트 급의 펜션을 운영하는 편이 훨씬 유리합니다.

물리적 접근성도, 시장 환경의 변화와 수요에 따라 얼마든지 달라질 수 있습니다. 경기도 용인시에도 제법 큰 규모의 펜션 시장이 형성되어 있습니다. 이미, 용인시 자체가 수도권에 편입된 상황이며, 특별한 관광 인프라도 눈에 띄지 않습니다. 하지만, '에버랜드'라는 수도권 최대 규모의 테마파크가 펜션의 수요를 떠받치고 있습니다. 강릉시에 속하는 '정동진'도 유사한 사례입니다. 90년대 중반 열풍을 불러일으킨 드라마 '모래시계'의 인기에 힘입어, 한때 정동진역 근처는 전국적인 관광명소로 떠올랐었습니다. 역 주변의 작은 노점상 좌판 하나가 몇백만 원의 자릿세가 붙을 정도로 인기가 있었지만, 불과 몇 년이 채 지나지 않아 모래성처럼 유명세가 사라지고 맙니다. 덩달아, 한때 호황을 누렸던 숙박업소나 펜션들까지 심각한 타격을 입게 됩니다.

여수국제엑스포가 개최된 전후로, 여수시에도 펜션이 급격하게 늘어났습니다. 하지만 여수 지역은 앞서 살펴본 용인이나 정동진과는 상황이 전혀 다릅니다. 앞의 두 지역은 특수한 관광 이슈 때문에 펜션이 발전했었다면, 여수시는 엑스포 행사 외에도 교통망의 발전과 꾸준한 매스컴의 관심 덕분에 뒤늦게 접근성이 높아진 지역입니다. 이 점은 매우 중요한 의미를 가집니다. 드라마의 인기가 식어버림에 따라 급격히 쇠락하고만 정동진이나, 에버랜드라는 제한적인 관광 인프라에 묶여 있는 용인시와는 달리, 여수시를 포함한 전남 지역은 전반적인 시장 접근성이 높아졌기 때문에 장기적인 발전 가능성이 크다고 봅니다.

펜션 시장은 물리적 접근성에 따라 그 양상이 달라지기도 하지만, 역으로 펜션 스스로가 지역의 물리적 접근성을 뛰어넘은 사례들도 많이 찾아볼 수 있습니다. 문경이나 밀양, 예천 등 내륙에 위치한 지역들이 대표적인데, 이들 지역은 전반적인 예약률이나 시장의 수요가 극히 낮은 편에 속합니다. 하지만, 일부 펜션들은 기존 펜션들을 뛰어넘는 높은 수준의 인테리어와 시설을 갖춰 눈에 띄는 높은 예약률을 유지하고 있습니다. 지역의 시장 규모가 작고, 물리적 접근성조차 낮은 편이지만, 과감한 투자와 차별화된 전략으로 성공한 사례들입니다. 이 지역들은 유입되는 관광객의 숫자가 적은 것이 아니라, 소비자들에게 만족감을 줄 수 있는 펜션이 상대적으로 부족했다고 보는 편이 타당합니다.

펜션의 물리적 접근성도 입지와 마찬가지로, 계획하는 사람의 노력과 준비에 따라 얼마든지 달라집니다. 입지를 설명할 때 예를 든 '목 좋은 상권'의 개념과 비슷합니다. 관광자원이 풍부하고, 지역의 인프라가 탄탄한 지역이 유리한 것은 당연하지만, 물리적 접근성이 떨어진다고 해서 반드시 어려운 건 아닙니다. 물리적 접근성을 뛰어넘을 수 있는 소비자의 심리적 만족도를 높여줄 수만 있다면 충분히 성공 가능합니다.

심리적 접근성? 2
얼마나 매력적이고, 얼마나 부담 없게 만드느냐에 달렸다

심리적 접근성이란 다소 딱딱한 용어를 사용했지만, 소비자들이 느끼는 '만족감'이란 표현 정도가 가장 적절할 것 같습니다. 물리적 접근성만큼 중요한 것이 심리적 접근성이며, 펜션의 예약률은 소비자의 만족도와 정비례합니다. 빼어난 입지 조건이나 화려한 시설과는 별개로, 펜션은 소비자들에게 어필할 수 있는 독특한 매력을 가져야 합니다. 매력이란 단순한 잣대로 구분 지을 순 없습니다. 심리적 접근성이 꽤나 까다로운 이유도, 소비자의 취향과 선호에 따라 전혀 다른 결과로 이어질 수 있기 때문입니다.

취향이란 단순하게 좋고, 나쁘다는 이분법적인 계산만으로는 이해될 수 없습니다. 선호도 마찬가지입니다. 개인의 취향과 선호가 모두 다르기 때문에, 눈에 보이는 명확한 기준은 존재하지 않습니다. 특히, 만드는 사람의 입장에서만 펜션을 바라볼 경우, 보다 폭넓은 다수의 취향과 선호를 놓치는 경우가 많아집니다.

펜션 건축과 창업의 과정 중에, 세밀한 시장조사가 필요한 이유가 여기 있습니다. 이미, 시장에는 수없이 많은 사례들이 존재합니다. 앞서 만들어진 펜션들을 자세히 살펴보면, 소비자들의 취향과 선호를 짐작할 수 있습니다. 단순한 감感이나 개인적인 호불호를 떠나, 구매하는 소비자 입장에서 만족할만한 펜션의 사례들을 모아 나가야 합니다. 객관적인 데이터를 근거로, 보다 폭넓은 소비자들을 만족시킬 수 있는 펜션을 만들어야 합니다. 예약률이 높은 펜션들의 인테리어 수준이나 디자인, 시설, 서비스 등에 대한 폭넓은 조사를 통해, 보다 많은 사람들이 즐겨 찾는 펜션의 형태를 가늠해 볼 수 있습니다. 시장조사의 중요성을 강조하는 것도, 바로 이런 점들 때문입니다.

펜션 사업을 시작하는 사람들은, 대부분 고급스러운 분위기의 펜션을 만들어야 한다고 생각합니다. 하지만 구체적으로 파고 들어가 보면, '고급'이란 기준조차 모호합니다.

내가 보기엔 고급일 수도 있지만, 전혀 다른 취향과 선호를 가진 소비자들의 눈엔 그저 그런 수준으로 비칠 수 있기 때문입니다.

특히, 펜션이 가지는 독특한 포지션을 생각해 보면, 고급이란 기준은 오히려 뜻밖의 함정이 될 수도 있습니다. 한 가지 사례를 통해 자세히 알아보도록 하죠. 우리가 생각하는 고급 펜션의 최정점엔 풀 빌라 급 펜션이 자리 잡고 있습니다. 최근의 경향을 살펴보면, 신축되고 있는 대부분의 펜션들이 풀 빌라 급 펜션이거나 상당 부분을 따라가는 추세입니다.

포항시 인테리어 상위 업체 운영 현황

구분	건축	인테리어	내부시설			외부시설	입지
	모던형	상	월풀	스파	시설평이	수영장	바다조망
현황	7	7	1	6		7	7

구분	현황
수익형	1
자립형	3
비자립형	3

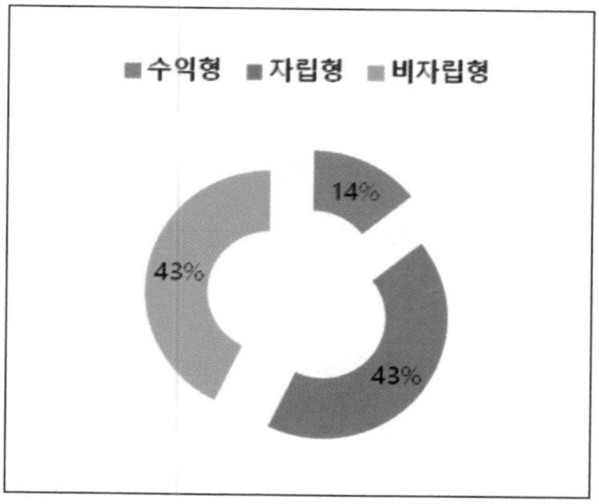

포항시에는 2017년 2월 기준으로 약 144개의 펜션이 운영 중에 있습니다. 이들 중, 약 7개의 펜션이 입지나 건축 규모, 인테리어와 시설 면에서 가장 많은 투자가 이루어진 풀 빌라 급 펜션들로 조사되고 있습니다. 바다가 한눈에 보이는 멋진 풍광과 입지, 가장 최신의 모던 건축 스타일로 만들어진 펜션들입니다. 인테리어에 투자된 비용도 상당합니

다. 객실 내부에는 월풀이나 스파가 빠짐없이 설치되어 있으며, 전용 수영장까지 갖추고 있습니다. 흔히 생각할 수 있는 '고급'의 기준을 모두 충족시킨다고 보면 됩니다. 하지만 이들 펜션의 예약률을 조사해 보면, 의외의 결과를 발견할 수 있습니다. 비수기 주중 예약률 50% 이상인 펜션은 단 한 곳에 불과하고, 나머지 세 곳은 비수기 주중 예약률 30% 수준입니다. 비수기 주말 예약률조차 50%에 못 미치는 펜션도 세 곳이나 됩니다. 고급이란 의미를 생각해보면 의외의 결과입니다. 이런 결과가 나온 이유는 무엇일까요? 여러 가지 원인이 복합적이겠지만, 소비자의 만족도가 떨어졌다고 보는 편이 가장 설득력 있는 대답입니다. 이런 모습은 포항시에만 국한되지 않고 전국 어디에서나 흔히 볼 수 있습니다.

소비자의 만족도를 단숨에 끌어올릴 수 있는 획기적인 방법 따윈 없습니다. 대신, 심리적 접근성을 떨어뜨리는 원인들은 분명합니다. 일단, 지나치게 비싼 가격을 꼽을 수 있습니다. 새로 만들어지는 대부분의 펜션들이 과도한 투자로 만들어지다 보니, 덩달아 객실 요금도 천정부지로 뛰었습니다. 1박에 20만 원 이상의 객실 요금을 받는 펜션들이 흔해졌고, 주말이나 성수기에 50만 원 이상의 요금을 책정한 경우도 심심찮게 볼 수 있습니다. 그럼, 소비자들의 만족도가 떨어지는 구체적인 이유를 따져보죠.

정확한 통계는 없지만, 객실 요금이 10만 원 내외인 펜션을 이용하는 소비자들은 1박 2일을 기준으로 대략, 50만 원 내외의 경비를 지출한다고 합니다. 숙박 요금과 바비큐 등의 식자재 구입 비용, 교통비와 기타 지출을 계산해보면 얼추 비슷한 금액이 나옵니다. 1박에 10만 원 정도의 펜션을 이용하는 데 필요한 비용이 이 정도라면, 풀 빌라 급 펜션을 이용하기 위해 들어가는 여행 경비는 일반인이 쉽게 감당할 수 있는 수준을 넘어섭니다. 소비 여력이 높은 일부 계층을 제외하면, 풀 빌라 급 펜션을 꾸준히 이용할 수 있는 고객층은 극히 제한적입니다. 결국, 꾸준하게 매출을 떠받쳐줄 소비자층이 없다는 결론에 다다를 수밖에 없습니다.

소비자의 만족도를 떨어뜨리는 또 다른 원인은, 획일적인 인테리어와 지나치게 보편화된 서비스 시설을 꼽을 수 있습니다. 모던 건축 스타일이 대세를 이루면서, 객실 인테리어도 유사한 방식으로 통일되고 있습니다. 바닥과 벽체, 천정을 온통 화이트 톤으로 마감한 인테리어 스타일은 모든 신축 펜션들이 동일합니다. 소비자들의 취향이나 선호와는 별개로, 일종의 유행처럼 번져가고 있는 탓에, 인테리어 자체가 호텔이나 콘도미니엄과 별다를 바 없어졌습니다. 오히려, 가격만 비싸졌을 뿐입니다. 방 하나가 맘에 들지 않으면, 나머지 모든 방들도 맘에 들지 않는 상황이 벌어지기 때문에 예약으로 이어질 가능성은 더욱 낮아집니다.

객실 인테리어는 다양성을 전제로 꾸며져야 합니다. 자기가 가지고 있는 객실 수만큼의 다양한 스타일로 만들어야 합니다. 보다 많은 소비자들의 다양한 취향과 선호를 맞춰주기 위해서입니다. 똑같은 스타일로 꾸며진 수많은 객실들은 '모 아니면 도'에 불과할 뿐입니다.

지나치게 보편화된 서비스 시설도 마찬가지입니다. 객실에 월풀이나 스파가 도입된 이유는, 단 하나입니다. 남들이 가지지 못한 새로운 시설을 선보임으로써, 보다 더 많은 예약을 이끌어내기 위한 목적이었습니다. 하지만 차츰 시간이 흐름에 따라 이미, TV나 냉장고와 별반 다르지 않은 단순 편의 시설로 전락해버렸습니다.

특히, 월풀이나 스파가 설치된 객실의 요금이 일반 객실에 비해 3~40% 이상 비싸다는 것을 알아챈 소비자들에게 큰 걸림돌이 되고 있습니다. 전략적인 이유가 아니라면, 불필요한 시설들은 과감히 배제되어야 합니다. 무엇보다 합리적인 가격으로 소비자들을 만족시킬 수 있어야 합니다. 폭넓은 지역의 펜션들을 꾸준히 살펴, 새롭게 부각되고 있는 스타일이나 콘셉트를 찾아내는 것이 중요합니다.

애견 펜션이나 키즈 펜션과 같은 새로운 콘셉트의 펜션들은, 소비자의 필요와 요구를 충족시킨 좋은 사례들입니다. 모던 빈티지나 인더스트리얼 풍의 비교적 덜 알려진 인테리어 디자인을 찾아보는 일도 필요합니다. 보다 새로운 것을 추구하는 요즘 트렌드와도 어울리기 때문이죠.

물리적 접근성도, 더 이상 장애 요인이 못됩니다. 전국 어디나 불과 반나절이면 도착할 수 있을 정도로, 거리에 따른 제약은 사라졌습니다. 소비자의 발걸음을 방해하는 장애물은, 단 하나뿐입니다. 만족할만한 펜션을 만들지 못했기 때문입니다. 고객의 취향과 선호를 충족시킬 수 있다면 거리나 시간 따윈 큰 문제가 되지 못합니다. 시장의 수요도 마찬가지입니다. 찾아오는 사람이 적어서가 아니라 찾아오는 사람들을 만족시키지 못했기 때문입니다. 관광테마나 여행 수요와는 아무런 상관이 없습니다. 펜션 자체가 목적인 사람들을 끌어들일 수 있는 다양한 방법들과 소비자들의 만족감을 높일 수 있는 마케팅 전략을 적극적으로 모색해야 합니다.

펜션 비즈니스의 여덟 가지 요소

세 번째, 고객층

현대적 의미의 마케팅은, 이용 고객에 따른 보다 세분화된 서비스와 제품들을 요구하고 있습니다. 동일한 휴대 전화 중에도 중, 장년층을 겨냥한 '효도폰'이 따로 등장할 만큼, 고객층에 따른 제품 세분화는 이미 다양한 분야에서 일반화되어있습니다.

고객'층'이라고 부르는 이유는 각각의 계층에 따른 타겟팅 Targeting 전략이 다르기 때문입니다. 타겟팅이란 목표 고객의 수요에 맞춘, 정확한 기능과 가격을 제시하는 세분화 전략입니다. 생활용품에서부터 최첨단의 IT 기기까지, 고객 세분화는 더 이상 새로운 개념이 아닙니다. 펜션 비즈니스에서만 뭉뚱그려져 있을 뿐입니다.

고객층에 대한 개념은 다양한 소비자들 중 내가 목표로 한 고객층에 걸맞은 시설과 서비스를 제공해야 한다는 원칙에서 출발합니다. 지금까지 펜션은 고객층에 대한 명확한 세분화가 없었습니다. 기껏해야 커플이나 가족, 단체라는 입실 인원수에 따른 단순 구분만 존재해왔을 뿐, 소비자들의 다양한 필요와 요구를 적극적으로 수용했던 적은 별로 없었습니다.

고객? 1
또는 소비자 수요에 대한 다양한 생각들

고객층에 대한 개념을 이야기하기 전에, 가장 먼저 생각해보아야 할 것이 소비자와 수요에 대한 개념입니다. 세분화된 서비스와 제품들이 등장한 근본적인 원인은, 소비자들의 다양한 수요 변화 때문입니다. 대량 생산과 대량 소비를 바탕으로 시작된 근대적 의미의 산업화는, 시간이 흐름에 따라 보다 세분화된 제품들을 요구받게 됩니다. 이런 변화는 유형의 상품 외에 무형의 서비스에까지 널리 확산되어 있습니다. 문제는, 펜션들만이 이런 흐름을 전혀 따라가지 못하고 있다는 사실입니다.

지금까지 펜션들도 나름의 콘셉트와 테마를 가지고 있었습니다. 하지만 대부분 입실 인원이나, 월풀, 스파 등의 시설에 따른 단순 구분이 전부였다는 것이 한계입니다. 여기에는 여러 이유가 있습니다. 일단, 호텔이나 콘도미니엄처럼 가격이나 시설에 따른 명확한 구분이 없었습니다. 등급을 나눌 수 있는 대표성 있는 단체의 부재와 행정기관의 압력이 없었던 것도 한몫했습니다. 간간이 펜션 등급제에 대한 논의가 나오기도 했지만, 펜션 사업의 규모와 특수성 때문에, 호텔과 유사한 방식으로 등급을 나눈다는 것은 현재로써는 요원한 일이라고 봅니다.

개별 펜션들의 반발에도 불구하고, 등급제가 반드시 시장에 악영향을 미치는 일만은 아니라고 생각합니다. 어쩌면, 지나치게 편중된 시장 상황을 해결할 수 있는 훌륭한 대안이 될 수도 있다고 봅니다. 조금만 더 이야기를 풀어보죠. 일단, 펜션을 찾는 수요에 비해 펜션의 숫자가 너무 많아졌습니다. 여타의 자영업보다는 상황이 나은 편이지만, 매년 전국적으로 10% 정도씩 늘어나는 신축 펜션으로만 수요가 몰리는 탓에, 기존 펜션들은 별다른 대책 없이 손을 놓고 있는 실정입니다. 소비자의 수요라는 문제는 여기서부터 출발합니다. 새로 생겨나는 대부분의 신축 펜션들은 규모나 시설, 인테리어 측면에서 특급 호텔에 버금가는 수준입니다. 가격은 천정부지로 뛰어올라, 웬만큼 금전적 여유가 없는 소비자들은 쉽게 엄두를 내지 못합니다. 일부 부유층만을 대상으로 한 펜션 창업이 줄을 잇고 있다는 말입니다. 더 큰 문제는, 기존 펜션들조차 새로 생겨나는 신축 펜션들을 상대하기 위한 그릇된 전략을 선택하고 있다는 점입니다. 신축 펜션의 인테리어와 호화 시설만을 따라가기 위한 무리한 리모델링이 거듭되면서, 그에 따른 금전적 투자를 비싼 요금으로 벌충하려는 그릇된 태도를 보이고 있습니다. 기존 펜션들조차, 한정된 부유층만을 상대로 한 잘못된 전략을 구사하는 형국입니다. 과연 올바른 방향일까요? 절대 아니라고 봅니다.

수요란 무엇일까요? 제품이나 서비스를 구매할 의향을 수요라고 보면, 고가의 제품과 반대의 경우 중 어느 쪽 수요가 더 많을지는 자명합니다. 값싸고 품질 좋은 제품을 사고자 하는 사람이 훨씬 더 많습니다. 고가의 명품 전략이 필요한 제품들도 일부 있습니다. 하지만 이런 제품들조차 실질적인 매출은 대부분 저가低價 라인에서 나옵니다.

지금의 펜션 시장은 수요가 많은 계층을 도외시한 채, 소수의 부유층만을 상대로 한 끝없는 투자 경쟁을 이어가고 있습니다. 반면, 보다 폭넓은 수요는 외면받는 상황이 벌어지고 있습니다. 신축된 풀 빌라 펜션들이 문을 연 직후에는 눈에 띄는 매출을 올리다가도, 어느새 급격하게 예약률이 떨어지는 일이 반복되는 까닭도 마찬가집니다. 불과 채 1년이 못된 시점에, 예약률이 바닥까지 떨어지는 일도 부지기수입니다. 하지만 대부분 그 원인조차 제대로 파악하지 못하고 있습니다. 단지, 뒤늦게 생겨난 시설 좋은 풀 빌라 펜션 탓으로 돌릴 뿐입니다.

문제의 핵심은 수요를 빼앗긴 것이 아니라, 애당초 지속적인 운영이 가능한 수요층을 간과했다는 점입니다. 손님을 빼앗아 갔다고 여기는 이웃의 신축 풀 빌라 펜션조차, 자신들과 똑같은 과정을 반복할 것이라는 사실을 모르고 있을 따름입니다.

그럼, 한번 진지하게 생각해보죠. 과연, 펜션을 이용하려는 사람들은, 대부분 값비싼 풀 빌라 펜션만을 선호할까요? 독특한 테마를 가진 합리적인 펜션들은 싸구려라고 외면하는 것일까요?

결코, 아닙니다. 누누이 강조하지만, 펜션은 호텔과 콘도미니엄, 모텔의 대체재로 등장한 상품입니다. 펜션은 펜션만이 가지는 독특한 매력을 잃지 않았을 때, 그 가치를 인정받을 수 있습니다. 하지만 어느새 좀 더 많은 돈을 바라는 삐뚤어진 욕망 때문에 펜션이 호화 사치품으로 변해버렸다는 사실을 부정해선 곤란합니다. 지금처럼 풀 빌라 급 펜션 신축이 줄을 잇고, 기존 펜션들조차 호화 시설 위주의 리모델링만을 이어가게 된 계기도, 돈에 대한 끝없는 집착 때문이란 사실을 솔직히 인정해야 합니다.

펜션의 불황은 손님이 줄어든 탓이 아닙니다. 고객을 쫓아버렸다는 점을 자각해야 합니다. 이색적인 분위기와 합리적인 시설을 찾는 수많은 수요를 외면해버린 스스로의 잘못이란 점을 인정해야 합니다. 펜션 업계 스스로의 반성과 변화가 부족하다면, 오히려 외부 압력에 의한 등급제가 좋은 해결책이 될 수도 있다고 생각하는 이유입니다.

펜션은 사업의 특성상 일정 기간이 지나고 나면, 새로 생겨나는 시설에 밀려나게 됩니다. 당연히 여러모로 손색이 있을 수밖에 없습니다. 해결 방법은 두 가지입니다. 가장 흔한 해결책이 리모델링입니다. 하지만 이마저도 여러 가지 문제점들이 속출하게 됩니다. 노후화된 시설을 보수하거나, 인테리어를 바꾸는 수준의 리모델링은 충분히 검토해볼 만하지만, 월풀이나 스파 등 시설 위주의 개축이나 증축은 전혀 다릅니다.

객실 구조에 맞지도 않는 서비스 시설들을 무리하게 들여놓다 보면, 생각 외로 일이 커집니다. 막상, 월풀이나 스파를 들여놓고 보면 인테리어와 어울리지 않는 경우도 흔합니다. 필요한 설비 용량이나 제반 시설까지 늘리다 보면, 비용은 상상을 초월하게 늘어납니다. 비용에 대한 부담은 각자의 판단이지만, 리모델링에 들어간 투자를 회수하는 일도 만만치 않습니다. 가격을 올리는 방법 외에 별다른 수단이 없지만, 비슷한 가격의 신축 펜션과 비교하면 경쟁력에선 또다시 뒤처질 수밖에 없는 악순환이 계속됩니다.

보다 손쉬운 방법이 있습니다. 가격을 낮춰, 새로운 수요층을 상대하는 편이 현명합니다. 시설이나 유행에 뒤처지는 부분들을 감안하면 당연한 선택입니다. 하지만 이런 손쉬운 방법을 애써 외면하는 경우가 태반입니다. 펜션을 시작했을 때 들였던 비용과 노력,

스스로의 자존심까지 더해져, 선뜻 가격을 내리지 못합니다.

가격을 내리는 일에 주저해선 안됩니다. 오히려, 적절한 전략의 수정으로 받아들여야 합니다. 이전까지의 운영 전략이 나름, 소비력 높은 고객층을 상대로 했다면, 가격을 내린 순간, 보다 합리적인 소비를 원하는 폭넓은 수요층으로 포지션Position을 옮겨간다고 생각하면 됩니다. 굳이, 자존심 따위를 내세울 이유는 없습니다. 우리에게 필요한 것은 높은 예약률과 매출뿐입니다.

고급 손님, 싸구려 손님이라는 아무런 의미 없는 이분법적 사고에서 벗어나야 합니다. 새롭게 전략을 수정한 고객층의 수요가 훨씬 더 많다는 점을 생각하면, 마다할 이유는 전혀 없다고 봅니다.

펜션 신축에서도 마찬가집니다. 무작정 고급만을 지향하는 단순한 전략을 지양해야 합니다. 돈으로 승부를 보는 일은 한계가 분명합니다. 나보다 더 많은 투자로 맞서오는 사람들에게 대항할 수 있는 마땅한 대비책이 없기 때문이죠. 차라리, 시장의 움직임을 유심히 살펴, 내게 맞는 고객층을 찾는 것이 좋습니다. 고객의 수요를 단지, 소비 여력만으로 구분하는 안일한 태도를 버려야 합니다. 마케팅 관점에서 보면 가장 어리석은 선택입니다.

2 너무나 불친절한 펜션들

펜션을 예약할 때 어떤 유형의 펜션인지를 확인할 수 있는 방법은, 펜션 홈페이지에 나와있는 입실 인원에 대한 기준 정도가 전부입니다. 객실의 구조나 가구, 집기비품만으로는 어떤 유형의 고객을 상대하는 펜션인지 한눈에 알아보기 힘듭니다.

펜션 홈페이지에 나와 있는 객실 안내에는 입실 인원을 단순한 숫자로만 표기합니다.

예를 들어, 기준 인원 2명에 추가로 2명까지 입실 가능하다는 설명을, 간단하게 2/2 또는 2/4라고 표기합니다. 이마저도, 자세히 살펴보지 않으면 헷갈리기 십상입니다. 입실 인원 2명은 연인이나 배우자 등 커플이라고 쉽게 이해되지만, 추가 2명은 가족인지, 두 커플이 함께 입실할 수 있는지조차 명확하지 않습니다. 여기서 그치지 않습니다. 2/4나 4/2 정도는 그나마 수긍이 가는데, 3/2나 3/5 같은 표기와 맞닥뜨릴 땐 당혹스럽기까지 합니다. 기본 3명이란 기준은 어떤 유형의 고객을 뜻하는 것일까요? 동성의 친구 3명일까요? 아니면, 자녀 1명을 동반한 가족을 뜻하는 걸까요? 너무나도 불친절합니다.

단순한 표기를 가지고 억지를 부리는 것처럼 보일 수도 있지만, 좀 더 깊이 들어가면 간단치 않은 문제란 것을 금세 알 수 있습니다. 기본 2명에 추가 2명까지 입실할 수 있는 객실이 있다고 가정해보겠습니다. 객실 안에 설치된 가구나 비품은, 보통 2명을 기준으로 합니다. 킹King이나 퀸Queen 사이즈의 침대 하나와 2인용 식탁이 전부입니다. 그럼, 추가로 입실한 2명은 어떻게 해야 할까요? 두 명은 침대에서 잠을 자고, 나머지 두 명은 바닥에서 잠을 청할 수밖에 없습니다. 밥을 먹을 때도 마찬가집니다. 기본 2명에 추가로 2명이 함께 입실할 수 있는 객실이라면, 적어도 더블베드나 4인용 식탁 정도는 마련되어 있어야 합니다. 물론, 반론이 나올 수도 있습니다. '다들 그렇게 해왔고, 아직까지 별문제 없었다'라고 항변할 수도 있습니다.

하지만 소비자 입장에선 불만의 소지는 여전합니다. 아주 사소해 보이는 부분이지만, 이런 방식이 지금까지 이어져 내려온 이유는 별다른 고민 없이, 너무나 쉽게 펜션을 만들어온 것이 주된 원인입니다. 펜션에 대한 명확한 개념 없이 적당히 설계를 맡겨 맘에 드는 집을 짓다 보니, 생각지도 않았던 이런저런 크기의 방들이 만들어집니다. 원룸은 커플실, 방 두 개짜리 객실은 가족실 정도로 구분해서 팔아온 것이, 지금까지의 펜션들이었습니다. 2인용 커플실로 팔기에는 조금 크고, 4인용 가족실로 팔기엔 조금 작은 경우엔 별생각 없이 기본 3명이라고 표기해 온 것입니다.

커플과 가족, 단체 고객은 각자가 필요로 하는 시설과 원하는 기능이 모두 다릅니다.

침대의 크기나 가구의 숫자 같은 단순한 부분들 외에도, 많은 부분에서 큰 차이가 납니다. 커플은 프라이버시를 중시합니다. 객실은 일정 부분 외부와 격리된 구조로 만들어져야 합니다. 남들의 시선을 의식하기 때문이죠. 가족은 오히려 정반대입니다. 객실 안팎을 자유롭게 드나들 수 있는 구조를 선호합니다.

단체 고객을 상대로 할 경우엔, 객실의 구조 외에 시설이나 서비스 면에서도 전혀 다른 선택을 해야 합니다. 이런 차이들을 이해하지 못하면, 소비자들은 이내 발길을 돌리게 됩니다. 최신의 풀 빌라 급 펜션에서도 이런 모습은 흔하게 발견됩니다. 한눈에 보기에도, 커플 전용으로 만들어진 객실을 기본 2명에 추가 2명까지 입실 가능하다고 표기한 경우가 많습니다. 그렇다고 해서 두 커플의 입실을 용인하는 경우는 거의 없습니다. 결국, 커플이나 아이 둘을 데리고 온 부부 외엔 입실이 불가능합니다. 더 큰 문제는, 커플과 가족이 같은 공간에서 마주치는 걸 꺼린다는 점입니다. 커플은 불편해하고, 가족들은 눈에 거슬려 합니다. 두 마리 토끼를 동시에 쫓는 것과 크게 다르지 않습니다.

밀양시 펜션의 운영 형태 조사

구분	커플펜션	커플/가족	가족/단체	단체펜션
현황	5	61	57	2

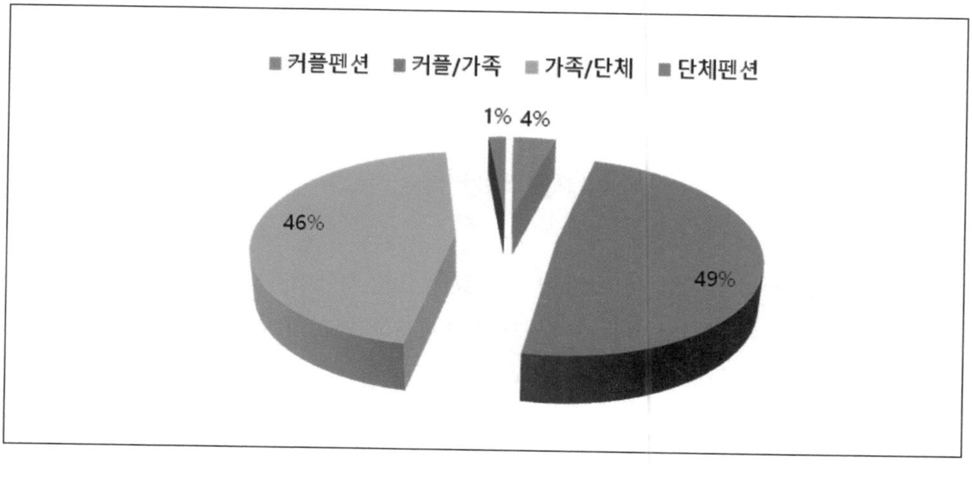

단순해 보이지만, 고객층에 맞는 펜션 운영은 매우 중요합니다. 지역에 따라선 커플, 가족, 단체 등의 가장 기본적인 운영 형태조차 명확하지 않은 경우를 자주 봅니다. 특별한 전략이나 의도가 있어서가 아닙니다. 남들이 그렇게 장사를 해왔고, 펜션을 만들 때도 큰 고민 없이 적당히 만들어 별다른 생각 없이 팔고 있을 따름입니다. 막연하게 뭉뚱그려져서는 곤란합니다. 각자 필요한 시설과 기능이 모두 다르다는 사실을 알아야 합니다. 단지 몸을 씻고, 밥을 해 먹고, 잠을 자는 것이 펜션의 모든 것이 아니기 때문입니다.

겉으로 보이는 숫자가 전부는 아니다 3

고객층은 보다 더 세분화되고 있습니다. 커플도 받고, 가족도 쉴 수 있는 애매한 콘셉트로는 부족합니다. 겉으로 드러난 고객의 숫자 외에, 좀 더 세분화된 고객의 수요를 이해하고 그에 걸맞은 새로운 테마에 집중해야 합니다. '스파 펜션'이나 '풀 빌라 펜션'은 점점 더 철 지난 콘셉트로 변해 가고 있습니다. 스파나 전용 수영장을 갖춘 풀 빌라 급 펜션의 콘셉트가 유효하다면, 입증할 수 있는 근거와 눈에 띄는 예약률로 증명되어야 합니다. 하지만 현실은 그렇지 않습니다. 전 객실에 스파를 설치한 펜션들조차 주 중엔 예약이 전무한 경우가 많으며, 실제로 스파를 이용하고 가는 고객의 비율은 절반에도 훨씬 못 미칩니다. 더 이상 큰 관심이 없다는 의미죠.

펜션에 대한 수요는, 점점 더 다양해지고 있습니다. 최근에 각광받고 있는 애견 펜션이나 키즈 펜션 등이 대표적입니다. 예전부터 펜션들은 관리상의 여러 문제를 이유로 강아지나 어린 영유아를 동반한 고객의 입실을 거절해왔습니다. 하지만 최근에는 오히려 이런 빈틈을 역으로 파고든 펜션들이 활발하게 늘어나고 있습니다.

하지만 이런 특성화된 펜션들조차 고객층에 대한 이해가 크게 부족합니다. 애견 펜션이나 키즈 펜션들이 상대하는 핵심 고객은 강아지나 영유아가 아닙니다. 강아지나 영, 유아를 동반한 커플이나 가족에 초점을 맞춰야 합니다. 애견 펜션이라고 해서 애견 용품이나 관련 시설에만 치중해서는 곤란합니다. 키즈 펜션도 마찬가지입니다. 양쪽 모두, 펜션을 예약하고 객실 요금을 지불하는 고객층에 대한 명확한 인식이 전제되어야 합니다.

애견 펜션은 강아지들의 즐거움이 아닌 애견을 데리고 온 '사람'이 만족할 수 있는 시설이 되어야 합니다. 키즈 펜션 역시, 주된 고객층은 젊은 아기 엄마들이나 부모들입니다. 아이가 즐길 수 있는 놀이기구나 안전을 고려한 시설은 필수적이지만, 아이를 동반한 엄마나 부모들을 위한 편의 시설에도 충분한 투자가 이루어져야 합니다. 펜션을 선택하고, 돈을 지불하는 것은 강아지나 아이들이 아닙니다. 애견 용품이나 시설, 어린이들을 위한 놀이기구 등은 돈을 지불하는 사람의 편의를 위한 부수적인 서비스 시설들에 불과합니다.

흔히들 고객층에 맞는 펜션을 강조하면, 눈에 보이는 시설이나 특별한 서비스에만 집착합니다. 큰 착각입니다. 펜션을 찾는 고객들이 즐길 수 있는 환경을 만들어주어야 합니다. 어떤 방식으로 즐기느냐는 전적으로 고객들 스스로의 몫입니다. 간혹, 강연이나 상담을 통해 '파티 펜션'이란 새로운 콘셉트를 소개할 때가 있습니다. 돌아오는 반응은, 대부분 노래방 시설을 설치하거나 거창한 파티 정도를 떠올립니다. 굳이, 그럴 필요가 없습니다. 가족이나 함께 온 일행들이 둘러앉아 이야기를 나누거나 음식을 함께할 수 있는 구조, 분위기를 북돋아줄 수 있는 간단한 집기나 부대시설만 제공해주면 충분합니다. 막연하게 남들을 따라 하는 것만으로는 한계가 있습니다. 다양한 고객의 취향과 선호를 고민해야 합니다. 설계사가 정해주는 도면에 따라 방을 나누고, 인테리어를 하는 것만으로는 소비자의 다양한 필요와 요구를 충족시킬 수 없습니다. 고객층에 대한 명확한 타겟팅과 그에 맞는 시설과 서비스를 마련해야 합니다. 틈새시장을 노릴 때도 마찬가지입니다. 눈에 보이는 현상에만 매달려선 곤란합니다. 정확한 포지셔닝 Positioning 을 통해 잠재 고객만을 위한 핵심 역량을 살려낼 수 있어야 합니다.

자기 적성에 맞는 고객층을 선별해야 한다

4

자신이 운영할 펜션의 고객층을 결정하는 일은 매우 중요합니다. 하지만 객실의 구조나 시설, 인테리어보다, 우선적으로 고려해야 할 부분이 한 가지 있습니다. 바로, 펜션을 운영하는 스스로의 적성입니다.

펜션은 여타의 자영업에 비해, 접객에 대한 부담감이 상대적으로 적습니다. 일반적인 서비스 업종과는 달리, 자기 집이라는 개념에 출발한 펜션은 소비자들조차 접객에 대한 기대치가 높지 않은 편입니다. 객실만 마음에 들면, 지나친 친절이나 틀에 박힌 환대 따윈 기대하지 않습니다. 주인 입장에서도 이유 없이 굽실거릴 필요가 없다는 점은 펜션 사업의 매력 중 하나입니다. 스스로의 적성에 맞는 고객층의 선정은 매우 중요합니다. 실제로, 커플 펜션을 운영 중인 사람들 중엔, 적잖은 어려움을 토로하는 사람들이 많습니다. 바비큐 서비스를 '젊은 애들 시중드는 일' 정도로만 여기는 경우도 있고, 커플끼리 놀러 온 고객들이 눈에 거슬린다는 펜션 주인들도 많이 만나보았습니다. 장사하는 사람이 겪어야 할 당연한 고충이라고 가볍게 넘길 수도 있지만, 효율적인 펜션 운영을 위해선 쉽게 지나칠 수 없는 부분들입니다.

불필요한 서비스를 줄이라고 권하는 이유도 여기 있습니다. 맘에 내키지 않는 경직된 서비스는 역효과만 불러옵니다. 식당이나 커피 전문점과 같이, 접객을 담당하는 별도의 숙련된 직원을 채용할 수 있다면 몰라도, 고객과의 커뮤니케이션을 전적으로 책임져야 하는 펜션은 이마저도 쉽지 않습니다.

제법 규모가 큰 기업형 펜션들조차도 직원의 역할은 제한적이며, 접객은 대부분 주인이 감당해야 합니다. 이런 이유들 때문에 펜션의 고객층을 선정할 땐, 반드시 자신의 적성을 고려해야 합니다. 자칫, 몸에 맞지 않는 옷을 입는 일만큼 힘겨운 일이 될 수도 있기 때문입니다. 애견 펜션이나 키즈 펜션의 경우도 애완견에 대한 호불호나 아이들에 대한 이해가 부족한 경우, 좀처럼 권하지 않습니다. 매출도 중요하지만, 쉽사리 사업을 정리하거나 새롭게 바꾸는 일 자체가 쉽지 않은 펜션 사업의 특성상, 쉽게 참아낼 수 있는 일이 아니기 때문입니다.

주인의 관점이나 적성에 따라 펜션의 완성도 역시 크게 달라집니다. 연령이나 성별과는 별개로, 핵심 타겟이 되는 고객층의 문화를 이해하는 것만으로도 월등하게 앞선 결과물을 만들어낼 수 있습니다. 관광이나 여행, 문화 전반에 대한 풍부한 이해는, 고객층이 원하는 필요와 요구를 폭넓게 받아들일 수 있기 때문입니다.

펜션 창업을 고려하는 사람들에게, 불필요한 발품보다는 다양한 소비자들이 선호하는 문화 공간이나 젊은이들이 즐겨 찾는 레스토랑, 커피 전문점 등을 다녀보라고 권하는 이유도 마찬가집니다. 자기가 상대할 고객층이 열광하는 최신 트렌드를 이해하는 일은, 건축 박람회나 전시회를 다니면서 쓸모없는 광고물이나 샘플 따위를 얻어오는 일보다 훨씬 더 큰 값어치를 합니다.

펜션 비즈니스의 여덟 가지 요소

네 번째, 건축

펜션 비즈니스와 관련된 모든 일이 그렇지만, 건축과 인테리어는 특히 더 어렵습니다. 현업에서 제법 오랫동안 종사한 사람들조차, 자신이 담당하는 공정 외에 나머지 부분을 훤히 꿰고 있는 경우는 매우 드뭅니다. 하물며, 일반인들의 경우엔 한없이 어렵기 마련입니다. 펜션 건축의 경우엔 특히 더합니다. 펜션 건축과 관련된 여러 규정들도 지역에 따라 조금씩 다르며, 시공 사례나 포트폴리오 등을 올려둔 여러 사이트들을 둘러봐도, 스스로가 원하는 정보를 찾아내기란 요원할 때가 많습니다.

가장 큰 문제는, 펜션 건축이라는 것 자체가 평생 꿈꿔오던 내 집을 갖는 일이라는 점입니다. 도시에서의 생활을 정리하고 전원생활을 꿈꾸는 사람들의 자연스러운 감정입니다. 아무리 펜션을 '사업'이라고 강조해도, 내 집을 가지게 된다는 설렘마저 포기하라고 강요할 순 없겠죠. 하지만 펜션을 짓는 과정에서 일어나는 여러 문제들은, 내 집을 짓는 과정이라는 인식에서 출발합니다. 이성적으로는 불필요하다고 여겨지는 대부분의 투자가, 내 집이라는 모호한 감정에서 비롯됩니다.

1 모든 문제의 시작
각자의 욕심과 판단의 모호함

지나친 훈수는 판을 뒤엎게 만듭니다. 옆에서 판을 바라보는 사람의 입장은 제각각입니다. 그저 남아도는 시간을 때우려는 심사로 훈수를 두는 사람이 있고, 서툰 수를 두는 사람의 행마가 답답해 보이는 이도 있습니다. 때론, 지나친 자신감으로 과한 훈수를 두는 경우도 있습니다. 간혹, 생각지도 못한 절묘한 수를 알려줄 때도 있지만, 과한 훈수는 언제나 좋지 못한 결과로 이어집니다. 펜션을 만드는 과정도 동일합니다. 펜션 사업을 시작하는 사람은 각자의 사정과는 별개로, 최선을 다해 일을 진행합니다. 비교적 큰돈이 걸려있는 사업이기 때문에, 언제나 살얼음판을 걷는 기분입니다. 그래서, 가급적 손해 보지 않는 방법을 선택하려고 애를 씁니다. 기왕이면 싸게 짓고 싶고, 같은 값이면 더 잘 만들고 싶은 심리는 당연합니다. 여기저기 기웃거려도 보고, 이름난 전문가나 규모가 큰 업체들을 찾아 막연한 해답을 기대해보기도 합니다. 하지만, 언제나 그 결과는 신통치 못합니다. 스스로의 명확한 수가 없을 때 옆 사람의 훈수에 매달리듯이, 펜션을 만드는 사람도 확고한 자기 기준을 가져야 예상치 못한 문제들을 피해 갈 수 있습니다.

일단, 자기가 생활할 멋진 집이라는 막연한 환상에서 벗어나야 합니다. 펜션을 사업이라는 관점으로 접근해서, 내 집이 아닌 돈을 벌기 위한 매장쯤으로 여겨야 불필요한 투자를 막을 수 있습니다.

펜션을 남들에게 뽐낼 수 있는 멋진 집이라고 여기는 순간, 투자는 걷잡을 수 없이 커집니다. 효율을 따지기보다는 외형에 치중하게 되며, 이해득실을 계산해보기 전에 엉뚱한 판단을 하게 됩니다. 생뚱맞은 조형물이나 값비싼 외부 마감재 따위를 쓰게 되는 이유도 비슷합니다. 매출에 대한 판단보다, 멋진 집에 대한 갈망에 이끌린 무리한 선택의 결과입니다. 이런 일들은 펜션을 만드는 과정에서 수없이 반복됩니다. 거기에 더해, 참여하는 주체들의 이해관계까지 엇갈리게 되면, 걷잡을 수 없는 국면으로 이어지기도 합니다. 건축을 의뢰한 쪽과 만드는 쪽의 이해관계가 극단적으로 벌어질 때 일어나는 현상입니다. 한쪽만을 탓할 순 없습니다. 양측 모두 명확한 기준이나 현실적인 판단 없이, 그저 멋진 집을 짓기 위해 골몰한 탓입니다.

지나친 상상력이나 막연한 욕심도 경계해야 합니다. 상상력을 발휘하는 건 좋은 자세입니다. 남들과 차별화된, 경쟁력 있는 펜션을 만들기 위한 여러 궁리들은 좋은 자세입니다. 하지만 지나친 상상력은 되려 독毒이 됩니다. 상상력을 발휘하는 일조차, 확률과 선택이라는 논리적 근거 안에서 이루어져야 합니다. 흔히 볼 수 없는 특이한 구조의 얼토당토않은 집을 지으려는 무리한 상상은 금물입니다. 싼값에 집을 지으려는 무리한 욕심도 버려야 합니다. 건축과 인테리어의 완성도는 시간과 돈이 좌우합니다.

무턱대고 싸게만 지으려는 허황된 생각이나, 개인기에 의존한 무모한 태도는 언제나 좋지 못한 결과로 이어집니다. 확고한 계획을 세운 다음, 건축에 뛰어들면 불필요한 투자나 무리한 선택이 크게 줄어듭니다. 가장 중요한 점은, 내가 어떤 상품을 만들어 어떻게 팔 것인지를 신중하게 결정하는 일입니다. 펜션 건축은 내가 팔아야 할 상품객실을 명료하게 전시할 공간건물을 만든다는 관점에서 접근해야 합니다. 효율적으로 팔 수 있는 다양한 대책들부대시설과 설비도 포함되어야 합니다. 음식점이나 커피 전문점 등을 차릴 때, 매장을 효율적으로 꾸미는 일과 동일합니다. 잘 만들어진 매장은 판매율을 높여줄 뿐만 아니라, 장사를 월등 수월하게 만들어줍니다.

2

펜션 건축의 기본적인 진행 과정

펜션 건축의 첫걸음은 설계와 시공이 아닌, 내가 운영할 펜션에 대한 명확한 콘셉트와 포지션을 정하는 일입니다. 펜션 시장에 대한 확실한 이해는 물론이며, 주로 상대하게 될 핵심 고객층을 선정해 그에 맞는 객실의 구조와 서비스 시설 등 세부적인 계획을 세워나가야 합니다. 설계와 시공은 맨 마지막의 일입니다.

우선, 적당한 땅을 구해야 합니다. 토지의 용도에 따라 건폐율과 용적률이 모두 다르기 때문에 매입 전에 확인은 필수입니다. 펜션을 목적으로 토지를 매입할 땐, 토목 공사에 대한 사전 검토가 선행되어야 합니다. 탁월한 조망을 확보하기 위해 사들인 땅들은, 대부분 일정 규모 이상의 토목 공사를 필요로 합니다. 따라서, 토지를 매입할 땐 매입 비용 외에 토목 공사에 필요한 비용도 가늠해 보는 것이 안전합니다. 가끔은, 토지매입 비용과 맞먹는 토목 공사가 뒤따르기도 합니다.

토지를 매입한 다음에는, 건물이 들어설 자리와 부대시설을 설치할 수 있는 여유 부지, 주차 공간 등을 감안해 대강의 구역을 나누어보아야 합니다. 대부분 설계를 의뢰하면 알아서 해결되는 부분들이지만, 사전에 충분한 검토를 마쳐 설계 의뢰 시 쓰임과 목적을 분명히 해두는 편이 좋습니다. 여기까지는 일반적인 주택을 만들 때와 큰 차이가 나지 않습니다. 하지만 펜션은 사전에 검토해야 할 부분들이 조금 더 많습니다.

가장 먼저 고려해야 할 부분은, 객실의 숫자와 구조를 결정하는 일입니다. 펜션은 건물 한 동의 크기가 70평 이하로 만들어져야 '농어촌민박사업자'로 등록할 수 있습니다. 건물 한 동에 객실은 보통 5~6개 정도가 일반적입니다. 요즘은 서비스 시설에 대한 비중이 워낙 커진 탓에, 객실 크기는 커지고 숫자는 줄어드는 추세지만 결코, 바람직한 모습은 아닙니다. 객실의 숫자와 구조는 수익률로 계산되어야 합니다. 각 지역별 펜션 수요와 고객 유형에 따라 달라지기도 합니다. 수요에 비해 지나치게 많은 객실은 투자 효율을 떨어뜨립니다. 반대의 경우도 마찬가집니다. 객실의 크기나 구조도 유입되는 고객의 선호와 필요에 맞춰져야 합니다. 객실의 숫자와 구조를 정하는 일은 더없이 신중해야 합니다. 막연한 감이나 돈에 맞춘 펜션 건축은 금물입니다.

객실 구조는 커플, 가족, 단체 등 대상 고객의 인원수 외에, 자신이 운영할 펜션의 콘셉트에 따라 달라집니다. 원룸이나 방 2개 이상의 객실, 또는 복층 구조의 객실 등으로 구분됩니다. 각각의 특성을 이해한 후 각방에 설치될 서비스 시설과 가구, 집기 등의 규모를 정해 객실별로 정리합니다. 그다음, 정리된 계획을 가지고 기획설계에 들어갑니다. 기획설계는 정식으로 설계를 의뢰하기 전 단계의 일인데, 건축에 필요한 모든 요소들뿐만 아니라, 세부적인 인테리어 계획까지 포함합니다. 단순하게 내 취향에 맞는 스타일이나 디자인을 고르는 것이 아닙니다. 지역 내 펜션들 중 예약률이 높은 펜션들을 참고해, 취할 것은 과감하게 취하고 버려야 할 것들은 미련 없이 버려야 합니다.

각 객실별 디자인 테마가 결정되면, 세부적인 인테리어 공정과 전기, 설비 등의 시설 계획을 기획설계에 반영시킵니다. 월풀이나 스파 등의 설치 유무와 그에 따른 전기, 설비 공사 계획을 검토해야 합니다. 가구의 배치, 조명의 숫자, 주방 기구 및 TV, 냉장고 등 필수 시설들의 수량과 위치까지 결정합니다. 사전에 구분해 둔 부지 내의 펜션 배치와 부대시설 등을 감안해 건물의 형태를 골라야 합니다. 전원주택 스타일이나 모던형, 콘도형, 모텔형, 프로방스 등 여러 유형의 건축 양식 중, 인테리어 디자인에 가장 부합하는 합리적인 형태를 선택합니다. 부지의 특성에 따라 건물의 배치도 달라져야 합니다. 일반적인 주택과는 건물의 방위나 배치의 선정 방식이 다르기 때문입니다.

매입한 부지의 풍광이 뛰어난 경우, 건물의 방향이나 배치는 외향성外向性 을 기준 삼습니다. 객실에서 바라볼 수 있는 멋진 풍광은 그 어떤 뛰어난 인테리어보다도 더 큰 가치를 가지기 때문이죠. 건물의 방향은 동서남북 등의 방위와는 상관없이, 무조건 조망이 우수한 쪽으로 배치하는 것이 기본입니다. 일조권이나 단열, 냉난방 효율 따윈 무시해도 됩니다. 무조건 판매가 우선입니다.

건물이 두 개 이상일 경우에도 마찬가지입니다. 조망이 뛰어난 쪽으로 건물을 배치하고, 부대시설 등을 포함해 가급적 시선이 외부로 향하도록 만들어지는 편이 효과적입니다. 반대로, 주변 환경이나 풍광이 뛰어나지 못한 경우엔 내향성內向性 을 추구합니다. 건물의 방향이나 배치를 가급적 외부와 단절시켜, 모든 시선이 안쪽을 향하도록 합니다. 고객이 머무는 동안 펜션 내부에만 집중할 수 있도록 부대시설이나 건물의 배치를 폐쇄적으로 만들어주면, 어수선한 주변 환경이나 좋지 못한 풍광 등의 약점을 상쇄시킬 수 있습니다.

이 모든 과정은 기획설계 단계를 통해 자세히 기록되고 구체화되어야 합니다. 실시 설계와 본 공사에 들어가기 전에 세밀하게 만들어진 계획이 필요하며, 이후 모든 과정은 사전에 마련된 계획에 따라 진행하면 됩니다. 당연히 수정되어야 할 부분들이 발생하기도 하지만, 기획설계를 위해 모아둔 자료들과 데이터를 활용하면 큰 무리 없이 해결할 수 있습니다.

건축 공사를 진행하는 과정에서 일어나는 모든 분쟁과 예상치 못한 문제들은, 건축에 대한 전문 지식이나 경험의 부족 때문만은 아닙니다. 아무런 준비 없이, 무턱대고 공사를 시작한 것이 가장 큰 원인입니다.

설계를 맡기기 전에, 스스로 자신이 운영할 펜션의 세부적인 계획을 세우고 나면, 설계를 통한 도면의 확정은 손쉬운 일이 됩니다. 특별한 경우를 제외하면, 대부분의 업체들은 도면에 나와 있는 세부 사항에 따라 성실하게 공사를 진행합니다. 물론, 믿을 수 있는 감리자를 선임하는 일도 중요합니다. 하지만 감리자와의 원활한 의사소통조차, 사전에 마련된 계획을 기준 삼아야 합니다. 집을 짓고 난 후 싸우지 않은 사람이 없다는 나이 많은 어르신들의 경험담은, 나쁜 업체를 만나서라기보다는 스스로 명확한 계획 없이 공사를 진행한 결과라고 보아야 합니다.

펜션 건축에서 빠뜨리지 말아야 할 것들 3

펜션을 만들 때 가장 많은 돈이 들어가는 게 건축입니다. 건축은 욕심을 내기에 따라 비용이 기하급수적으로 늘어납니다. 기본적인 구조나 형태뿐만 아니라, 마감재의 종류나 단가에 따라서 똑같은 크기의 건물조차 몇 배의 비용 차이가 납니다. 하지만 가장 많은 돈이 들어가는 건축이 매출이나 예약률에 미치는 영향은 상대적으로 미미한 편입니다. 굳이 따지자면, 전체 비용 중 7:3 정도의 비율로 건축에 가장 많은 돈이 들어가지만, 예약이나 매출에 끼치는 영향은 역으로 3:7쯤 되지 않나 싶습니다. 물론, 자기 집에 대한 애착이나 맘에 드는 모양을 만들고 싶다는 심리는 충분히 이해됩니다. 하지만 백번 양보해도 건축에 일정 수준 이상의 돈을 쓰는 건 반대입니다. 차라리 그만큼의 돈으로 객실을 좀 더 밀도 있게 꾸미는 편이 훨씬 유리합니다.

인테리어와의 연계성도 빠뜨리지 말아야 합니다. 앞서 설명한 바와 같이, 펜션 건축은 객실 인테리어에 기반을 둡니다. 집을 짓고 난 후 내부를 꾸미는 것이 아니라, 인테리어에 적합한 집을 지어야 한다는 뜻입니다. 흡사, 레고 Lego 블록을 맞춰나가는 것과 유사한 방식이라고 보면 됩니다. 건물의 형태나 외관은, 객실 구조와 인테리어 디자인에 따라 바뀌기도 합니다. 하지만 건물의 외관을 보기 좋게 만들기 위해 객실의 구조나 인테리어가 희생된 사례는 심심치 않게 발견됩니다. 건축가의 명성에 기댄 경우엔 특히 더 합니다.

건축과 인테리어는 엄밀히 말해 전혀 다른 분야입니다. 명성 높은 건축가를 초빙해 건물을 완성한 경우, 인테리어가 등한시되는 일은 부지기수입니다. 펜션에 대한 이해나 전문지식과는 별개로, 건축 디자인이 지향하는 바가 다르기 때문이죠. 실제로 유명 건축가에 의해 설계된 펜션 중 인테리어의 경쟁력 부족으로 영업에 고전한 사례는 무척 많습니다.

다양한 시설들과 관련된 설비의 용량과 시스템의 선정도 신중하게 검토되어야 합니다. 월풀이나 스파를 설치할 경우엔 기계 자체뿐만 아니라, 관련된 전기나 설비 용량도 충분히 검토되어야 합니다. 경우에 따라선 월풀이나 스파의 구입과 설치 비용 보다, 설비나 전기 관련 공사의 부담이 더 커지는 경우도 흔합니다. 냉, 난방 등에 대한 시스템 역시, 일반적인 주택과는 다르게 접근해야 합니다. 펜션을 이용하는 고객의 특성 때문입니다. 겨울에 난방을 켜둔 상태로 방 안이 덥다고 에어컨을 켜는 경우는 다반사입니다. 반대로, 여름에 창문을 열어둔 채 에어컨을 켜두는 일도 흔합니다. 이런 점들 때문에 냉, 난방이나 급수 등 설비 전반에 대한 부분도 사전에 충분한 대비를 해두어야 합니다.

바비큐나 기타 관리에 필요한 동선과 공간도 미리 계산해야 됩니다. 펜션의 서비스 중 으뜸이 바비큐란 사실을 기억한다면 당연히 숯불을 관리할 수 있는 시스템과 객실로 숯불을 전달할 수 있는 효율적인 동선을 확보해야 합니다. 요즘 유행하는 모던 건축 스타일의 경우, 바비큐 관리엔 매우 취약합니다. 과거에 주를 이루던 전원주택 스타일의 건물은 별도의 바비큐장을 운영하거나, 외부에서 테라스로 직접 진입할 수 있는 구조를 만들기 편했습니다. 하지만 모던 건축 스타일의 경우, 객실을 가로질러 테라스까지 숯불을 들고 가야 하는 불편을 감수할 수밖에 없습니다. 동선이 길어져 관리에 어려움이 따르는 것은 물론이며, 고객들도 불편함을 느끼게 됩니다.

준공을 마친 후, 펜션 운영에 필요한 각종 비품이나 소모품들을 보관할 수 있는 장소를 마련하는 일도 중요합니다. 매일같이 침구를 교체하고 세탁을 하거나 보관을 하는 일 등은, 생각보다 많은 노동력을 필요로 합니다. 이와 관련된 공간이나 적절한 시스템을 준비하는 일은 필수적입니다. 운영 효율을 감안한 건축 공사는, 관리 비용을 절대적으로 줄여줍니다. 명확한 목적 없이 만들어지는 펜션의 카페도 신중하게 생각해야 합니다. 자칫 펜션 주인이나 직원들의 놀이터나 휴게공간으로 전락할 수 있기 때문입니다.

정원을 꾸미는 일이나, 조경에 대한 지나친 집착도 비효율적입니다. 커플 펜션을 주로 이용하는 연령대의 고객들은 조경에 대한 안목이 전혀 없거나, 잘 가꾼 잔디밭조차 싫어하는 경우가 대부분입니다. 도시에서만 생활한 젊은 고객들에겐, 흔히 볼 수 있는 풍뎅이나 메뚜기조차도 해충 취급을 당하기 십상이죠. 차라리, 데크를 만들거나 주차장으로 활용하는 편이 좋습니다. 가능하다면, 객실 숫자의 1.5배 정도의 주차 면적을 확보하는 것이 효율적입니다. 여성이나 초보 운전자들조차 불편함을 느끼지 못할 정도의 여유 있는 회차 廻車 공간을 확보하는 것도 좋은 호응을 얻을 수 있습니다. 실제로 펜션 운영을 시작하고 나면, 정원이나 조경에 대한 관리조차도 전원생활의 즐거움이 아닌 피할 수 없는 노동으로 변질되는 경우가 일반적입니다.

공사 기간에 대한 개념도 일반 주택과는 다릅니다. 건축 공사 전에 마쳐야 되는 토목 공사나 진입로 공사 등은 별개로 쳐도, 준공 전과 후로 나뉘는 펜션 공사의 특성과 인테리어 작업 기간 등을 감안하면, 일반 주택이나 다세대 공사의 1.5배 정도의 기간을 예상해야 합니다. 객실 내부에 복층을 만드는 일이나 추가적인 인테리어 작업은 모두 준공이 끝난 후에 이루어집니다. 데크나 수영장 등 부대시설도 마찬가지입니다. 공사 기간도 오픈 시점을 정한 다음, 역순으로 계산해야 합니다.

펜션을 오픈하는데 가장 적당한 시기는 보통 4월로 잡습니다. 다가올 여름 성수기를 대비하기 위해선 늦어도 4월경엔 모든 준비를 마쳐야 합니다. 그래야만, 홈페이지 제작과 성수기를 염두에 둔 홍보 기간을 확보할 수 있습니다. 때문에, 4월을 기점으로 모든 공정을 역순으로 계산해, 적정한 착공 시점을 잡아야 합니다. 성수기는 일 년 매출의 절반을 좌우하는 중요한 기간입니다. 4월을 기준으로 모든 공사를 마쳐야 하는 이유도, 매출과 초기 투자비용의 회수 때문입니다. 문을 연 직후, 성수기를 맞이할 수 있는 경우와 그렇지 못한 경우의 차이는 매우 큽니다.

건축은 펜션 사업을 결심한 후, 문을 열 때까지 일어나는 모든 일들 중 가장 큰 비중을 차지합니다. 어쩌면 일생에 한 번뿐인 일이 될 수도 있습니다. 무엇보다 가장 많은 비용을 필요로 합니다. 하지만 동시에 펜션을 창업하는 과정 중에서 가장 많은 문제와 분쟁이 발생하기도 합니다.

따라서 더없이 신중하고 체계적인 접근이 필요합니다. 시장조사와 기획설계의 과정은 매우 중요합니다. 이 모든 준비 작업을 특별히 프리프로덕션 Preproduction 이라고 이름 붙여보았는데, 영화 제작 시 실제 완성된 내용에 근접한 준비를 마치는 것과 유사합니다.

펜션 건축이 특별히 더 힘든 이유는 일단, 완성된 후에는 문제를 해결할 수 있는 방법이 별로 없기 때문입니다. 그래서, 머릿속으로 완성된 후의 구체적인 모습까지 그려낼 수 있을 만큼의 사전 준비는 큰 의미를 가집니다.

펜션 비즈니스의 여덟 가지 요소

다섯 번째, 인테리어

펜션이 팔아야 하는 상품이 객실이라고 볼 때, 인테리어가 차지하는 비중은 압도적입니다. 펜션의 경쟁력을 좌우하는 핵심 요소가 인테리어입니다. 요즘은 워낙 시설 위주의 경쟁으로 변해 버렸지만, 인테리어는 여전히 펜션의 가장 큰 경쟁력이라고 생각합니다. 이유는 간단합니다. 음식점이 음식의 맛으로 승부하고, 커피 전문점의 경쟁력은 커피 맛에 달려 있듯이, 객실의 인테리어의 수준은 소비자들이 펜션을 평가하는 가장 중요한 척도입니다.

1

왜! 펜션 인테리어를 강조하는 것일까?

펜션에서 인테리어의 중요성을 강조하는 이유는, 소비자들이 펜션을 찾는 이유와 그 대답에서 찾을 수 있습니다. 호텔보다 비싸고, 서비스는 비교조차 안 되지만, 소비자들이 펜션을 찾는 이유는 일상에서 누려보지 못한 '색다른 분위기' 때문입니다.

요즘에는 유명 관광지 등에 위치한 호텔이나 리조트급의 콘도미니엄들도 이런저런 제휴 사이트를 이용하면, 웬만한 펜션들보다 월등하게 싼값에 이용할 수 있습니다. 펜션은 예약을 해도 입금을 하기 전엔 예약이 '완료'되지 않습니다. 불가피한 사유로 취소를 요청하면, 최소한 10%에서 많게는 전액을 돌려받지 못하는 경우도 생깁니다. 이런저런 불만들은 항상 있어왔습니다. 청결이나 입실 인원에 대한 지나친 제한, 사소한 것들까지 별도의 비용을 요구하는 펜션의 이용 수칙은, 쉽게 납득하기 어려운 부분들이 많습니다.

반대로, 호텔이나 콘도미니엄의 경우 이런 서비스 불만은 거의 없습니다. 특별히 말도 안 되는 요구가 아닌 이상, 전문적으로 훈련되고 특화된 직원들이 상황에 알맞은 대처와 잘 짜인 매뉴얼 대로 움직이기 때문이죠. 펜션이 발전하게 된 주된 요인 중 하나가 바비큐라고 설명했지만, 요즘 유명 관광지에 위치한 호텔이나 콘도미니엄들은 바비큐에 대한 별다른 제약이 없어졌습니다. 아예, 부대시설로 근사한 바비큐장을 따로 갖춘 곳도 많습니다. 펜션의 시설이 아무리 좋아졌다고는 해도, 호텔이나 콘도미니엄을 따라가기엔 역부족입니다. 결국, 이런저런 이유를 따져봐도 소비자들이 값비싼 펜션을 찾는 가장 합리적인 이유는 '펜션 인테리어'밖엔 없습니다.

소비자의 모든 불만 역시, 인테리어에서 출발합니다. 실제로, 펜션 홈페이지의 이용 후기나 블로그, SNS를 통해 올라오는 이런저런 불만들은, 인테리어에 대한 기대감과 실망에서 비롯됩니다. 예약을 하기 전에 기대했던 객실 분위기와 막상 직접 와서 본 객실의 느낌이 다르다고 느끼는 순간, 나머지 모든 것들이 맘에 들지 않게 됩니다. 아주 사소한 것들도 눈에 거슬리고, 주인의 살가운 응대조차 불친절하게 느껴집니다. 반대로, 예약을 할 때 보았던 것보다 훨씬 더 맘에 들 경우, 웬만한 불만 정도는 쉽게 넘어갑니다. 심지어, 침대에 머리카락이 떨어져 있어도 알아서 치울 뿐, 주인에게 잔소리를 늘어놓는 경우는 거의 없습니다.

이런 모순적인 상황이 일어나는 이유는, 펜션을 이용하는 소비자의 필요와 욕구를 채워줄 수 있는 별다른 대안이 없기 때문입니다. 특히, 펜션을 주로 이용하는 2~30대의 경우, 획일성에 대한 거부감 때문에 펜션을 찾는 경향이 뚜렷합니다. 개성을 중시하고 남과 다른 것을 추구하는 요즘의 세태와 부합하기 때문이죠. 4~50대 기성세대와 가장 큰 차이가 나는 점이기도 합니다. 젊은 소비자들은 과거와 달리 다양성을 중시합니다. 8~90년대만 해도 이른바, '주류 문화'라는 것이 존재했었습니다. 음반 차트는 특정 가수나 밴드가 장악하기 일쑤였고, 책이나 영화도 베스트셀러 위주로 소비되었습니다. 마치, 그 대열에 끼지 못하면 곧바로 낙오자나 된 것처럼 말이죠.

하지만 요즘엔 음악도 음반 차트와는 별개로 자신이 좋아하는 장르를 찾아 듣습니다. 책이나 영화, 기타 여러 문화에서도 확실한 주류는 찾아볼 수 없습니다. 오히려, 앞뒤 없는 열광이나 몰입 자체를 경시하는 분위기까지 엿보입니다. 이런 경향 때문에, 틀에 찍어낸 듯 천편일률적인 호텔이나 콘도미니엄보다는, 색다른 분위기의 펜션을 찾는다고 봅니다. 예전에 비해 턱없이 올라버린 가격과 이런저런 불편함을 감수할 수 있는 이유도 펜션이 가지는 독특한 위치 때문입니다. 하지만, 요즘처럼 편향된 방향으로 변해버린 펜션 인테리어의 경향성은 오히려 이런 독특한 위치를 잃어버리게 만드는 요인으로 작용하고 있습니다.

2

펜션 인테리어, 고급?
아니 다양성!

아무리 시설 좋고 규모가 큰 호텔이나 콘도미니엄이라고 해도, 객실 인테리어는 대부분 획일적입니다. 객실의 등급에 따라 구조나 마감재의 차이가 있긴 하지만, 같은 등급의 객실들은 대부분 대동소이하게 꾸며져 있습니다. 펜션과 달리, 호텔이나 콘도미니엄의 인테리어는 숙박이라는 기본적인 기능에 초점이 맞춰집니다. 쾌적하고 편리한 공간, 그 이상은 필요 없습니다. 반대로 펜션 인테리어는, 고급이 아닌 다양성에 초점을 맞춰야 합니다. 소비자들의 기대와 요구가 전혀 다르기 때문입니다. 뿐만 아니라, 소비자들이 받아들이는 고급이란 인식도 옛날에 비해 확연한 차이를 보입니다.

이젠 웬만한 가정집들조차, 고급 자재와 값비싼 가구로 꾸미는 경우가 흔해졌습니다. 다양한 문화적 체험까지 더해져, 예전처럼 잘 꾸며진 호텔이나 콘도미니엄에 대한 막연한 환상 따윈 사라진 지 오랩니다. 오히려 개성 있게 꾸며진 펜션이나 게스트하우스에 더 큰 매력을 느낍니다.

고급이란 개념만을 고집하다 보면, 예상치 못한 또 다른 문제와 부딪치게 됩니다. 한없이 늘어나는 투자비용입니다. 인테리어 디자인과 실내 건축을 오랫동안 다루다 보면, 자재 위주의 시공이 가장 손쉬운 해결책이라는 사실을 금세 깨닫게 됩니다. 평당 10만원짜리와 50만 원짜리 자재의 차이는 생각 이상입니다.

겉으로 보기엔 지극히 단순해 보이는, 풀 빌라 급 펜션의 인테리어가 생각보다 많은 투자를 요구하는 이유도 여기 있습니다. 차별적인 디자인 요소가 들어가지 않기 때문에, 오로지 고급 자재 위주의 시공에만 매달릴 수밖엔 없습니다. 펜션 주인 입장에선 별 차이 없어 보이지만, 소비자들의 날카로운 눈은 자재의 단가나 시공 비용을 떠나 고급의 수준을 금세 읽어냅니다.

결국, 남들에게 뒤처지지 않으려면 보다 비싼 자재, 더 화려한 시설로 승부를 볼 수밖에 없습니다. 그리고 그 모든 것들이 투자에 대한 부담으로 돌아옵니다. 더 큰 문제는, 서너 배 이상 더 비싼 자재를 사용했다고 해서 객실 요금도 그만큼 올려 받긴 힘들다는 점입니다. 투자 비용은 서너 배 이상 차이가 나지만, 수익률에선 큰 차이가 나지 않는 이유입니다. 풀 빌라 급 펜션에 대한 부정적인 견해도 대부분 여기에 기인합니다. 과중한 투자 부담, 가격의 한계, 상대적으로 떨어지는 수익률과 효율이 가장 큰 문제입니다. 이 모든 것들이 인테리어의 고급화라는 함정을 피하지 못한 결과입니다. 고급을 대하는 소비자의 기준도 제각각인 탓에, 투자의 한계도 불분명합니다. 결국, 펜션 인테리어는 고급이 아닌 다양성을 추구하는 쪽으로 초점을 맞춰야 합니다.

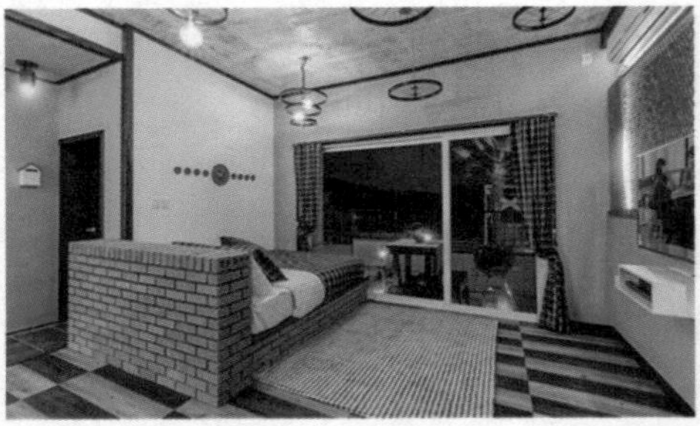

대도시의 번화가나 젊은 세대들의 핫 플레이스Hot Place라는 동네들을 둘러보면, 쉽게 이해할 수 있습니다. 거리에 늘어선 다양한 상점들과 레스토랑, 커피 전문점 등을 둘러보면, 똑같은 스타일로 꾸며진 가게들을 거의 찾아볼 수 없습니다.

각자 자신들만의 개성을 뽐내기 위해, 다양한 인테리어 디자인과 소품으로 손님들을 불러들이고 있습니다. 그들이 파는 것이 인테리어가 아님에도 불구하고, 지나가는 손님들의 눈에 띄기 위한 노력은 끊이지 않습니다. 펜션 인테리어는 이 부분을 중요한 과제로 받아들여야 합니다. 그 많은 수의 매장들이, 음식이나 커피, 옷이나 기타 자질구레한 상품들을 판매함에도 불구하고, 인테리어에 세심한 신경을 쓰는 모습은 많은 점을 시사합니다. 객실이 핵심 상품인 펜션들이, 정작 다른 상품을 파는 사람들만큼도 따라가지 못한다면 결코, 성공할 수 없습니다.

선택의 범위가 넓어져야 예약으로 이어질 확률이 높아집니다. 지금처럼 고급이란 기준만을 제시할 땐, 'Yes or No' 외엔 마땅한 선택의 길이 없습니다. 대신, 객실 수만큼의 다양한 선택권이 주어지면, 예약으로 이어질 확률은 더욱 높아집니다.

소비자의 기호와 취향은 다양합니다. 음식에 대한 취향, 옷에 대한 호불호, 영화를 보는 눈높이가 서로 다르듯, 인테리어에 대한 입장도 제각각입니다. 만든 사람의 눈엔 고급이라고 여겨지는 객실조차도, 보는 사람의 관점에 따라 평가는 엇갈리게 마련입니다. 하지만 객실 수만큼의 다양한 디자인을 적용한 경우, 선택의 기회가 늘어납니다. 이 방이 맘에 들지 않으면, 다른 방을 찾을 수 있고, 여러 방들 중에 가장 맘에 드는 객실을 선택할 수 있기 때문이죠. 그리고 이런 다양성은 펜션의 높은 매출로 이어질 확률이 큽니다.

3 펜션 인테리어의 가장 큰 목적
판매의 증진

일반적인 인테리어나 실내 건축의 가장 큰 목적은, 쾌적한 환경의 조성에 있습니다. 반대로, 펜션 인테리어의 가장 큰 목적은 판매의 증진입니다. 판매를 위해서는 쾌적한 환경이나 주거 편의조차도 무시될 수 있는 것이 펜션 인테리어의 특징입니다. 사람이 머무는 공간이라는 점에서, 일반 주택과 펜션 인테리어는 공정상 큰 차이가 없습니다. 다만, 접근하는 방식이 다를 뿐입니다.

객실 안에 설치되는 월풀이나 스파 등은, 일반 주택에선 엄두조차 내기 힘든 시설들입니다. 보이드 Void 형 복층 구조도 동선이나 관리, 청소 등 여러 면을 생각하면 마찬가지입니다. 객실 안에 설치된 전용 풀 pool 은 말할 필요도 없습니다. 하지만 이 모든 것들을 펜션 객실에서 발견할 수 있는 이유는 판매율을 높이기 위한 노력 때문입니다. 주거 편의가 생략될 수 있는 이유도 마찬가지입니다. 우리가 새로운 환경을 접했을 때 느끼는 여러 가지 불편함은 새로움이 일상으로 바뀐 다음의 일입니다.

새집으로 이사를 한 다음, 방이 좁다거나 싱크대의 배치가 불편하다는 등의 감정을 느끼게 되기까진 제법 많은 시간이 걸립니다. 하지만 보통 1박 2일, 길어야 2박 3일에 불과한 펜션의 경우, 퇴실이 임박할 즈음에야 어딘지 모를 불편함을 느끼게 됩니다. 그리고 구체적인 원인을 알아채기도 전에 일상으로 돌아가게 됩니다. 판매를 위해 쾌적한 환경이나 불편함을 무시할 수 있는 이유가 바로 이런 점 때문입니다.

펜션 인테리어가 실패하는 가장 큰 원인도 마찬가지입니다. 펜션을 집이나 주거 공간으로만 인식할 때 실패합니다. 현관에 신발장을 설치한다거나, 겨우 한두 끼도 챙겨 먹지 않는 주방을 수납장으로 가득 채운 경우 등이 대표적입니다. 인테리어 디자인에 어울리지 않을 땐, 냉장고를 테라스에 둘 수도 있는 것이 펜션 인테리어입니다. 냉장고가 멀다고 느낄 겨를도 없기 때문이죠.

펜션 인테리어가 실패하는 또 한 가지 이유는 '고객의 유형과 선호'가 아닌 '만드는 사람의 취향과 기호'에 맞춰진다는 점입니다. 펜션 인테리어는 펜션을 예약하고, 객실을 이용하는 소비자의 관점에서 만들어져야 합니다. 펜션은 생각보다 많은 돈이 들어가는 부동산입니다. 건축주가 소유하는 자산 중 가장 큰 비중을 차지하기 때문에, 투자라는 측면에서 보면 언제나 보수적입니다. 실패에 대한 부담감 때문에, 새로운 시도 앞에선 언제나 망설이게 됩니다. 스스로의 판단과 확신이 없기 때문에, 새로운 시도를 부담스러워합니다. 그래서, 언제나 안전한 선택을 택합니다. 고급 자재와 비싼 시설 위주로 만들어질 수밖에 없는 가장 큰 이유입니다.

고정관념은 펜션 인테리어를 가로막는 가장 큰 장애물입니다. 새롭고 진취적인 디자인을 선택하지 못하는 이유도 고급스럽지 못하다거나 낯설어서가 아니라, 실패에 대한 두려움이 앞서기 때문입니다. 그동안 흔히 보던 고급 주택이나 고급 호텔 등의 모습과는 전혀 다르기 때문에, 쉽사리 불안감을 쉽게 떨쳐내지 못합니다. 고정관념을 깨기란 여간해선 쉽지 않습니다.

위에 사진은, 체코 프라하에 실제로 존재하는 '춤추는 빌딩 Dancing Building'입니다. 자세한 내용은 온라인을 검색해 보시면 자세히 나와있습니다. 세계적으로 유명한 이 건물이 놀라운 이유는 과감한 디자인이나 공법이 아닙니다. 새로운 시도를 동의한 진취적인 결단에 찬사를 보냅니다. 만약, 이 건물을 전혀 모르는 사람에게 실제 사진이 아닌 도면이나 스케치로 보여주면 어떤 반응이 나올까요? 이런 식의 건물을 만들자고 하면, 욕먹기 십상입니다.

고정관념을 깨지 못하면 차별화시킬 수 없습니다. 판매율이 저조한 펜션들은 대부분 차별화에 실패한 경우들입니다. 차별화는 펜션 인테리어의 핵심입니다. 시설이나 서비스는 누구나 쉽게 따라 할 수 있습니다. 심지어, 최고급 자재 위주로 꾸며진 인테리어조차, 약간의 수고로움만 감수하면 누구라도 모방할 수 있습니다. 제아무리 값비싼 타일이나 대리석, 세련된 수입벽지도 몇 번의 수소문과 다소간의 비용만 뒷받침된다면 얼마든지 복제 가능합니다. 대신, 고정관념을 깬 과감한 디자인과 폭넓은 사용자의 기호에 맞춘 다양한 스타일은 쉽게 따라오지 못합니다. 누구나 쉽게 따라올 수 없는 과감하고 다양한 디자인이라고 해서 듣도 보도 못한 스타일로 꾸며야 한다는 건 아닙니다. 파격도 언제나 상식 안에서 이루어져야 합니다.

펜션 인테리어의 핵심, 차별화 4

디자인Design의 라틴어 어원인 데시그나레Designare는 '지시하다', '표현하다', '성취하다'란 뜻을 담고 있습니다. 펜션 인테리어를 설명하는 데 가장 적합한 표현이라고 생각합니다. 펜션 건축과 마찬가지로, 객실 인테리어도 전문가들에게 모든 걸 맡겨둔 채 팔짱만 끼고 있어서는 곤란합니다. 모든 일을 알아서 해주지는 않습니다. 주인만큼이나 흔히 보던 디자인을 가져다 쓰는 것이 일반적인 인테리어 업체들의 태도입니다. 직접 스케치를 하거나 디자인에 참여할 순 없겠지만, 적어도 자신이 생각하는 구상을 분명하게 전달해야 합니다. 공정 중간에도 진행 상태를 유심히 살펴, 자신의 의도가 제대로 표현되고 있는지 확인해야 합니다. 결국, 판매를 위한 차별화된 펜션 인테리어의 성취는 스스로의 판단과 선택에 달려있다고 봐야 합니다.

차별화도 생각하기에 따라선 크게 어렵지 않습니다. 다양한 시장의 사례들과 수없이 많은 포트폴리오를 참고하면 됩니다. 남들과 다른 스타일, 흔히 볼 수 없었던 디자인을 선택해서 전문가들과 상의하는 것만으로도 충분합니다.

부산광역시 펜션 인테리어 스타일 분석

구분	모던	모던빈티지	민박수준	인더스트리얼/빈티지	클래식	클래식모던	프로방스
현황	6	1	43	2	39	5	4

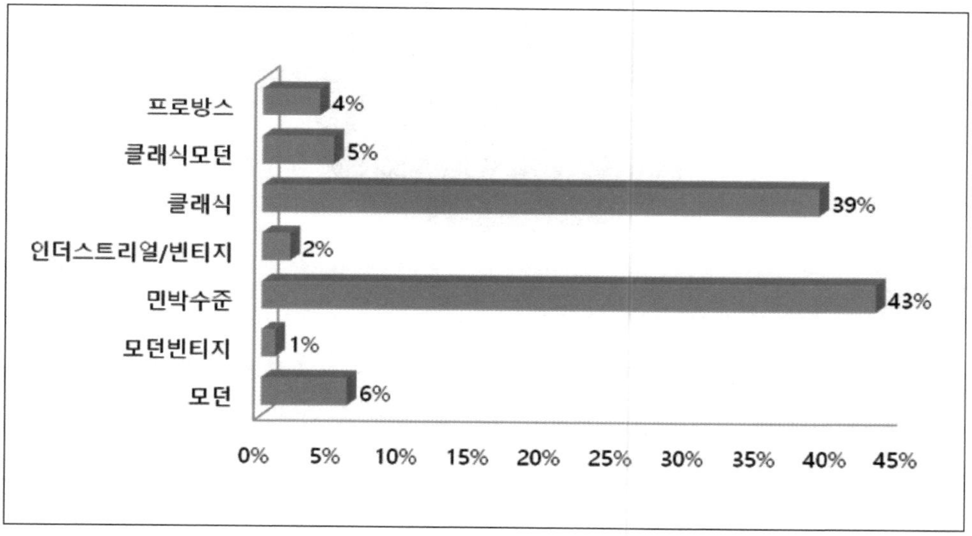

위에 표는, 부산광역시 지역 펜션들의 인테리어 스타일을 분석해 둔 자료입니다. 부산 지역은 크지 않은 시장 규모에 비해, 다양한 스타일의 펜션 인테리어를 발견할 수 있는 독특한 분위기가 형성되어있습니다. 앞에서 설명한 바와 같이, 이미 펜션 인테리어는 시

중에 존재하는 거의 모든 스타일을 차용하고 있습니다. 가장 기본적인 클래식 스타일에서부터 모던 스타일, 프로방스, 빈티지, 인더스트리얼, 스팀펑크까지 다양합니다. 부산 지역 펜션들도 다양한 인테리어 디자인을 보여주고 있습니다.

부산광역시 예약률 상위 펜션의 인테리어 스타일

구분	모던	민박수준	인더스트리얼 /빈티지	클래식	클래식모던
현황	2	1	1	9	2

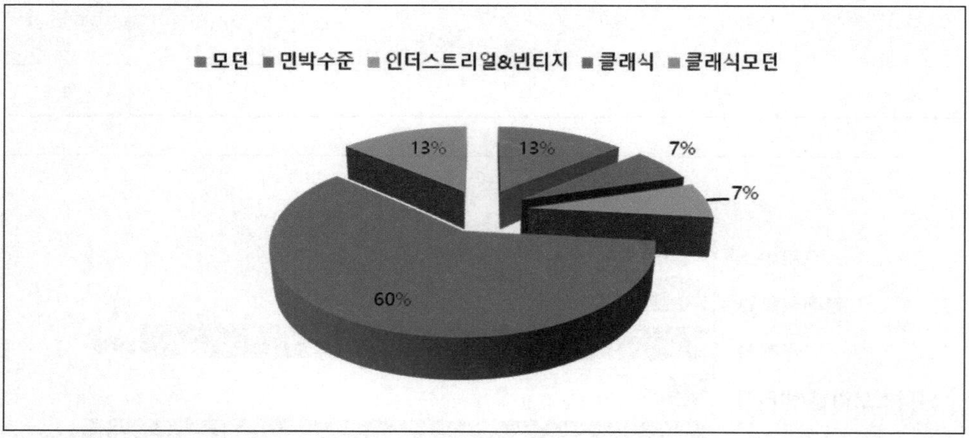

위의 표는 부산광역시 펜션들 중 비수기 주중 예약률 30% 이상인 16개 펜션의 인테리어 스타일을 따로 분석한 자료입니다. 이중, 풀 빌라 급 펜션에서 흔히 볼 수 있는 화이트 모던 스타일의 펜션은 단 2개 업체에 불과합니다. 우리가 흔히 대세라고 생각하는 것과 비교하면, 의외의 결과입니다. 오히려 잘 만들어진 클래식 스타일의 펜션 비중이 훨씬 더 높습니다. 물론, 지역에 따라 편차가 크게 나기도 하지만, 적어도 특정 인테리어가 대세라는 근거는 어느 지역에서도 찾아볼 수 없습니다. 그럼, 어떤 스타일을 선택해야 할까요? 대답은 의외로 간단합니다. 모든 종류의 디자인을 선택할 수 있으며, 가급적 다양한 스타일로 객실을 꾸며주는 편이 변별력을 높여줍니다.

1호실	2호실	3호실	4호실	5호실	6호실	7호실	All or Nothing
클래식	클래식	클래식	클래식	클래식	클래식	클래식	

1호실	2호실	3호실	4호실	5호실	6호실	7호실	One of the rooms
모던	클래식	빈티지	인더스트리얼	프로방스	스팀펑크	클래식모던	

가령, 7개의 객실을 모두 클래식 스타일로 꾸몄다고 치면, 예약은 클래식 스타일을 선호하는 사람들에게만 한정됩니다. 호불호에 따라 예약할 확률은 반반에 그칩니다. 대신, 7개의 객실은 모두 다른 스타일로 꾸밀 경우, 예약으로 이어질 확률이 높아집니다. 클래식 스타일을 싫어하는 사람은 자신이 좋아하는 다른 스타일을 고를 수 있기 때문입니다. 예약 전환율을 생각하면 보다 다양한 스타일로 꾸미는 편이 훨씬 유리합니다.

사실, 지금까지의 펜션 인테리어는 전략적인 고려가 전혀 이루어지지 않았었습니다. 그저 남이 하는 방식을 따라 했거나, 만드는 사람의 취향에 맞춰져 왔을 뿐입니다. 나름 유명하다는 펜션들을 모방하는 수준에 그치다 보니, 펜션들 간의 변별력이 떨어져 예약률도 신통치 못한 경우가 대부분입니다. 심지어 장사가 잘 되는 펜션들조차, 자신들의 인테리어가 어떤 배경으로 만들어졌는지 모르는 경우가 대부분입니다.

지역에 따라서 적게는 100여 개 내외, 많게는 6~700개가 넘는 펜션들이 운영되고 있습니다. 아무리 적게 잡아도 천여 개 가까운 객실들이 선택을 기다린다고 볼 수 있겠죠? 그 많은 객실들 중 내가 만든 펜션 인테리어가 얼마나 눈에 띌지 진지하게 고민해 볼 필요가 있습니다. 장사를 위해 만들어진 객실이 고만고만한 수준에 묻혀버린다면, 예약은 이루어질 수 없습니다. 펜션의 객실은 우리가 팔아야 할 주력상품입니다. 상품은 소비자의 눈에 띄어야 쉽게 팔립니다.

역시나 가장 큰 문제는, 이미 과잉으로 치닫고 있는 펜션의 고급화 경쟁입니다. 펜션 스스로는 고급이라고 여길지는 몰라도, 소비자 입장에선 다릅니다. 수많은 펜션들이 흔히 보아왔던 고급 호텔이나 콘도미니엄의 모습, 그 이상도 그 이하도 아닌 어정쩡한 상태에 머물고 있습니다.

소비자들에게 더 이상 매력적으로 비치지 못할 수 있다는 점을 상기해야 합니다. 만약, 이 문제를 계속해서 간과한다면, 펜션의 미래는 낙관하기 어렵다고 봅니다. 펜션 인테리어를 모든 것의 시작과 끝이라고 설명한 이유도 마찬가집니다. 소비자가 원하는 인테리어, 고객 유형에 알맞은 시설, 합리적인 가격과 다양한 즐길 거리를 제공해야 합니다.

앞으로의 펜션 인테리어는, 보다 다양한 취향의 고객을 끌어들일 수 있는 방향으로 발전해 나가야 합니다. 고가의 시설만으로 승부를 보기 어렵습니다. 판매를 고려한 보다 적극적인 펜션 인테리어를 받아들여야 합니다. 변화Change란 단어에서 글자 하나를 바꾸면 기회Chance가 된다는 점을 곱씹어 볼 필요가 있습니다.

펜션 비즈니스의 여덟 가지 요소

여섯 번째, 시설

시설에 대한 지나친 논의 때문에 본질이 흐려진 감도 있지만, 펜션에 있어 시설의 중요성은 매우 큽니다. 펜션에서 시설이 강조되기 시작한 건 그리 오래된 일이 아닙니다. 초창기 펜션의 시설은 흔히 볼 수 있는 몇몇 서비스와 함께 고객의 편의를 위해 설치되었을 뿐입니다.

하지만 펜션이 고급화로 치닫게 된 후부터는, 본격적인 시설 경쟁에 돌입하게 됩니다. 본격적인 시설 경쟁이란, 월풀이나 스파 등의 서비스 시설을 전면에 내세웠다는 뜻입니다. 한때, 월풀이나 스파를 설치한 펜션들은 스스로를 '스파 펜션'이라고 홍보했었고, 실제로 꽤나 큰 재미를 본 것도 사실입니다. 새로 만들어진 펜션들도 앞다투어 월풀이나 스파를 설치하였고, 기존 펜션들도 성수기를 끝내고 손에 쥔 약간의 여유 자금을 전부 쏟아붓는 경우가 허다했습니다. 얼마나 큰 열풍이 불었던지, 펜션 인테리어 회사들조차 월풀이나 스파 때문에 망했다고 아우성을 칠 지경이었죠. 하지만, 최근에는 시설 위주의 경쟁도 점점 힘을 잃어가는 분위기입니다. 고가의 서비스 시설이 예약에 미치는 영향력이 급격하게 줄어든 탓입니다. 풀 빌라 급으로 신축된 펜션들조차 뚜렷한 경쟁의 우위를 점하지 못하고 있다는 점을 감안하면, 사실상 시설 위주의 경쟁은 끝나가는 느낌마저 듭니다. 이유가 뭘까요? 아마도 식상함 때문인 것 같습니다. 아직도, 일부 풀 빌라 급 펜션의 경우, 스파를 이용하기 위해선 별도의 온수 비용을 지불해야 하는 곳들이 있습니다. 정말 잘못된 운영 방식입니다. 소비자들 입장에선 억지라고 여길 수밖에 없습니다. 최고급 승용차에 에어컨이 별도 옵션인 경우와 같은 이치입니다. 에어컨은 기본이며, 온갖 최신의 옵션들이 기본으로 제공되는 것과 비교하면, 한참이나 뒤떨어진 잘못된 운영 전략입니다.

기본적인 편의 시설들의 가치 1

펜션의 시설은 크게 두 가지로 분류할 수 있습니다. 쾌적한 환경을 제공하기 위해 설치된 '편의 시설'과 다양한 즐길 거리와 놀 거리를 제공하는 '서비스 시설'로 구분됩니다. 우리가 흔히 떠올리는 월풀이나 스파 같은 서비스 시설뿐만 아니라, 편의 시설들도 나름의 역할과 변화를 거쳐 지금에 이르렀습니다. 가장 기본이 되는 바비큐 시설도 초기엔 드럼통을 반쯤 잘라놓은 수준에서, 최근에는 웨버 Weber 와 같은 본격적인 시설로 업그레이드되었습니다. 바비큐 외에 편의 시설로는, TV나 에어컨, 냉장고, 싱크대, 쿡탑, 후드 등 객실 안에서 편하게 쉴 수 있는 여러 가지 시설들이 있습니다. 너무나 당연해 보이는 이런 시설들조차도 예약률을 높이는 데 큰 영향을 미치곤 합니다. 다만, 그 차이를 인식하지 못할 뿐입니다.

아직도, 버젓이 브라운관 TV를 설치해 놓고 있는 꽤 많은 펜션들은 제외하고라도, 객실에 비치된 편의 시설들의 수준이나 관리 상태는 의외로 예약에 큰 비중을 차지합니다. 요즘은 객실 사진을 찍으면서 욕실 사진을 따로 찍는 경우가 거의 없지만, 불과 몇 년 전까지만 해도 전용 화장실이 있냐는 문의가 꽤 많았습니다. 최근엔 욕실이나 화장실조차도 고급 자재 위주로 꽤나 많은 신경을 씁니다. 욕실에 있는 세면대를 밖으로 끌고 나와 파우더 룸을 꾸미거나, 침대 옆에 샤워부스를 설치하는 등, 많은 노력을 기울이기도 합니다. 이런 식의 시공은, 편의성과 더불어 인테리어 디자인의 일부로도 활용됩니다.

얼핏 생각하면 별 차이 없어 보이지만, 이런 작은 차이만으로도 예약률은 크게 갈립니다. 주방 시설도 마찬가지입니다. 싱크대에 부착된 수도꼭지나, 서랍에 붙어 있는 손잡이 같은 아주 사소하고 별것 아닌 것들조차, 소비자들은 큰 관심을 가집니다. 주방에 비치된 그릇이나 천정에 붙어있는 조명기구 하나에도 민감하게 구는 고객들이 많습니다.

이유는 간단합니다. 비싼 값을 치른 만큼, 눈에 띄는 것들 외에 자잘한 부분까지 신경 쓰게 마련입니다. 흔히, 호텔 하면 떠오르는 이미지가 있습니다. 최고급의 시설, 잘 짜인 서비스, 쾌적한 환경, 품격 있는 집기와 비품 등, 일상에서 흔히 누려보지 못한 것들로 채워져 있을 것이란 기대감을 가집니다. 펜션에 대한 기대치도 비슷합니다. 아니, 어쩌면 더 높은 수준을 요구받고 있는지도 모릅니다. 특급 호텔을 넘어선 펜션의 가격 때문이죠. 같은 이유로, TV나 냉장고, 에어컨, 주방 시설과 바비큐 용품 등 편의 시설의 수준은 점점 더 높아지고 있습니다.

소비자들의 날카로운 안목을 피해 갈 순 없습니다. 만드는 사람 입장에선 '이 정도면 되지 않을까?' 싶은 부분들조차, 돈을 내는 소비자들은 귀신같이 잡아냅니다. 소비자들이 두 눈 부릅뜨고 딴지를 거는 게 아닙니다. 펜션에 대한 높은 기대감과 비싼 가격은 미세한 차이까지 놓치지 않는답니다.

2 항상 고민되는 서비스 시설들

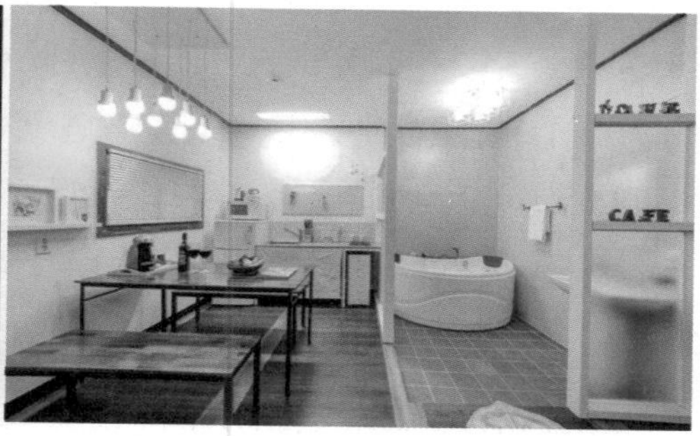

펜션의 서비스 시설이란, 객실에서 고객이 즐길 수 있는 다양한 유희 시설들을 말합니다. 요즘은 월풀이나 스파 등이 대표적인 서비스 시설로 분류되고 있지만, 이미 오래전

부터 펜션에는 다양한 서비스 시설들이 존재해 왔습니다. 물론, 지금처럼 거창한 시설들은 아니었고, 일부는 간단한 비품 수준이었지만, 고객 서비스 차원의 시설들은 꽤나 많았습니다.

제일 먼저 떠올릴 수 있는 것이 바로 PC입니다. 요즘은 와이파이 Wi-Fi 는 필수고, 대부분 스마트폰이나 태블릿으로 바뀌는 추세라 PC를 들여놓는 경우는 흔하지 않지만, 불과 몇 년 전까지만 해도 객실에 PC를 설치하는 건 기본이었습니다. 심지어, 나중엔 두 대씩 설치하기도 했습니다. 커플이 함께 사용하는 경우 각자의 필요가 달랐기 때문입니다. 간단한 보드게임도 꽤나 인기 있는 아이템입니다. 가족들은 물론이고, 커플들에게도 반응이 좋습니다.

DVD 플레이어나 빔 프로젝터 등도 꽤 좋은 반응을 이끌어내곤 합니다. 트렌드의 변화로 요즘엔, 에스프레소나 캡슐 전용 커피 머신을 객실에 비치하는 경우도 많아지는 추세입니다. 어쨌든, 과거부터 지금까지 펜션의 서비스 시설은 시기별로 꽤나 많은 종류가 등장해 온 것이 사실입니다. 그중엔 PC처럼 이미 사라진 것들도 있고, 아직까지 유효한 것들도 많습니다. 이런 간단한 시설들은 고객들의 만족감을 높여주는 한편, 준비하는 입장에서도 큰 부담이 없죠.

펜션은 고객들의 객실 내 체류 시간이 긴 편입니다. 일반적인 숙박시설처럼 관광을 한 후, 휴식을 취하거나 잠만 자려고 돈을 내는 시설이 아니다 보니, 객실 안에서 머무는 시간이 꽤나 깁니다. 바비큐 시간을 빼면 입실한 후부터 퇴실할 때까지 대부분의 시간을 객실 안에서 보냅니다. 언뜻 생각하면, 입실을 한 후 짐을 풀고 밖에 나가서 관광이라도 할 것 같지만, 다양한 서비스 시설을 갖춘 커플 전용 펜션이나 가족 펜션에서는 대부분의 시간을 방에서 보냅니다. 이런 점 때문에 소비자들의 호응을 이끌어낼 수 있는 서비스 시설은 언제나 고민입니다.

월풀이나 스파, 전용 풀 Pool 과 같은 서비스 시설들은 설치 비용 외에, 관리와 운영에도 많은 투자가 필요합니다. 특히, 요즘처럼 예약에 큰 힘을 쓰지 못하는 경우엔 고민이 더 커집니다. 물론 아직도 펜션이라고 하면 무조건 월풀이나 스파를 설치해야 한다고 주장하는 사람들도 많지만, 과감한 결정을 내리기란 언제나 조심스럽습니다. 예약을 유도하기 위한 효용이 다한 것 같다고 무작정 뺄 수도 없고, 구색을 맞추자고 무작정 따라하기도 주저됩니다. 득실을 따져볼 때, 투자비용이나 관리 측면에서의 실익이 크지 않다는 점도 고민입니다.

일단, 월풀이나 스파, 전용 풀 등은 다른 서비스 시설에 비해 여러 가지 투자 비용이 많이 들어갑니다. 월풀은 기본적으로 기계값이 약 2~300만 원 수준, 스파는 6~700만 원 정도 들어갑니다. 단순 기계값 외에, 시설 비용과 설비공사 비용도 상당합니다. 특히, 근사한 모양이라도 낼 요량으로 객실 바닥에 매립형으로 설치할 경우엔, 사전에 건축 단계에서부터 상당한 준비가 필요합니다. 전용 풀을 갖추기 위해선 이보다 더 많은 돈이 듭니다.

풀 빌라 급 펜션에 많이 설치되는 전용 풀 Pool 이나, 4계절 온수를 채워 사용할 수 있는 야외 수영장도 관리 면에서 보면 꽤나 벅찬 시설들입니다. 이런저런 관리나 운영의 문제를 다 떠나서, 가장 큰 고민은 과연 이런 고가의 서비스 시설들이 예약에 얼마나 도움이 되느냐는 점입니다.

월풀과 스파로 대표되는 서비스 시설이 지금까지 이어져 내려온 가장 큰 이유는 숙박이라는 고정관념 때문에 별다른 대안을 찾지 못한 것이 주된 원인입니다. 서비스 시설의 상당 부분은 호텔이나 모텔의 사례를 모방한 측면이 강합니다. 씻고 잠을 자는 숙박이라는 개념에 얽매이다보니 언뜻 생각할 수 있는 유일한 해답이 월풀이나 스파였습니다. 기존 펜션과의 차별화라는 과제를 해결하는 가장 손쉬운 방법이었기 때문이 지금도 그대로 유지되고 있다고 보는 편이 맞습니다. 숙박이라는 고정관념에 붙잡혀 있는 이상, 더 이상의 새로운 대안을 찾기란 어렵습니다. 이미 방 안에 코끼리라도 풀어놓지 않는 한, 더 이상 특별한 시설을 생각하기란 어려운 상황에 이르렀습니다. 물론 해결책이 전혀 없는 것도 아닙니다. 인테리어와 연계된 다양한 상상력은 새로운 대안을 제시할 수 있습니다. 독특한 형태의 가구나 이색적인 소품, 특색 있는 조명 등을 활용한 경쟁력 있는 인테리어 디자인은 월풀이나 스파 이상의 효과를 얻어낼 수 있지만, 펜션을 창업하는 사람들의 불안감은 여전히 큰 걸림돌입니다. 하지만, 시각을 바꾸면 의외로 간단합니다. 냉장고 문을 열고 코끼리를 밀어 넣은 채 문을 닫으면 그만이라는 창의적인 역발상은 고정관념을 깨고 시설에 대한 새로운 가능성을 열어줄 수 있습니다.

시설에 대한 개념을 바꾸자 3

시설에 대한 딜레마는, 투자 비용과 예약에 미치는 영향력 때문입니다. 편의 시설들은 기본적으로 갖춰야 할 것들이기 때문에, 별다른 고민이 필요 없습니다. 오히려, 예약에 미치는 영향이 분명한 탓에 보다 적극적인 투자가 필요합니다. 문제는 서비스 시설입니다. 펜션 창업을 고민하는 사람들의 인식 속엔, 월풀이나 스파와 같은 서비스 시설이 필수라는 고정관념이 뿌리 깊게 박혀있습니다. 나름 전문가를 자처하는 사람들조차 같은 주장을 합니다. 차라리, 고가의 서비스 시설이 예약에 절대적인 영향을 미친다는 확실한 근거라도 있다면, 투자에 대한 딜레마에서 쉽게 벗어날 수 있을 겁니다. 하지만, 현실에서는 그 어떤 근거나 확신도 찾아볼 수 없습니다.

강릉시 신축 및 풀 빌라 펜션 현황

예약률	현황	비율
상	11	33%
중	10	30%
하	12	36%

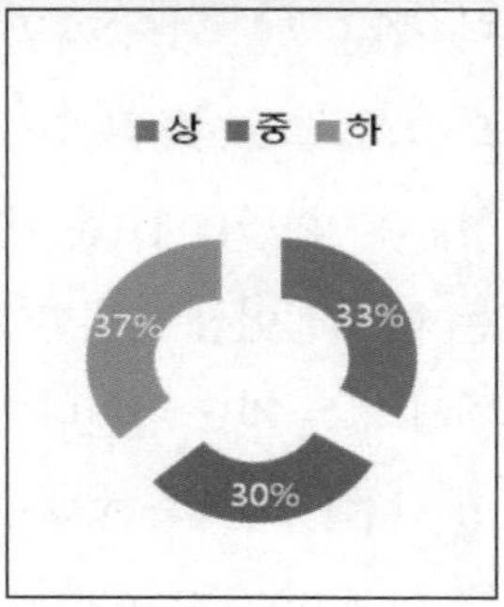

구분	인테리어			내부시설				외부시설	
	상	중	하	월풀	월풀/스파	스파	시설평이	수영장	시설평이
현황	19	14	0	23	3	7	0	18	15

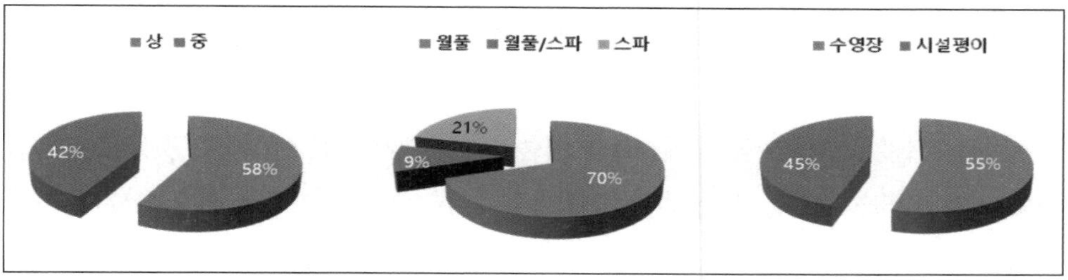

2017년 1월 기준으로 강릉시에는 약 33개의 신축 펜션 및 풀 빌라 급 펜션이 운영 중에 있습니다. 위의 표에서 보는 바와 같이, 33개 펜션 모두 월풀이나 스파 등의 서비스 시설을 갖추고 있습니다. 이중 약 18곳의 펜션이 야외 수영장까지 갖추고 있습니다. 그런데 예약률을 유심히 살펴보면, 비수기 주중 예약률 50% 이상인 펜션은 약 11곳으로 전체 펜션 중 약 33% 정도에 불과합니다. 펜션 창업을 고민하는 사람들의 인식 속에 뿌리박힌 서비스 시설에 대한 고정관념이나 소위 전문가란 사람들의 주장은 어디에서 근거한 것일까요? 단지, 강릉시만의 예외적인 상황이면 좋겠습니다만, 전국 어느 지역에서든 비슷한 결과들이 나오고 있습니다.

편의 시설이나 서비스 시설도 결국, 소비자의 편리함을 위한 시설들입니다. 편리함의 목적이 쾌적한 환경 혹은 놀 거리나 즐길 거리든 상관없이, 소비자들이 필요로 하는 시설들로 채워져야 합니다. 월풀이나 스파 등의 서비스 시설이 점점 더 외면받게 된 이면에는, 쓰는 사람 입장을 전혀 고려치 않은 잘못된 태도가 깔려 있기 때문입니다.

펜션을 찾는 소비자들 입장에선, 딱히 필요도 없는 시설에 비싼 값을 매긴다고 여기기도 합니다. 시설의 가치는, 보다 차별화된 체험과 객실에 머무는 긴 시간 동안 즐길 수 있는 다양한 즐길 거리를 제공하는 데 있습니다. 돈을 받고 시설을 파는 게 아니라,

시설을 통해 예약을 유도해야 한다는 기본적인 개념을 혼동해선 곤란합니다.

우리는 지금까지 시설에 대한 과도한 집착에 빠져있었는지도 모르겠습니다. 펜션에 대한 다양한 고민 없이 고가의 시설이라는 손쉬운 해결책에 매달려, 모든 문제를 한 번에 해결하려는 지나친 욕심을 부려왔다는 뜻입니다. 시설은 펜션이 가져야 할 여러 기능 중 하나에 불과합니다. 시설만으로 모든 문제를 해결할 수 있다는 환상을 버려야 합니다.

서비스 시설은 보다 더 높은 예약률과 매출을 기대했기 때문에 설치된 것들입니다. 그런데 이런 서비스 시설들이 더 이상 즐겁거나 재미가 없다면 어떻게 해야 할까요? 대안을 찾아야 합니다. 당장의 대안이 떠오르지 않는다면, 소비자들이 더 이상 원하지 않는 불필요한 시설들부터 치워나가야 합니다. 특히, 이런 시설들로 인한 불합리한 가격이 이어진다면, 더 이상 망설이지 말아야 합니다.

펜션 비즈니스의 여덟 가지 요소

일곱 번째, 서비스

펜션의 서비스는 호텔이나 콘도미니엄 같은 전문적인 시설과 비교하면 매우 큰 차이가 납니다. 펜션이 가지고 있는 태생적인 한계도 있지만, 서비스가 운영되는 방식부터가 다릅니다. 호텔이나 콘도미니엄은 서비스를 위한 전문 인력과 다양한 인프라를 갖추고 있습니다. 경우에 따라선, 서비스 자체가 객실보다 더 큰 매출을 올리기도 합니다. 제공되는 서비스 자체의 질이나 수준이 돈을 낼 수 있을 만큼의 가치를 제공한다는 의미죠. 반대로, 펜션의 서비스는 어디까지나 고객의 만족과 예약을 이끌어내기 위한 보조적인 수단에 그칩니다. 이 점은 펜션의 여러 가지 서비스 시설들과도 마찬가지입니다.

눈에 보이는 서비스들 1

펜션에서 제공되는 서비스도 꽤 다양합니다. 가장 먼저 떠올릴 수 있는 것이 바비큐입니다. 맨 처음 등장했던 바비큐는, 흔히 보던 숯불구이 수준이었습니다. 지금도 어렸을 적 기억을 떠올려 보면, 바닷가나 야외에서 여럿이 둘러앉아 고기를 구워 먹던 추억이 남아있을 겁니다. 하지만 호텔이나 콘도미니엄이 주를 이루던 당시만 해도, 불을 피워 직접 고기를 구워 먹는다는 건 상상조차 할 수 없었습니다. 실내에서 불을 피워 고기를 먹기란 가정에서조차 불가능했고, 시설을 관리해야 하는 호텔이나 콘도미니엄의 경우엔 엄두조차 내지 못했죠.

하지만 펜션이 등장한 후부터, 불을 피워 고기를 구워 먹을 수 있다는 사실은 단순한 먹거리 이상의 큰 메리트가 됩니다.

보는 재미가 반이라면, 먹는 재미도 반이라는 여행의 특성상, 야외에서 즐기는 바비큐는 펜션의 발전에 큰 기여를 하게 됩니다. 불판이나 석쇠에 직접 고기를 구워 먹던 수준에서 벗어나, 점차 웨버 Weber 등의 전문적인 바비큐 시설을 갖추기 시작했고, 일부 펜션들은 질 좋은 숯불과 더불어, 사전에 고기를 양념해주는 시즈닝 Seasoning 서비스까지

제공하기에 이릅니다. 실제로 정성스러운 시즈닝 서비스는 고객의 높은 만족감 외에도, 펜션의 운영 효율을 높여주는 효과가 있습니다.

보통 바비큐는 저녁 시간에 집중됩니다. 주인 입장에선 시간에 맞춰 바비큐용 숯불을 준비하고 전달하는 일 자체가 부담입니다. 이럴 땐 시즈닝 서비스가 큰 도움이 됩니다. 양념이 배는 시간을 핑계로 바비큐 시간을 조절할 수 있기 때문이죠. 숯불 관리가 편리하다는 점 외에도, 실제 매출에 도움이 되는 경우도 많습니다. 정성껏 양념된 고기를 숯불에 구워 먹을 수 있다는 건, 맛 이전에 깊은 인상으로 다가오기 마련이죠. 이런 간단한 서비스 덕분에 좋은 평가가 널리 퍼져, 꽤나 성업했던 펜션들도 있습니다. 하지만, 서비스를 제공하는 주인의 태도와 성의에 따라 효과 역시, 극과 극으로 갈립니다. 막연하게 남들을 따라 하는 것만으로는 원하는 만큼의 효과를 얻어내기 힘듭니다.

바비큐 다음으로 생각할 수 있는 서비스는 펜션을 찾아오는 손님을 마중 나가는 픽업 Pickup 서비스와 무료로 제공되는 조식 서비스, 별도로 판매되는 브런치Brunch 등입니다. 원두커피나 간단한 음료를 제공하는 것도 일종의 서비스 개념이죠. DVD나 보드 게임 등을 대여하는 것도 마찬가지입니다. 큰 비용 들이지 않고, 고객의 놀 거리, 즐길 거리를 제공한다는 점에선 훌륭한 서비스라고 봅니다. 강가나 바닷가를 끼고 있는 경우, 자기 배를 이용해 간단한 선상 레저를 제공하는 서비스도 가끔 눈에 띕니다.

시설과 마찬가지로, 서비스는 매출을 끌어올리기 위한 다양한 노력 중 하나입니다. 때문에, 어떤 형태의 서비스도 반대하는 입장은 아닙니다. 오히려, 보다 더 다양한 서비스를 개발할 필요가 있다고 생각합니다. 큰돈 들여 고급 시설을 갖추는 것보다는, 자기만의 서비스를 개발하는 편이 고객과의 커뮤니케이션이나 매출 면에서 더 큰 효과를 거둘 수 있기 때문이죠. 문제는 서비스를 어떤 자세로, 어떻게 다룰 것인지에 달려있습니다. 더 나아가, 서비스의 범위가 어디까지인지도 고민해 봐야 합니다. 서비스는 말 그대로 서비스에 그쳐야만 합니다. 과중한 서비스나 돈을 받는 서비스는 운영 효율과 비용 면에서 큰 실익이 없기 때문입니다.

눈에 보이지 않는 세심한 서비스들 2

시설만큼 서비스도, 눈에 보이는 서비스에만 치중하는 경향이 큽니다. 바비큐나 픽업, 조식 등의 다양한 서비스가 늘어나게 된 원인도, 예약률을 높여보려는 속셈 때문입니다. 하지만 가장 기본적인 서비스가 결여된 상태에선 좋은 효과를 거두기 어렵습니다. 진정한 의미의 펜션 서비스는 눈에 보이지 않는 관리와 운영이라고 생각합니다. 기본적인 객실의 청결이나 시설 관리, 이용 규칙 등은 보다 높은 의미의 서비스라고 볼 수 있습니다. 눈에 보이는 서비스의 양과 질보다는, 눈에 보이지 않는 세심한 운영 마인드 자체가 뒷받침되어야 실질적인 효과를 기대할 수 있습니다.

객실의 청결이나 기본적인 비품의 제공 등은 당연하지만, 생각보다 많은 펜션들이 기본적인 관리 수준 자체가 미달인 경우를 많이 봅니다. 이런 현상은 주인의 서비스 마인드 부족보다는, 들쭉날쭉한 예약과 불안정한 매출 때문에 발생합니다. 예약이 꾸준하고, 매출이 안정적일 땐 관리 자체도 원활합니다. 하지만 반대의 경우, 제대로 사람을 쓸 수 없기 때문에, '설마'하는 생각에 기본적인 관리조차 소홀해집니다.

펜션 비즈니스에 있어 예약과 매출을 가장 중요하게 여기는 이유입니다. 자본력의 한계가 분명한 자영업의 특성상, 예약률이 받쳐주지 못할 땐 충분한 숫자의 인원을 고용하기가 힘듭니다. 당연히, 관리와 운영에 대한 부담을 고스란히 짊어지고 갈 수밖에 없습니다. 아무리 고가의 시설과 보기 좋은 서비스를 제공한다고 해도, 미처 발견하지 못한 침대 위 머리카락 하나 때문에 모든 노력을 수포로 돌리는 경우는 허다합니다. 기본적으로 비치되어 있어야 할 수건의 숫자가 부족하다든지, 침구나 간단한 비품을 추가하는 일 따위에 고객들이 불편함을 느낄 때쯤이면, 상황은 점점 더 걷잡을 수 없게 됩니다.

너무 엄격하게 적용되고 있는 펜션의 이용 수칙도 마찬가집니다. 입금 후 즉시 취소를 요청해도 최소한 10%의 위약금을 물어야 하고, 예약 전날이나 당일에는 전액을 돌려받지 못하는 경우도 많습니다. 상식적인 수준을 넘어서는 과도한 이용 수칙이나, 입실 인원 때문에 벌어지는 사소한 다툼 따위는 바람직하지 못한 서비스 사례들입니다. 물론, 펜션 관리에 따른 어려움을 생각하면 전혀 이해 못 할 부분은 아니지만, 소비자 입장에선 썩 맘에 들진 않습니다. 실제로 인터넷에 올라오는 펜션과 관련된 불만의 대부분은, 사소한 관리 소홀이나 지나치게 엄격한 이용수칙이 원인인 경우가 많습니다.

접객에 대한 올바른 마인드도, 서비스의 기본입니다. 펜션은 여타의 자영업에 비해 접객에 대한 부담이 상대적으로 적은 편입니다. 자기 집의 일부를 빌려준다는 개념에서 출발했기 때문에 이용하는 소비자 입장에서도 지나친 서비스를 기대하진 않습니다. 다만, 몸에 밴 접객 수준은 아니더라도 고객이 입, 퇴실할 때 따뜻한 환대와 진심 어린 환송의 인사 정도는 건넬 수 있어야 합니다. 모자란 비품은 물론이며, 미처 챙겨오지 못한 간단한 양념이나 생필품 정도는 서비스할 수 있는 자세가 필요합니다. 이용 수칙이나 관리도 마찬가지입니다. 펜션에 단골이 없다는 건 당연하지만, 일단 다녀간 고객의 평가는 온라인상에 오랫동안 떠돌아다닙니다. 눈에 보이는 거창한 서비스는 아니더라도, 마음에서 우러나오는 고객과의 소통은 진정한 펜션 서비스 중 으뜸입니다.

3 서비스는 결국 서비스일 뿐이다

서비스를 통한 직접적인 매출을 기대해선 안 됩니다. 서비스는 원활한 예약을 이끌어내기 위한 일종의 세일즈 프로모션쯤으로 여겨야 합니다. 더 많은 객실을 팔기 위한 보조적 행위에 그쳐야지, 이를 통한 금전적인 이윤을 추구해선 곤란합니다.

요즘, 꽤 많은 펜션들이 간단한 비용을 받고 브런치 등을 제공하는데, 요금이나 비용이 들어가면 서비스가 아닌 상품이 됩니다. 공짜로 제공되는 간단한 먹거리쯤이야 탈이라도 나지 않는 한, 큰 불만 없이 넘어갑니다. 반대로, 돈을 지불하는 경우엔 상황이 완전히 달라집니다. 최소한의 금액이란 명분은 제공하는 쪽의 입장일 뿐, 돈을 내는 쪽에선 당연히 맛과 질을 따지게 됩니다.

펜션은 기본적으로 객실 판매를 통한 매출이 주된 수익원이 되어야 합니다. 나머지 모든 서비스는 객실 요금에 포함되어 있다고 여겨야 합니다. 본의 아닌 고객의 불만에서 자유로워질 수 있기 때문입니다.

분명하게 짚고 넘어가야 할 부분이 있습니다. 펜션 운영에 대한 개개인의 관점이나 개인적 성향, 각각의 입장 등을 충분히 고려한 서비스만을 제공해야 한다는 점입니다. 눈에 보이는 시설이나 인테리어와 달리, 서비스는 지극히 사적인 교감을 바탕에 두어야 합니다. 스스로 '애들 시중든다'는 생각이 든다거나 고기 양념까지 해야 하나 싶은 맘이 든다면, 차라리 처음부터 염두에 두지 않는 편이 좋습니다.

고기에 밴 양념이나 곁들여진 사이드 메뉴의 질보다는, 주인의 따뜻한 환대와 관심이 더 큰 감동을 주는 서비스이기 때문입니다. 내키지도 않는 시늉에 그쳐서는 결코 좋은 반응을 얻어 낼 수 없습니다. 앞에 설명했던 모든 서비스들도 마찬가지입니다. 정신없이 바쁠 땐 픽업도 여간 성가신 게 아닙니다. 별도로 사람을 쓸 여력이 없거나, 스스로 탐탁지 않을 땐 정중하게 '사정상 픽업은 힘듭니다'라는 공지를 올리는 편이 더 좋습니다. 차가 없거나 교통편이 마땅치 않아 미안해하는 고객에게 잔뜩 찌푸린 속내를 내비치는 것보다 훨씬 낫습니다. 무료 조식이나 브런치 등도 마찬가지입니다. 서비스의 질과 양보다는 어떤 자세로, 어떻게 제공해야 할지를 고민해야 합니다.

맘에도 없는 서비스는 아무런 효과도 거두지 못합니다. 고객들에겐 그저 억지춘향으로 비칠 뿐입니다. 가만히 있어도 손님이 줄을 잇는 펜션이라면, 굳이 이런저런 서비스를 제공할 필요가 있을까요? 사람이 미어터지는 맛집에 가서 서비스를 타박하는 사람은 드뭅니다. 펜션도 마찬가집니다.

바라보는 관점에 따라선, 펜션 홈페이지도 매우 중요한 서비스 중 하나입니다. 펜션과 소비자가 만나는 첫 번째 관문인 홈페이지의 사용자 편의는 대단히 중요합니다. 지역별로 적게는 100여 개, 많게는 6~700개의 펜션 홈페이지가 운영되고 있습니다. 눈에 보이는 사진의 품질이나 디자인도 중요하지만, 정작 필요한 정보를 손쉽게 찾아볼 수 있는 메뉴 구성과 직관적인 기능은 더없이 중요합니다. 막상, 예약을 하고 싶어도 요금이나 기타 정보를 찾는 일이 지나치게 번거롭다면, 다른 홈페이지로 넘어갈 건 뻔하기 때문이죠. 가격을 너무 자주 바꾸는 것도, 본의 아닌 불편함을 초래하게 됩니다. 요금 안내에 나와 있는 가격과 실시간 예약에 올려둔 행사 가격, 인터넷 검색을 통한 최저가나 소셜커머스를 통한 할인 판매 가격이 모두 제각각인 경우, 소비자의 불신이 생길 수밖에 없습니다.

서비스도 시설과 마찬가지로, 고객의 입장과 편의를 생각해야 합니다. 서비스와 시설은 펜션의 경쟁력에 도움이 되는 요소일 뿐, 그 자체로써 모든 것을 해결할 순 없습니다. 펜션의 경쟁력은 합리적인 가격과 차별화된 인테리어, 접근성 높은 환경에서 비롯됩니다. 시설과 서비스는 그저 거들 뿐이란 사실을 기억해야 합니다. 생색에 그칠 서비스, 돈을 받는 서비스는 아무런 도움이 못 됩니다. 차라리, 진심 어린 접객이나 쾌적한 환경을 유지하려는 노력이 훨씬 효과적입니다.

펜션 비즈니스의 여덟 가지 요소

여덟 번째, 가격

가성비란 말은, 이미 식상하리만치 흔하디흔한 용어가 되어버렸습니다. '가격에 비해 성능이 좋다'란 말을 줄여 쓰기 시작한 것이, 요즘은 다양한 분야에서 두루 쓰이고 있죠. 이따금 사람을 비하하는 데까지 쓰이다 보니 다소 씁쓸한 기분이 들 때도 있지만, 어려워진 경기 탓에 얼마나 많은 사람들이 가격에 민감해졌는지를 가장 잘 표현한 말이 아닐까 싶습니다. 그럼, 우리의 주된 관심사로 주제를 옮겨가 보지요.

가성비란 표현을 펜션에 적용시켜 보면, 과연 어떤 평가를 받을까요? 장사가 잘 된다는 건 적정한 가격을 받고 있다는 소리이며, 장사가 안된다는 건 그 반대가 되겠죠. 어느 쪽이든 관계없이, 무작정 싸다고 해서 반드시 잘 팔리는 건 아닙니다. 언뜻 생각하기엔 가격이 싸면 잘 팔릴 것 같지만, 펜션처럼 특수한 경우엔 무작정 싸다고만 해서 잘 팔리는 것도 아닙니다. 가격이 지나치게 싸면 가성비가 좋다는 느낌보다는, 무언가 문제가 있는 건 아닐까 하는 의구심이 들기 마련입니다.

1 처음부터 원칙은 없었다

등가교환은 가격과 유통의 상관관계를 가장 잘 표현한 개념이라고 생각합니다. 제품의 가치가 가격과 동일하거나, 더 높을 때 잘 팔리는 건 당연합니다. 하지만 펜션뿐만 아니라 다른 여러 분야에서 제품의 가격과 가치가 상충되는 경우는 매우 흔합니다.

최근, 국산차에 대한 소비자 선호가 점점 더 멀어져 가고 있는 여러 이유 중에 하나도, 가격에 비해 품질이 나쁘다는 인식이 널리 퍼진 탓이라고 봅니다. 등가교환이 이루어지지 못하는 가장 큰 원인은, 서로의 욕망이 충돌하기 때문입니다. 파는 쪽에선 한 푼이라도 더 받고 싶어 하기 마련이고, 사는 쪽에선 얼마라도 더 싼값에 사고 싶다는 욕심이 생기기 때문이죠.

소셜커머스를 위시한 다양한 온라인 오픈 마켓에서, 펜션이 많이 팔리는 이유도 같은 이치입니다. 소셜커머스나 예약 대행 사이트에 올라온 가격이 실제 가격인지, 할인 가격인지는 중요한 게 아닙니다. 펜션 홈페이지를 통해 직접 예약하는 것보다, 온라인을 통해 예약하는 것이 좀 더 쌀 것이라는 막연한 믿음 때문입니다.

또 다른 측면에서 보면, 소비자의 불신도 한몫합니다. 일상적인 할인 판매가 계속되다 보니, 펜션 홈페이지를 통해 직접 예약하는 것이 '바가지'라는 분위기가 점점 더 확산되는 추세입니다. 심지어, 펜션에 직접 전화를 걸어 당당하게 할인을 요구하는 일도 비일비재합니다. 요즘 같은 분위기라면, 펜션 스스로가 가격을 내려도 소비자들의 의심에서 벗어나기 힘들지 않을까 싶을 정도입니다. 왜 이런 상황까지 내몰렸을까요?

여러 이유가 있겠지만, 근원적인 문제는 처음부터 원칙이 없었기 때문입니다. 가격은 수요와 공급에 따라 달라집니다. 수요에 비해 공급이 달릴 땐 비싼 값에 팔 수 있지만, 공급이 늘어나면 가격은 당연히 내려가기 마련입니다. 거의 모든 비즈니스 분야에서 통용되는 이런 원칙이, 유독 펜션 업계만큼은 예외입니다. 오히려, 상황은 정반대입니다. 맨 처음 펜션이 생겼을 때보다 적어도 2~3배 이상 올라버린 객실 가격은, 정상적인 상황을 크게 벗어났다고 봅니다. 늘어난 펜션의 숫자는 10배 이상인데도 말이죠. 물론, 요즘 신축되고 있는 펜션의 투자 규모를 생각하면 당연하다고 여길지도 모르겠습니다. 들어간 비용과 노력을 생각하면, 그마저도 싸다고 여기는 펜션 주인들이 많습니다.

하지만 과연 그만큼의 값어치를 하고 있는지는, 잘 생각해보아야 할 문제입니다. 사는 사람 입장에서 돈값을 못한다고 느끼면, 팔리지 않는 것이 당연합니다. 팔리지도 않는 비싼 가격을 고수하는 이유를 도통 모르겠습니다.

'농어촌민박사업규정'에 따라 출발한 펜션 사업은 별도로 정해진 요금이나 시설 등에 대한 명확한 기준이 없습니다. 평당 1만 원 이상을 받지 말라는 계도 차원의 권고 외에, 별도의 감시나 감독 자체가 없었던 탓이기도 하죠. 이로 인해, 중구난방으로 이어져 온 것이 지금과 같은 펜션의 요금 체계입니다. 앞서 잠깐 언급한 등급제가 필요한 이유이기도 합니다. 펜션을 이용하는 사람들의 인식 속에 대략적인 등급과 가격 수준이 자리 잡게 된다면, 오히려 좀 더 긍정적인 효과를 거둘 수 있다고 봅니다.

예를 들어, 호텔이라면 무궁화 개수에 따라 대략적인 가격이 떠오르고, 여관이나 모텔 역시 통상적인 가격대가 형성되어 있습니다. 반면, 펜션은 비수기 기준으로 최하 오만 원에서 최고 수십만 원에 이르는 가격 차이가 납니다. 가격 차이에 따른 시설의 구분조차 명확하지 않습니다. 언뜻 보기에 비슷한 수준임에도 불구하고, 가격은 천차만별입니다. 이러다 보니, 매번 펜션을 예약할 때마다 일일이 홈페이지를 통해 시설을 확인하고, 가격을 비교해보아야 번거로움이 반복됩니다. 특별한 이벤트나 작정하고 펜션을 찾는 경우가 아닌 이상, 일상적인 여행에선 펜션을 점점 더 경원시하는 분위기입니다.

사는 사람의 입장을 전혀 고려치 않은 가격 정책은 오만하다는 비난을 받게 됩니다. 그 비난의 결과는 곧바로 매출의 감소로 이어집니다. 펜션 시장의 불황도 외부적인 요인이 아닌 펜션 업계 자체의 오만에서 나온 결과가 아닌지 곰곰이 곱씹어 보아야 할 대목입니다. 파는 사람의 입장을 일일이 참견할 바는 못되지만, 적어도 장사가 안된다고 울상은 짓지 말아야 합니다. 아울러, 자신이 제시한 가격만큼, 자기 펜션이 그에 합당한 값어치를 하고 있는지도 진지하게 돌아볼 필요가 있습니다.

2

가격도 두 배,
가치도 두 배라면 수익률은?

일반적으로, 민박 수준을 겨우 면한 펜션이나 신축된 커플 펜션이나, 가격에선 큰 차이가 없습니다. 아직도 웬만한 수준의 펜션이라면 비수기 주중 기본요금은 8~9만 원 선이고, 월풀이나 스파가 있는 경우엔 12~3만 원을 받는 게 보통입니다. 간혹, 상상을 초월하는 가격을 받는 곳도 있습니다. 인테리어나 나머지 시설 수준과는 별개로 말이죠. 보다 더 재미있는 건, 만든 지 꽤 오래된 펜션들조차 쉽사리 가격을 내리지 않는다는 점입니다. 대부분, 주변에 들어선 신축 펜션에 버금가는 가격을 고집합니다.

그 배경이나 입장은 모두 다 다릅니다. 하지만 주된 이유는 자존심 때문입니다. 더러는 이미 빼먹을 만큼 빼먹었기 때문에 고집을 부리기도 합니다. 굳이, 아등바등 장사에 매달리기 싫다는 소리죠. 이유야 어쨌든, 일일이 가격을 비교해야 하는 소비자들의 수고로움만 더해지고 있을 뿐입니다. 풀 빌라 급 펜션의 경우도 마찬가지입니다. 한눈에 봐도 시설이나 규모, 인테리어 수준에서 큰 차이가 남에도 불구하고, 가격은 대동소이합니다. 때론, 좀 더 수준 높은 펜션의 가격이 더 싼 경우도 있습니다. 일정한 룰이나 규정이 없기 때문에 중구난방입니다.

펜션을 만든 사람의 입장은 이해합니다. 남들보다 더 많은 돈을 들여 훌륭한 시설과 서비스를 만들었다는 자부심도 인정합니다. 하지만 궁금한 점이 하나 있습니다. 가격도 두 배, 가치도 두 배라고 생각한다면, 과연 수익률도 두 배라고 믿고 있는지 되묻고 싶습니다.

돈을 번다는 것이 눈에 보이는 예약률이나 매출이 아닌, 실제로 남는 돈이란 사실을 잊어버리고 있는 경우가 많습니다. 펜션은 기본적으로 시설을 기반으로 한 사업입니다. 비싼 돈을 받기 위해선 그만큼의 투자가 필요합니다. 전원주택이나 원룸, 다가구 주택과 같은 경우, 평당 4~500만 원 수준이면 충분히 지을 수 있습니다. 그럼, 펜션은 어떨까요? 일단, 월풀이나 스파, 기타 부수적인 예산은 빼고 골조나 외장 마감, 내부 인테리어만 해도, 전원주택이나 다가구, 다세대 주택보다 훨씬 더 많이 듭니다. 일반적인 주택과 고급 주택의 차이만큼입니다. 객실마다 들어가는 가구나 전자제품, 집기 비품까지 생각하면 비용을 좀 더 늘어납니다. 객실 열 개를 가진 펜션이라면, 신혼부부 열 쌍이 살 수 있는 규모의 기본적인 살림살이가 필요합니다. 홈페이지 제작 비용이나 외부에 설치되는 수영장, 데크 등의 비용도 감안해야 합니다. 아무리 적게 잡아도, 일반적인 주택들보다 3~40% 정도의 비용이 더 들어갑니다. 요즘, 이 정도는 선택이 아닌 기본이기 때문에 아무리 아껴도 한계가 있습니다. 조금 더 욕심을 부려 월풀이나 스파를 설치하고, 객실 안에 4계절 이용 가능한 개인 풀 Pool 까지 설치할 경우, 비용은 가파르게 올라갑니다. 방마다 설치되는 조명이나 가구, 집기 비품까지 최고급을 선택하거나, 자재까지 욕심을 부리면 예산은 천정부지로 치솟습니다. 웬만한 전원주택이나 원룸보다 두세 배 이상 들어가는 경우도 흔합니다. 이쯤 되면, 남들보다 적어도 두 배쯤은 더 받아야겠다는 생각이 저절로 듭니다. 두 배나 많은 투자를 했다고 여기기 때문이죠.

그럼, 진지하게 한번 따져보죠. 동일한 규모의 펜션 중 한쪽은 10억을 들여서 1년에 1억을 벌고, 20억을 들여서 만든 펜션은 2억을 벌었다고 치면 어느 쪽이 더 많이 벌었을까요? 언뜻 생각하기엔 2억을 벌어들인 쪽이 더 많아 보이지만, 수익률로만 따져보면 양쪽 다 10%입니다. 손에 쥐는 돈은 더 많아 보여도, 투자된 비용을 생각해 보면 수익률은 똑같다는 결론이죠.

현실적으로 두 배의 수익을 얻기 위해선 네 배의 매출이 필요합니다. 들어가는 운영경비가 똑같다고 치고, 수익률을 두 배로 올리기 위해선 매출도 두 배로 뛰어야 합니다. 실현 가능한 일일까요? 쉽지 않습니다. 시장의 수요는 둘째치고, 펜션 사업의 기본적인 한계 때문입니다.

펜션의 매출은 객실 수와 비례합니다. 연중 예약률이 100%라고 해도, 최대 매출은 객실 수를 넘어설 순 없습니다. 그렇다고 해서, 가격을 무한정 올릴 수도 없습니다. 무작정 가격을 올려도 예약률에 전혀 이상이 없다고 보장할 순 없기 때문이죠. 오히려, 불가능에 가깝다고 보는 편이 맞습니다. 그런 논리라면, 10억을 들여서 만든 펜션도 가격을 두 배로 올리면 됩니다. 비교 사례가 적절하지 못할 수도 있고, 선불리 일반화시키기엔 무리가 있는 가정일 수도 있습니다. 하지만, 무작정 투자를 늘리는 일은 감당해야 할 리스크 Risk 가 너무 큽니다. 시장의 수요와 기존 펜션의 예약률을 감안한 합리적인 투자가 필요합니다. 두 배의 가격을 받는 게 쉽지 않듯이, 절반의 투자로 같은 가격을 받는 일 역시 불가능합니다.

3 예약률과 매출, 수익률에 대한 합리적인 선택

예약률은 가격과 밀접한 관계가 있습니다. 가격이 싸다고 잘 팔리는 건 아니며, 비싸다고 안 팔리는 것도 아닙니다. 하지만 분명한 건 가격에 따라 어떤 식이든 예약률은 조금씩 달라진다는 점입니다. 우리가 고심해야 할 부분은 얼마를 받아야 하는가보다는, 어떻게 하면 적정가격을 찾을 수 있느냐입니다. 아래 표를 보면서 가격과 예약률의 관계를 생각해보도록 하죠.

1호실	2호실	3호실	4호실	5호실	6호실	7호실
10만 원	10만 원	10만 원	10만 원	10만 원	10만 원	10만 원
70만 원						

1호실	2호실	3호실	4호실	5호실	6호실	7호실
11만 원	11만 원	11만 원	11만 원	11만 원	11만 원	11만 원
66만 원						

가령, 객실 요금을 십만 원으로 정해, 매일같이 7개 방이 모두 팔린다고 가정하면 매출은 70만 원이 됩니다. 이쯤 되면, 만 원쯤 올리면 어떨까 싶어집니다. 가격을 올려도 예약에 이상이 없다면 총매출은 77만 원으로 늘어나겠지만, 예약이 하나라도 줄어들게 되면 매출은 오히려 66만 원으로 줄어듭니다. 당연한 이치 같아 보여도, 막상 장사를 하다 보면 이런 상황은 생각보다 흔하게 일어납니다. 또 한 가지 경우를 생각해 보죠.

1호실	2호실	3호실	4호실	5호실	6호실	7호실
10만 원	10만 원	10만 원	10만 원	10만 원	10만 원	10만 원
50%						

1호실	2호실	3호실	4호실
20만 원	20만 원	20만 원	20만 원
50%			

70평으로 동일한 크기의 펜션 두 곳이 있습니다. 한쪽은 객실 7개를 만들고, 한쪽은 4개를 만들어 영업을 하고 있다고 가정해 보죠. 한쪽은 객실 요금을 10만 원으로 정했고, 또 다른 한쪽은 고급 시설을 갖춰 요금을 20만 원으로 책정했습니다. 그런데 양쪽

모두 예약률이 50%라고 하면, 매출의 차이는 전혀 없습니다. 쉽게 일반화시킬 순 없지만, 무리한 가정도 아닙니다. 실제로 이런 사례들은 얼마든지 찾아볼 수 있습니다.

정답은 없습니다. 가격을 만 원쯤 올린다고 해서 반드시 예약률이 떨어지는 것도 아닐 수 있으며, 가격의 차이와는 별개로 동일한 예약률을 달성할 수 있는 것도 아닙니다. 다만, 가격을 결정할 땐, 예약률과 매출, 수익률을 종합적으로 따져봐야 합니다. 두 배의 높은 가격이 두 배의 수익률을 보장하지 못하듯, 원하는 수익률도 예약률과 가격에 따라 얼마든지 달라집니다.

시장 상황이나 수요에 따라선, 객실 단가를 높이는 전략을 택할 수도 있습니다. 눈에 띄는 경쟁 상대가 없거나, 시장의 수요가 뒷받침되는 경우엔 고가 전략도 나름 훌륭한 방법이 됩니다. 또 다른 경우엔, 투자 비용을 줄이고 합리적인 가격을 책정해 예약률을 높이는 전략을 쓸 필요도 있습니다. 풀 빌라 급 펜션이 전자의 전략이라면, 대부분의 수익형 펜션은 후자에 속합니다.

어느 쪽이든, 선택은 시장의 상황과 수요에 대한 예측, 실현 가능성에 따라 달라집니다. 기존에 운영되고 있는 펜션들의 수준이 전반적으로 열악하고, 내가 가진 입지가 뛰어난 경우라면 주저할 것 없이 풀 빌라 급 펜션을 선택해도 무방합니다. 반대로, 경쟁이 치열하고 풀 빌라 급의 고급 펜션이 밀집한 시장일 경우엔, 후자를 선택하는 게 현명합니다.

고가 전략을 고가 전략으로 맞서려는 시도는 무모한 발상일 수도 있습니다. 합리적인 가격을 결정하는 방법은 여러 가지가 있습니다. 해당 지역의 평균적인 펜션 가격과 예약률이 높은 펜션의 요금을 참고해야 합니다. 임시 홈페이지를 운영하는 기간 동안, 다양한 가격을 테스트할 수도 있습니다. 무엇보다도 중요한 원칙은, 내가 받고 싶은 요금이 아닌 시장에 먹힐 수 있는 합리적인 가격을 선택해야 한다는 점입니다.

가격을 낮춘다는 의미가 결코, 자존심을 굽히거나 내가 만든 펜션을 싸구려로 만드는 일이 아니라는 점을 알아야 합니다. 무작정 가격을 낮출 필요도 없지만, 팔리지 않는 가격을 고집하는 것 역시 올바르지 못한 태도입니다. 가격을 낮추는 것이 아니라 합리적인 가격을 찾았다는 의미로 받아들여야 합니다.

투자의 귀재라는 워런 버핏 Warren Buffett 이 매일 아침을 불과 3달러짜리 맥도널드 햄버거로 때운다고 해서, 아무도 그를 함부로 대하진 못합니다. 마찬가지로, 우리의 자존심은 겉으로 보이는 규모나 시설의 화려함에 있지 않습니다. 저렴한 가격이 내가 가진 펜션의 가치를 떨어뜨리는 건 더더욱 아닙니다. 우리의 목적은 합리적인 가격을 통해 얻어지는, 안정적인 매출과 높은 수익이라는 점을 잊지 말았으면 합니다.

펜션 비즈니스의 3가지 원칙

펜션 마케팅에 대한 모든 담론은, 어떻게 하면 좀 더 많은 돈을 벌 수 있느냐로 귀결됩니다. 사업이든 장사든 결국, 목적은 돈이기 때문이죠. 펜션 마케팅의 가장 큰 목적은 안정적인 펜션 운영에 있습니다. 안정적인 펜션 운영을 위해서는 합리적인 투자와 초기 투자비용의 빠른 회수, 안정적인 매출의 유지라는 3가지 원칙이 지켜져야 합니다.

투자감당성	회수가능성	가치보존성
● 펜션 투자의 적정성	● 영업률 예측 기반의 관리/운영	● 펜션의 자산 가치 확보
● 펜션의 운영 포트폴리오	● 투자비 회수가능 기간의 설정	● 장기간 운영이 가능한 설계
● 운영과 관리에 대한 세부계획	● 회수 확신을 전제로 한 사업 진행	● 고객 세분화 및 시장 상황 파악

2016년 기준으로, 우리나라에선 하루 평균 3,000여 개의 자영업이 새로 생겨나고, 2,000여 개의 자영업이 문을 닫는다고 합니다. 그럼, 펜션 시장의 어떨까요? 펜션은 여타의 자영업과는 달리, 자가 소유의 시설을 기반으로 운영되는 사업의 특성상, 운영하던 펜션을 정리하는 일조차 쉽지 않습니다.

가평군 펜션 변화 추이

구분	2013년	2016년
현황	663	713

구분	전체 펜션 수	폐쇄
2013년	663	166

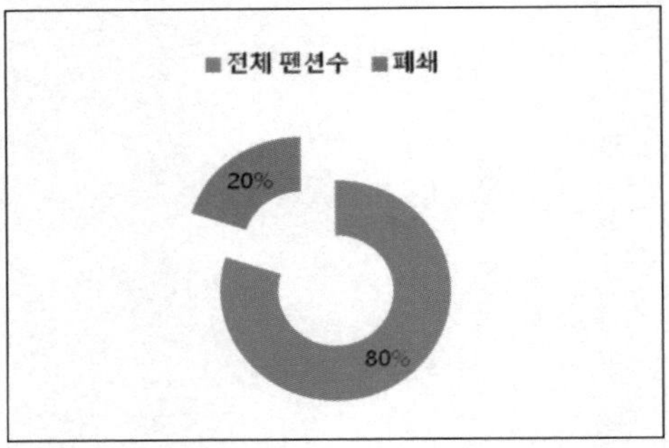

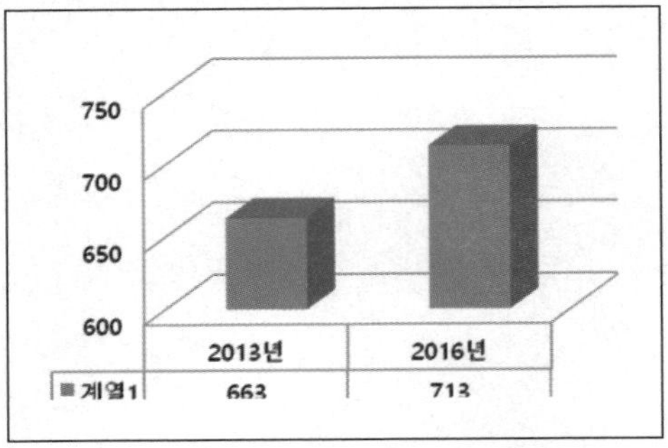

각 지역별로 조사해 보면, 펜션 시장의 부침도 여타 다른 분야의 자영업만큼 심하다는 사실을 금세 깨닫게 됩니다. 가평군의 경우, 2013년에 약 663개의 펜션 홈페이지가 운영되고 있었습니다. 2016년엔 약 713개로 대략 50여 개의 홈페이지가 늘어났지만, 같은 기간 동안 없어진 홈페이지의 숫자도 무려, 166개에 이릅니다. 166개의 펜션들이 건물 자체를 철거했거나, 아예 장사를 포기한 것인지는 알 수 없지만, 여타의 자영업들과 마찬가지로 현실은 제법 녹록하지 않다는 반증입니다. 그 이유가 뭘까요?

여러 가지 원인들이 있겠지만, 위에 언급한 3가지 원칙 중 하나라도 지켜지지 않을 때, 이런 일이 벌어지게 됩니다. 무리한 투자 때문에 자금의 압박을 받았거나, 회수를 염두에 두지 않은 불필요한 과잉투자가 이루어진 탓일 수도 있습니다. 경우에 따라선 문을 연 지 몇 년이 채 되지 않아, 고객들의 발걸음이 뜸해진 것인지도 모릅니다. 극단적인 경우, 3가지 기본 원칙을 모두 잊어버린 경우도 있을 겁니다. 이 원칙들이 절대적인 건 아니지만, 적어도 펜션 사업을 준비할 때 놓치지 말아야 할 부분들이라고 확신합니다. 실제로 현장에서 일어나고 있는 많은 문제들이, 아무런 원칙이나 계획 없이 펜션을 만들어 영업에 뛰어든 결과입니다.

1

펜션 사업의 첫 번째 원칙 **합리적인 투자**

펜션은 투자비용 대비 환금성換金性이 크게 떨어지는 편입니다. 잘 지은 전원주택이나 목 좋은 상가 등은 매매나 임대에 별다른 어려움이 없지만, 매출이 떨어지는 펜션은 투자비용과 상관없이 처리에 골머리를 앓습니다. 집으로 쓰기엔 규모가 너무 크고, 다른 용도로 전환하기도 어렵습니다. 장사가 안되는 펜션은, 부동산으로서의 가치가 전무하다고 볼 수 있습니다. 합리적인 투자가 중요한 이유죠. 펜션 사업에 대한 막연한 동경이나 미래에 대한 장밋빛 예측은 합리적인 투자를 가로막는 가장 큰 걸림돌입니다.

돈을 쓸 생각만 하고, 정작 돈을 벌 궁리는 못 하는 것이 펜션 사업을 준비하는 사람들에게서 흔히 보는 공통점입니다. 당사자들은 부인하겠지만, 투자에 따른 회수는 염두에 두지 않은 채, 좀 더 멋진 외관, 화려한 시설에만 매달리는 경우가 의외로 많습니다. 속으로는 '좀 더 벌면 되지!'라고 여길지 몰라도, 현실 속에선 좀처럼 이루어내기 어려운 꿈이라는 점이 무서울 따름입니다.

A 펜션 추정 매출

구분	Type		비수기		성수기	
	형태	시설	주중	주말	주중	주말
월매출			비수기 월매출(10개월)		성수 월매출(2개월)	
			50%	90%	90%	95%
			33,540,000	13,104,000	116,766,000	189,962,000
월매출 합계			46,644,000		135,728,000	
연매출 합계			466,440,000		271,456,000	
			737,896,000			

B 펜션 추정 매출

<table>
<tr><th rowspan="2">구분</th><th colspan="2">Type</th><th colspan="2">비수기</th><th colspan="2">성수기</th></tr>
<tr><th>형태</th><th>시설</th><th>주중</th><th>주말</th><th>주중</th><th>주말</th></tr>
<tr><td colspan="3" rowspan="3">월매출</td><td colspan="2">비수기 월매출(10개월)</td><td colspan="2">성수 월매출(2개월)</td></tr>
<tr><td>50%</td><td>80%</td><td>70%</td><td>90%</td></tr>
<tr><td>21,190,000</td><td>8,640,000</td><td>91,494,000</td><td>18,240,000</td></tr>
<tr><td colspan="3">월매출 합계</td><td colspan="2">29,830,000</td><td colspan="2">109,734,000</td></tr>
<tr><td colspan="3" rowspan="2">연매출 합계</td><td colspan="2">298,300,000</td><td colspan="2">219,468,000</td></tr>
<tr><td colspan="4">517,768,000</td></tr>
</table>

한 가지 예를 들어보죠. 위에 올려둔 표는 A와 B라는 두 펜션의 연간 매출을 분석한 자료입니다. 구체적인 실명을 언급하긴 어렵지만, A 펜션은 경기도 가평에서 운영되고 있는 풀 빌라 급 펜션의 실시간 예약 현황을 기준으로 추정해 본 자료이며, B 펜션은 경주시에서 운영되고 있는 펜션의 매출 현황입니다. B 펜션은 창업 과정에 직접 참여했기 때문에, 실제 매출에 비교적 가깝다고 보셔도 됩니다. 두 펜션은, 규모와 객실 수에서 대동소이합니다. 두 펜션의 창업 비용을 가늠해 보면, A 펜션의 투자 비용이 B 펜션에 비해 대략 10억 원 이상 더 들어갔다고 추정됩니다. 하지만 투자비용 대비 매출의 차이는 크지 않습니다. 오히려, B 펜션의 연간 수익률이 25% 수준으로 좀 더 앞섭니다. 단순 비교만으로 일반화시킬 순 없지만, 합리적인 투자를 설명하기엔 무리가 없다고 봅니다. 앞에서 설명한 바와 같이, 투자비용이 두 배 이상 차이가 난다고 해서 객실 요금을 2배로 받을 순 없습니다. 가격을 2배로 높인다고 해서 동일한 예약률을 달성한 순 없습니다. 압도적인 차이가 나지 않는 이상, 가격이 비쌀수록 예약률은 떨어질 확률이 높습니다. 설령, 비슷한 수익을 얻을 수 있다고 해도, 초기 투자비용에서 10억 이상의 차이가 난다는 점은 부담일 수밖엔 없습니다. 자칫 투자 리스크Risk로 이어질 수 있습니다.

펜션 마케팅의 첫 번째 원칙은, 합리적인 투자입니다. 자신의 투자 여력과 회수가능성을 검토한 후, 장기간 영업에 효과가 지속될 수 있는 부분에만 투자를 집중해야 합니다.

최근, 펜션 창업의 규모가 지나치게 커지고 있는데, 결코 바람직한 현상이 아니라고 봅니다. 초기 투자비용 빠른 회수라는 펜션 마케팅의 원칙을 생각하면, 무리한 투자는 펜션 운영 자체를 어렵게 만드는 요인으로 작용할 수 있기 때문입니다.

2

펜션 사업의 두 번째 원칙 **초기 투자비용의 빠른 회수**

펜션 사업을 시작하는 동기는 다양하지만, 상당수 사람들은 안정적인 노후를 준비하기 위해 펜션을 만듭니다. 하지만 처음 시작할 때의 막연한 기대와는 달리, 지속적으로 큰돈을 벌어다 주진 못합니다. 펜션의 라이프사이클 Lifecycle 은 생각보다 짧습니다.

트렌드에 민감한 소비자들 때문에, 5년, 10년 꾸준한 매출을 유지하기란 불가능합니다. 실제로 전국에 운영 중인 약 2만여 개의 펜션 중 절반 이상은, 해마다 늘어나는 신축 펜션의 영향으로 인해 매출이 크게 감소하는 것으로 조사되고 있습니다. 그리고 어느 시점이 되면 의미 있는 매출은 기대하기 어려울 지경에 다다릅니다. 맨 처음 시작했을 땐, 최신의 시설과 가장 유행하는 인테리어로 꾸며진 펜션들조차 변화하는 소비자들의 선호와 기호를 매번 따라갈 순 없기 때문이죠.

관건은 초기 투자비용의 빠른 회수에 달려있습니다. 땅값을 제외한 초기 투자비용을 어느 정도 회수하고 나면, 부담은 현저하게 줄어듭니다. 주말과 여름 성수기 매출만으로도 별다른 어려움 없는 생활을 꾸려갈 수 있기 때문이죠.

리모델링을 통해 시설과 인테리어를 개선해 나가기만 하면, 일정 수준의 매출을 유지할 수 있습니다. 물론, 이마저도 초기 투자비용을 회수했을 때만 가능한 일입니다. 자칫, 반복 투자 또는 재투자가 되기 때문에 부담은 여전합니다. 돈을 번다는 것과 초기 투자비용을 회수한다는 것은, 분명한 차이가 있습니다. 벌기는 어려워도, 쓰기 쉬운 게 돈입니다. 문을 열고 돈이 들어오기 시작하면, 이런저런 쓸데없는 궁리를 하게 됩니다. 더 큰돈을 벌고 싶은 욕심 때문에 수영장의 규모를 키우거나 인테리어를 바꾸는 등의 의미 없는 지출이 늘어납니다. 초기 투자비용의 빠른 회수라는 분명한 목표를 잊어버린 탓이죠.

불필요한 지출을 줄여야 합니다. 들어간 돈을 회수하기 전에는 못 하나 허투루 박지 말라고 조언하는 이유입니다. 앞에 예로 든, 경주의 B 펜션과 같이 연간 25%의 수익률을 올릴 수만 있다면, 초기 투자비용은 4~5년이면 충분히 회수할 수 있습니다.

과거에 비해, 초기 투자비용의 회수 기간은 점점 더 길어지고 있습니다. 불과 5~6년 전만 해도 2~3년 안에 투자비용을 모두 회수하는 일이 크게 어렵지 않았습니다. 하지만 최근에는 늘어난 투자비용과 전반적인 펜션 시장의 침체가 맞물려, 5~6년 안에도 기대하기 어려운 상황입니다. 확실한 근거 없이 펜션 창업의 투자비용이 늘어난 이유도, 불필요한 욕심 때문입니다.

기왕에 쓰는 돈, 좀 더 쓰고 좀 더 비싸게 팔면 되지 않을까 하는 막연한 기대 심리와 이미 포화 상태에 다다른 풀 빌라 급 펜션에 대한 무분별한 동경이 주된 원인입니다. 풀 빌라 급 펜션의 초기 투자회수 기간이 일반적인 수익형 펜션보다 몇 배는 더 길다는 점은 많은 것을 시사합니다. 펜션 사업의 두 번째 원칙인 초기 투자비용의 빠른 회수는 생각만큼 쉽지 않다는 점을 명심해야 합니다.

3 펜션 사업의 세 번째 원칙
달성된 매출의 '유지'

보통의 기업체는 물론이며, 주변에서 흔히 볼 수 있는 작은 규모의 가게들조차 매출을 꾸준히 높여갈 수 있지만, 펜션은 이미 달성된 매출을 유지하는 것이 최선입니다. 상품의 판매율이 올라가면 기업들은 생산라인을 늘리고 판매망을 넓혀갑니다. 아주 작은 식당도 손님이 늘어나면, 가게를 확장하거나 배달을 늘리는 식으로 지속적인 매출 증대를 노리게 마련입니다.

하지만 펜션은 예약 물밀듯이 밀려들어도, 보유하고 있는 객실 숫자 이상의 매출을 기대할 순 없습니다. 운영하는 펜션의 숫자를 늘리는 일도 쉽지 않습니다. 설령, 가능하다고 해도 동일한 결과를 장담할 수 없기 때문이죠.

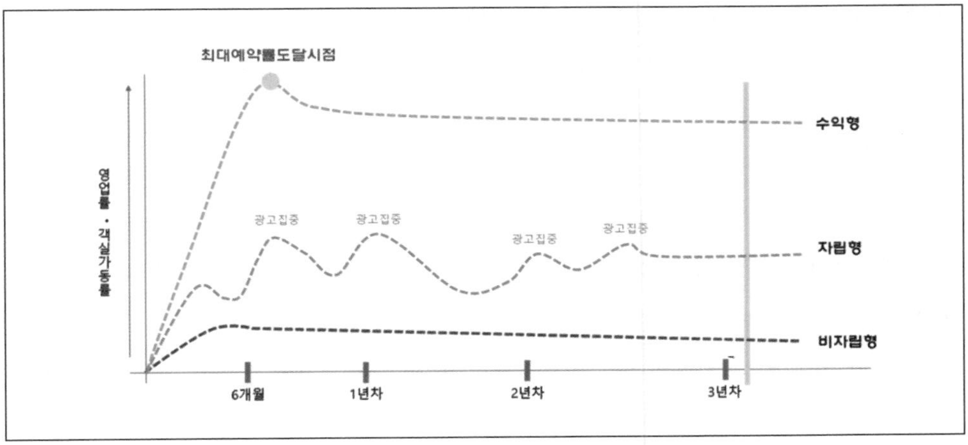

문을 열고 일정 시점쯤 되면, 실현 가능한 매출의 최대치에 도달하게 됩니다. 인테리어나 시설, 가격, 서비스 등에 걸맞은 최대 매출은, 대략 6개월에서 1년 이내에 판가름 납니다. 소비자들 사이의 평가나 지역의 다른 경쟁자들과의 비교가 모두 끝나기 때문이죠. 이 시점이 지나고 나면, 아무리 광고를 늘리고 홍보에 주력해도 추가적인 매출의 상승은 기대하기 어렵습니다. 이때부터의 싸움은 매출을 늘리려는 노력보다는 달성된 매출을 지키는 쪽으로 바뀌게 됩니다.

매년 지역별로 적게는 10%, 많게는 20%가 넘는 펜션이 새로 생겨나기 때문에, 신축 펜션이라는 프리미엄도 생각만큼 길지 않습니다. 지역으로 유입되는 한정된 고객층을 추가로 빼앗아 오기란, 사실상 불가능합니다. 전체 파이가 커지지 않는 한 말이죠. 내 몫의 파이를 빼앗기지 않는 것이 중요합니다. 남의 몫을 빼앗으려는 쓸데없는 욕심은 버려야 합니다. 쉽게 빼앗길 상대도 아니지만, 자칫 내 몫마저 빼앗길 수 있다는 사실을 명심해야 합니다.

가치란, 희소성에서 나옵니다. 남들이 하고 있거나, 남들이 하려고 하는 걸 따라가면 늦습니다. 남들이 미처 생각하지 못한 부분을 찾아내야 합니다. 현명한 투자는, 가치를 오래 지속시킬 수 있는 부분에 집중되어야 합니다. 무리하지 않는 투자, 우선순위를 정한 투자만큼이나 중요합니다. 일시적인 유행이나 트렌드는, 유효기간이 한정되기 마련입니다. 풀 빌라나 화이트 모던 인테리어가 유행일 땐 미처 느끼지 못하지만, 새로운 유행이 등장하게 되면 상황은 곧바로 변합니다. 대신, 자기만의 가치를 가진 경우, 시간이 지나도 매출은 크게 떨어지지 않습니다. 구체적으로 이름을 언급하긴 어렵지만, 이런 개성 있는 펜션들은 지역별로 상당수 존재합니다.

가치와 경쟁력, 상품성을 영원히 유지할 방법은 없습니다. 역설적으로 들리겠지만, 그래야 할 의미도 없습니다. 투자비용을 회수할 때까지만 유지할 수 있으면 충분합니다. 일단, 창업 초기에 투자된 비용만 회수하고 나면 아무런 문제가 없다는 사실은, 이미 여러 차례 설명했습니다.

펜션 마케팅의 중요한 3가지 원칙이란, 적정한 투자와 투자비용의 빠른 회수, 안정적인 운영이 가능한 상태를 유지하는 것이라고 정리할 수 있습니다. 이 3가지 원칙에 충실한 계획을 세워야, 우리가 원하는 수익형 펜션을 만들 수 있다는 점을 잊지 말아야 합니다.

수익구조로 분류한 펜션의 종류

수익 구조별 펜션 분류

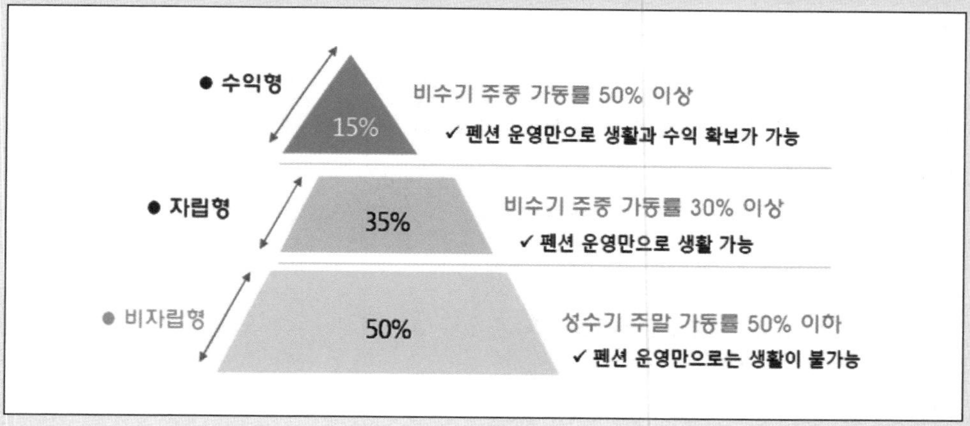

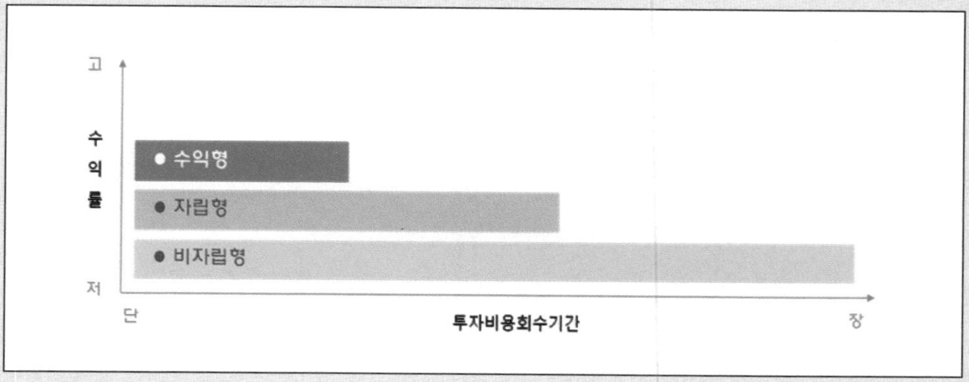

우리는 이미 펜션의 탄생과 변화 과정, 다양한 펜션의 종류와 시설 등에 대해 알아보았습니다. 하지만 펜션 마케팅의 관점에서 보면, 눈에 보이는 구조나 형태는 큰 의미가 없습니다. 펜션을 사업이라는 관점에서 이해하기 위해서는, 겉으로 드러나는 모습보다 실제로 얼마나 많은 수익을 올리고 있는지를 살펴보는 것이 중요합니다.

수익 구조에 따른 펜션 분류는, 크게 3가지로 나눌 수 있습니다. 초기 투자비용을 빠르게 회수할 만큼의 매출을 올리는 '수익형' 펜션과 펜션 운영 및 관리에 여유가 있는 '자립형' 펜션, 그리고 펜션 운영만으로는 유지조차 어려운 '비자립형' 펜션이 있습니다. 불과 5~6년 전만 해도 수익형 펜션보다도 더 많은 수익을 올리는 '고수익형' 펜션이 따로 있었지만 요즘엔 좀처럼 찾아보기 어려워 수익형 펜션 범주에 포함시키고 있습니다.

수익 구조에 따른 펜션 분류는, 고정적인 개념이 아닙니다. 신축 펜션의 상당수가 수익형 펜션으로 출발해, 비자립형 펜션으로 막을 내립니다. 자립형 펜션으로 출발해 수익형 펜션의 수준까지 도달했다가, 비자립형 수준으로 떨어지는 경우도 있습니다. 수익 구조에 따른 펜션 분류가 중요한 이유는, 초기 투자비용을 회수하는 시점까지 얼마나 높은 수익을 유지할 수 있느냐가 관건이기 때문입니다.

1 수익형 펜션

수익형 펜션은 비수기 주중 예약률 50% 이상인 펜션들이 해당됩니다. 비수기 주중 예약률이란, 여름 휴가철이나 주말을 제외한 나머지 기간에도 자기 객실의 50% 이상을 꾸준히 팔고 있다는 의미입니다. 예를 들어, 10개의 객실 중 일요일부터 금요일까지 평균 30개 이상의 객실이 예약되거나 당일 판매가 이루어진다고 보면 됩니다. 그리고 비수기 주말 예약률은 대략 70~80%, 성수기 주중은 80%, 주말은 90~100% 이상 예약이 이루어집니다. 수익형 펜션의 연간 수익률은 보통 초기 투자비용 대비 25% 내외가 됩니다. 수익형 펜션은 각 지역별로 보통, 상위 2~5% 정도입니다.

수익형 펜션이 가지는 의미는 일단, 자신이나 가족 외에 별도의 인원을 채용할 수 있는 충분한 여유가 생긴다는 점입니다. 아울러, 펜션 수익으로 비교적 여유로운 생활을 꾸려가면서도, 초기 투자비용을 여유 있게 회수할 수 있다는 계산이 나옵니다. 펜션 사업의 가장 이상적인 비즈니스 모델이 바로, 수익형 펜션입니다.

그럼, 앞에서 잠깐 언급했던 고수익형 펜션의 경우는 어떨까요? 비수기 주중 예약률 70% 이상인 펜션을, 고수익형 펜션으로 분류합니다. 수익형 펜션보다 좀 더 높은 수익률과 여유자금을 모을 수 있기 때문에, 초기 투자비용을 3년 안에 회수할 정도가 됩니다.

수익구조별 펜션 예약률

구분	비수기 평균 예약률		성수기 평균 예약률		초기투자비용 회수기간
	주중(일~월)	주말(금, 토)	주중(일~월)	주말(금, 토)	
고수익형	70%	90%	90%	100%	3년 미만
수익형	50%	70%	80%	90%	3~5년
자립형	30%	50%	60%	80%	5년 이상
비자립형	15%	30%	40%	50%	예측 불가능

수익형 펜션의 경우, 맨 처음 펜션을 짓기 위해 들어간 부지 매입 비용을 제외한, 나머지 비용을 3년에서 5년 안에 회수할 수 있기 때문에, 장기적인 운영에 아무런 문제가 없습니다. 초기 투자비용에서 땅값을 제외하는 건, 토지가 가지는 자산가치가 특별하기 때문입니다. 특별한 경우를 제외하면 우리나라에서 땅값이 떨어지는 경우는 극히 예외적인 탓에 초기 투자비용에서 제외시켜도 무방합니다.

초기 투자비용을 회수하는 동안 별다른 추가 투자 없이 꾸준하게 예약률을 유지할 수만 있으면, 그다음엔 여러 가지 대안을 생각할 수 있게 됩니다. 계속 펜션을 운영하고 싶다면, 객실 인테리어나 시설을 보완해서 펜션 사업을 여유롭게 이어갈 수 있습니다. 또 하나는, 펜션을 매각하는 방법입니다. 펜션의 경우, 일반적인 부동산과는 가치 평가 방식이 다릅니다. 펜션을 매매할 때 거래금액은 토지와 건물에 대한 부동산적 가치가 아닌, 예약률과 매출로 결정됩니다. 수익형 펜션은 장사가 잘 되는 펜션이란 평판이 생깁니다. 자연스레 펜션을 매입하려는 사람이 생기게 되며, 흔히 말하는 '프리미엄'까지 기대할 수 있습니다.

자립형 펜션 2

자립형 펜션은, 비수기 주중 예약률 30% 이상인 펜션으로, 비교적 안정된 펜션 운영이 가능한 수준의 매출을 벌어들입니다. 지역별로 상위 10~20% 이내의 펜션이 자립형 펜션이라고 추정됩니다. 자립형 펜션의 경우, 펜션 관리와 생활 자금을 제외한 잉여자금의 규모가 수익형 펜션에 비해선 적기 때문에, 투자비용의 회수가 다소 긴 편입니다. 하지만 창업 비용에 대한 회수 압박이 적고, 관리와 운영을 직접 해나갈 경우 비교적 안정된 사업 운영이 가능합니다.

전국 주요 지역별 영업 현황

구분	수익형	자립형	비자립형
가평군	5%	13%	82%
강릉시	6%	11%	83%
경주시	7%	7%	86%
통영시	1%	5%	96%

수익형 펜션만큼 충분한 수의 직원을 고용하거나, 다양한 전략을 구사하긴 어려워도, 장기적인 운영엔 큰 무리가 없습니다. 꾸준한 시설 관리와 유지 보수를 통해, 비교적 안정적인 매출을 유지해 나갈 수 있기 때문에, 펜션 창업 시 사업성 검토의 기준이 됩니다. 다양한 시장조사와 정확한 매출 추정을 통해 자립형 펜션 이상의 경영이 가능하다고 판단될 때 시작하는 것이 합리적입니다. 자립형 펜션에 못 미칠 경우, 매몰되는 투자비용이 너무 커 사업적 가치는 별로 없다고 봐야 합니다.

3 비자립형 펜션

비자립형 펜션은, 비수기 주말 예약률 50% 미만인 펜션입니다. 비수기 주중 예약률은 15% 내외이며, 주중 예약이 전무한 펜션도 상당수 존재합니다. 거의, 민박 수준에 가깝다고 볼 수 있습니다.

비자립형 수준의 예약률과 매출이라면, 별도의 수입원 없이는 자체적인 생활과 펜션 관리가 어려운 경우도 많습니다. 물론, 비자립형 펜션 수준이라고 해도, 초기 투자비용을 전부 회수한 상태라면 별다른 문제는 없습니다. 대부분의 신축 펜션이 수익형에서 자립형을 거쳐 비자립형에 다다르는 경우가 일반적이기 때문에, 각 단계별 매출 수준을 어느 정도 선에서 유지하느냐가 관건입니다. 다만, 창업한 후 곧바로 비자립형으로 떨어질 경우 문제는 심각해집니다.

펜션도 장사가 잘 되는 집으로만 고객이 몰리는 쏠림 현상 Tipping Effect 이 자주 발견됩니다. 펜션은 실시간 예약 시스템이란 독특한 예약 방식 때문에 특히 더 심합니다. 소비자들은 자기 PC 앞에서 펜션의 예약 상황을 실시간으로 조회할 수 있습니다. 가격이 싸고, 시설이 맘에 들어도 예약률이 너무 낮으면, 무언가 의심을 품게 되죠. 결국, 이런 저런 고민 끝에 예약을 포기하는 경우가 늘어납니다. 반대로, 예약률이 높은 펜션은 인테리어나 시설이 썩 와닿지 않아도 유명세에 이끌려 예약을 하는 경우가 많습니다.

수익형 펜션과 비자립형 펜션 간엔, 이런 극단적인 차이가 발생됩니다. 수익형 펜션으로는 꾸준하게 손님이 몰리는 반면, 비자립형은 예약률이 점점 더 떨어지는 현상이 벌어집니다.

펜션 마케팅의 주된 목적 중 하나가 초기 투자비용의 빠른 회수라면, 펜션 창업의 성패는 수익형 펜션과 자립형 펜션 수준의 예약률을 얼마나 오랫동안 유지할 수 있느냐에 달려있습니다. 특별히, 풀 빌라 급 펜션에 대해 부정적인 이유도 여기 있습니다.

수익구조에 따른 펜션의 매출 추이

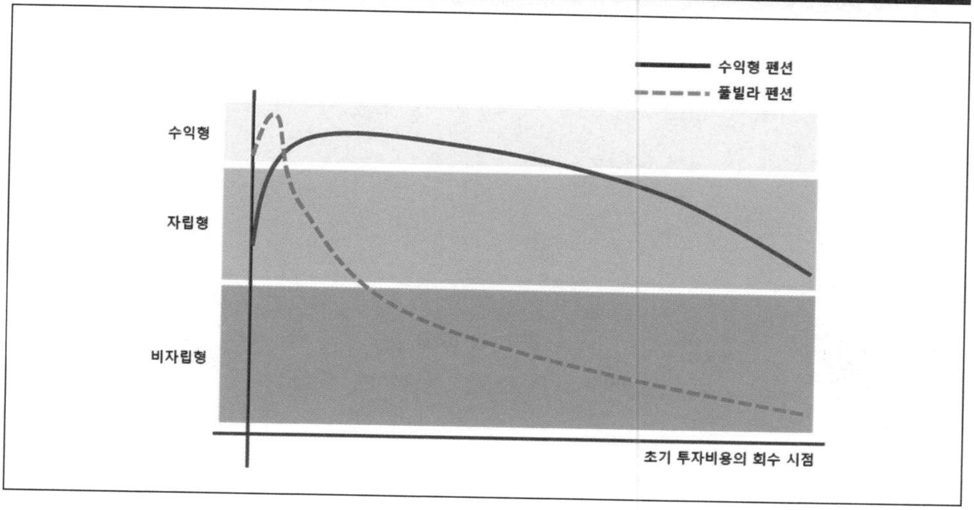

펜션 마케팅 전략에 따라 충실하게 기획된 수익형 펜션의 경우, 대략 문을 연 지 6개월 이내에 원하는 수준의 예약률에 도달합니다. 그리고 일정 기간 꾸준한 매출을 유지할 수 있기 때문에, 초기 투자비용의 회수 기간은 생각만큼 길지 않습니다. 이에 반해, 대부분의 풀 빌라 급 펜션들은 문을 열자마자 눈에 띄는 높은 예약률을 기록한 후, 급격하게 매출이 감소하는 경우가 많습니다. 수익형 펜션 수준의 매출을 유지하는 기간이 극히 짧은 편인데, 꾸준한 매출을 뒷받침해줄 수 있는 소비자층이 너무 적은 것이 주된 원인입니다. 초기 투자비용이 수익형 펜션보다 월등하게 많다는 점도 큰 문제입니다.

펜션의 수익 구조별 분류와 매출의 흐름은, 매우 중요한 의미를 가집니다. 겉으로 드러나는 규모나 외형, 투자비용의 크기와는 별개로, 수익형 또는 자립형 수준의 예약률을 꾸준히 유지할 수 있는 펜션이 가장 이상적인 사업 구조라는 점 때문입니다. 연금 Pension 의 의미로 출발한 펜션 사업은 초기 투자비용의 빠른 회수와 지속적인 매출의 유지가 관건입니다. 지금까지의 펜션들처럼, 특별한 사업 계획이나 체계적인 전략 없이 일단, 시작하고 보자는 막무가내식 창업은 지양해야 합니다.

현실적인 펜션의 수익, 얼마나 될까?

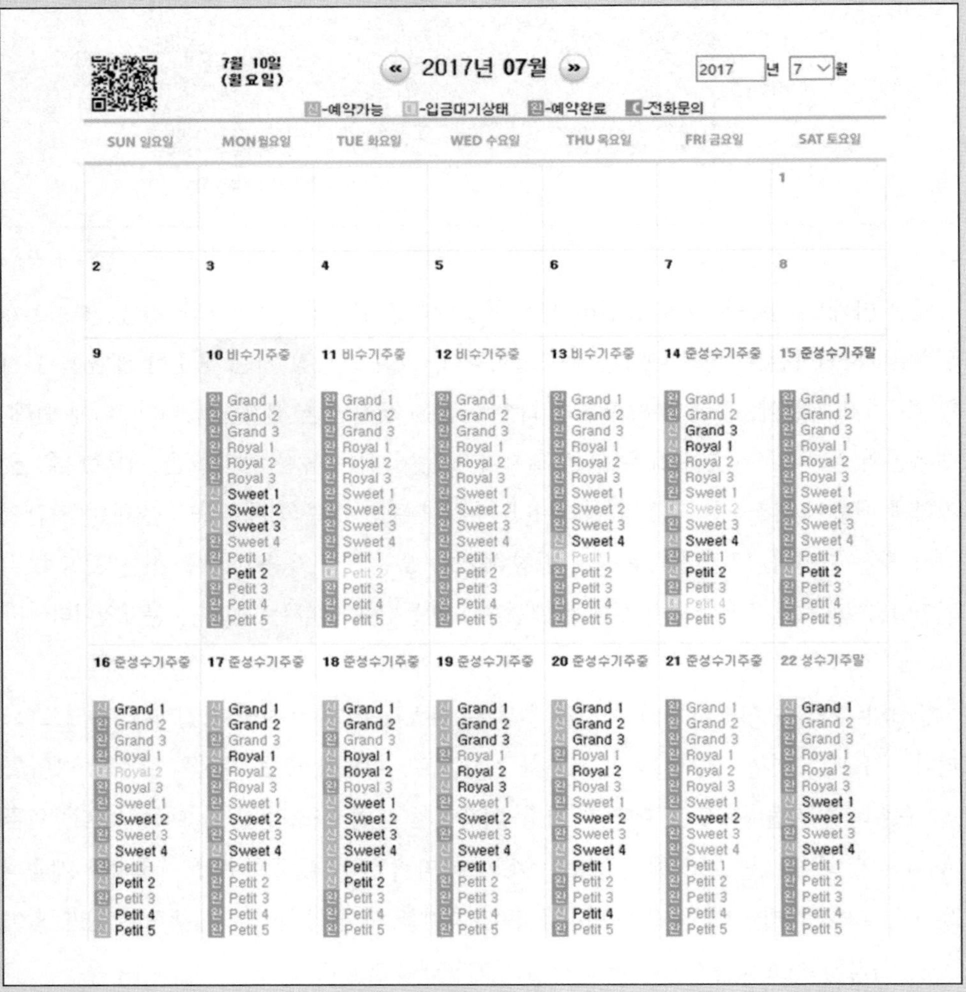

그럼, 수익형 펜션의 현실적인 수익은 얼마나 되는지 곰곰이 따져보겠습니다. 수익형 펜션의 연간수익률은 토지 구입 비용을 제외한 초기 투자비용 대비 약 25% 내외입니다. 펜션의 수익률을 추론해 볼 수 있는 이유는 실시간 예약 시스템 덕분입니다.

실시간 예약 시스템에 접속해 보면, 해당 펜션의 객실 숫자와 요금, 예약된 방과 비어 있는 방을 한눈에 알아볼 수 있게 만들어져 있습니다. 예약된 방의 숫자와 객실 요금만 계산해 보면, 대략적인 매출을 추정해 볼 수 있습니다. 문제는, 해당 시점의 예약 밖엔 확인하기 어렵다는 점인데 일정 기간 꾸준히 체크해나가면 제법 근접한 수치를 뽑아낼 수 있습니다. 이처럼, 펜션의 예약률을 실시간으로 알 수 있기 때문에, 수익형, 자립형, 비자립형 펜션의 구분도 가능합니다.

우리가 흔히 말하는 수익이라는 표현은, 총매출에서 비용을 제외한 나머지 금액을 말합니다. 회계 수준으로 넘어가면 좀 더 복잡해지지만, 어쨌든 여기서 말하는 수익은 매출에서 펜션을 운영하고 생활을 유지하는데 들어가는 비용을 제외한, 나머지 정도로 정리해보겠습니다.

일단, 매출은 '예약률 x 객실 요금'이라고 볼 수 있겠죠. 요즘은, 워낙 펜션이 많이 늘어난 탓에 과거처럼 몇 달씩 예약이 줄을 잇는 펜션은 거의 없습니다. 대체로 주말이나 휴가철을 제외하면, 빈방이 없는 경우는 드물기 때문에 당일 투숙하는 고객들의 숫자도 상당히 늘어났습니다. 매출을 추정하는 입장에선 좀 더 보수적인 계산이 필요하기 때문에, 당일에 들어오는 매출은 빼고 사전 예약을 통한 매출만을 토대로 수익률을 따져보았습니다.

대강의 매출을 추정한 후, 그다음에 살펴보아야 할 것들은 바로 '비용'입니다. 장사의 기본 원리 중 하나가 바로, 원가를 절감하는 거죠. 적은 돈으로 물건을 만들어, 비싼 값에 파는 게 장사의 기본인데, 펜션의 경우 상황이 조금 다릅니다.

펜션은 맨 처음 건물을 지을 때 투자한 비용을 제외하면, 가격에 포함된 실질적인 원가 비중은 그리 높지 않은 편입니다. 객실 이용에 따른 냉, 난방비용과 전기, 수도 요금 등이 있으며, 청소와 관리에 들어가는 인건비, 시설을 유지 보수하는 데 필요한 비용,

광고비용 등이 전부입니다.

특기할만한 점이 하나 있는데, 기업의 비용 중 상당 부분을 차지하는 세금 문제가 펜션에선 조금 다릅니다. 펜션의 사업 형태가 '농어촌민박' 사업으로 등록된 간이과세자가 대부분이란 점을 감안하면, 비용에서 세금이 차지하는 비중이 크지 않다는 점은 충분히 이해할 거라 생각하고 넘어가겠습니다. 그럼, 세부적인 항목들을 살펴보겠습니다.

맨 먼저, 객실을 운영하는데 들어가는 비용을 따져보겠습니다. 펜션의 경우, 별도로 확인된 공식적인 데이터가 없기 때문에, 일반적인 아파트 관리비를 참고로 했습니다. 아파트 관리비도 상황에 따라 달라지지만, 보통 수도권에 있는 30평형 아파트의 관리비를 15~20만 원 선이라고 보고 적용해보았습니다. 펜션을 이용하는 고객들은 자기 집이 아니기 때문에 특별히 냉난방을 아끼거나 전기, 수도 사용에도 별다른 관심을 가지지 않는다는 전제하에, 일단 10평형 펜션 객실의 월 관리비를 20만 원으로 잡았습니다. 실제로 겨울에 난방을 최대한 올리고, 에어컨을 킨 채 잠을 자는 고객들도 있으니 무리한 추정은 아니라고 봅니다. 시설에 대한 유지 보수 비용도 포함시키도록 하겠습니다. 아파트 관리비 항목에도 들어있기 때문이죠. 그다음, 인건비 항목을 살펴보아야 합니다. 보통, 10~15개 내외의 객실을 가진 펜션에 사람을 고용해 청소와 관리를 맡길 경우 대략, 4~6명 정도의 인원이 필요합니다. 바비큐용 숯불을 관리하고, 손님을 픽업 Pickup 하는 등의 일은 월급제로 고용된 남자 직원 1명이 전담합니다. 비수기엔 2~3명 정도의 청소 인원이 필요한데, 월급제인 경우도 있고, 시간에 따른 파트타임도 있습니다. 성수기에 예약이 늘어나면 1~2명 정도 더 필요하기 때문에, 평균적으로 고정 인원은 4~5명 정도로 잡았습니다. 물론, 자가노동이나 가족들을 동원할 경우 인건비 비중은 다소 줄어들지만, 비용절감의 효과는 크지 않다고 보아도 무방합니다.

마지막으로, 펜션 홍보를 위한 광고비가 있습니다. 키워드 광고의 경우, 선택하는 검색어와 시즌에 따라 비용이 달라집니다. 과거엔, 펜션 홍보의 90% 이상을 키워드 광고가 차지했기 때문에 보통 월평균 4~5백만 원은 우습게 들어가곤 했습니다. 매월 천만 원 이상의 광고비용을 쓰던 펜션도 있었지만, 최근엔 키워드 광고에 대한 효과가 예전만 못해, 보통 매월 300만 원 정도로 봅니다. 이렇게 종합해서 계산해 보면, 보통 수익형 펜션을 기준으로 펜션의 현실적인 수익률을 25% 이상이라고 추정됩니다.

초기 투자 금액	건축비	900,000,000	1,200,000,000
	시설 투자 및 오픈 비용	300,000,000	

비수기/성수기 매출(예약률)	비수기 월 매출		성수기 월 매출(추정)		비고
	예약률 50%	예약률 80%	예약률 70%	예약률 90%	
	19,415,000	24,512,000	46,970,000	32,904,000	예약률은 해당 펜션 실시간 예약 참고
월 매출 합계	43,927,000		79,874,000		비수기 10개월 /성수기 2개월
연 매출 합계	439,270,000		159,748,000		
연간 총 매출	599,018,000				

연간 운영 비용 분석(추정)				
구분	지출 기준	월 지출	연간 지출	
관리비	지출의 10%	4,881,817	59,901,800	수도 전기, 난방, 기타 시설 수선 비용 포함
인건비	급여	7,000,000	84,000,000	관리인원(시즌에 따라 변동)
광고 홍보비	광고비	6,000,000	72,000,000	인터넷 키워드 광고비용
지출 합계	315,901,800			
영업 이익	383,116,200			영업 이익률 32%

위에 올려둔 표는, 최근 2~3년간 직접 만들었던 펜션의 사례를 풀어본 것입니다. 사업 시작 전, 시장조사 자료와 여러 가지 추정에 따라 예측했던 자료인데, 현재 운영 상태와 비교해도 큰 오차는 없습니다. 위에 표를 보면, 영업 이익률을 대략 32%로 잡았는데, 펜션 운영과는 별도로 사업주의 생활비와 제세공과금 등을 제외하면 실제 수익은 대략 25% 내외입니다.

그런데 한 가지 더 알아야 할 점은, 위의 사례가 펜션을 시작한 첫해 수익이란 점입니다. 펜션의 경우, 예약률이 지속적으로 상승하진 않습니다. 보통 6개월 정도면 도달 가능한 최대 매출에 다다르기 때문이죠. 한정된 객실 수와 지역 특성, 펜션 자체에 대한 소비자의 대체적인 평가 등을 감안하면, 사실상 승패는 이 시점에서 갈립니다. 실제로, 이 시점에 달성한 매출을 꾸준히 유지하는 것이 펜션 마케팅의 최대 목표라고 볼 수 있습니다. 아무리 인위적으로 광고를 쏟아붓고, 이벤트 따위를 진행해도 최대 매출에 다다른 이후엔 추가적인 매출 상승은 기대하기 어렵습니다.

구분	1차년도	2차년도	3차년도	4차년도	5차년도	계
총매출	365,808,000	347,517,600	329,227,200	310,936,800	274,356,000	1,627,845,600
지출합계	108,580,8000	103,151,760	97,722,720	92,293,680	81,435,600	483,184,560
영업이익	257,227,200	244,365,840	231,504,480	218,643,120	192,920,400	1,144,661,040
감소비율	0%	−5%	−10%	−15%	−20%	

오히려, 2차 연도부터 매출은 조금씩 감소한다고 보는 편이 안정적입니다. 실제로 운영해 보면, 큰 차이가 나지 않는 경우도 있지만, 사업을 준비하는 단계에서는, 매출의 감소를 염두에 두는 편이 안전합니다. 이렇게, 추정되는 매출과 지출되는 비용, 사업을 시작한 후 일정 시점까지의 매출 추이를 계산해 보면, 펜션을 창업할 때 필요한 투자비용의 규모를 산출할 수 있습니다. 투자비용의 회수에 대해 거듭 강조하는 이유가 여기 있습니다. 펜션 사업은 여타의 자영업과 비교해, 아직까지도 상당히 높은 수익률을 보장하는, 몇 안 되는 사업 중 하나입니다. 지금은, 시장이 형성되던 초기에 비해 많이 어려워졌다고 하지만, 빠른 시간 내에 펜션이 급격하게 늘어난 가장 큰 이유 역시, 펜션의 높은 수익률 때문입니다. 수익구조에 따른 펜션을 분류할 때도, 투자비용의 회수 여부는 중요한 잣대가 됩니다. 물론, 초기 투자비용을 회수한 상태라면, 수익구조에 따른 분류조차도, 사실상 큰 의미가 없습니다.

펜션을 찾는 소비자들의 태도와 특징

소비자를 빼놓고 마케팅을 이야기하기란 불가능합니다. 제품이나 서비스를 소비자에게 판매하기 위한 모든 활동을 마케팅이라고 정의한다면, 그에 대한 논의의 상당 부분은 소비자에 대한 이야기로 채워져야 마땅합니다. 펜션 마케팅 역시 마찬가지입니다. 펜션은 소비자의 관점에서 만들어져야 한다는 이야기는 수차례 반복해서 설명했습니다. 그럼, 소비자의 관점이란 무엇이며, 구체적으로 어떤 부분을 눈여겨보아야 할지를 자세히 알아보도록 하겠습니다.

1 필요와 선호, 만족?
너도 모르고, 나도 모른다

모든 상품과 서비스와 마찬가지로, 펜션도 소비자의 마음에 들어야 예약이 됩니다. 마음에 든다는 건, 펜션의 규모나 시설, 인테리어와 서비스 등이 만족할만한 수준이란 뜻이죠. 아! 한 가지 빼먹을 뻔한 것이 있네요. 여기서 만족이란 눈에 보이는 시설 외에, 가격도 포함됩니다. 아무리 맘에 들어도 지나치게 가격이 비싸거나, 되레 너무 싼 경우 소비자의 만족을 이끌어내기 힘듭니다. 그런데 소비자의 만족 자체가 지나치게 추상적이라 구체적인 기준을 제시하기 어렵다는 게 가장 큰 문제입니다. 우리는 모두 고객이 만족할 만한 펜션을 만들고 싶어 하지만, 그 누구도 '이거다!'라는 구체적인 해답을 내놓진 못합니다. 경험상 우러나온 막연한 감感이나 바람에 그치는 경우가 대부분이죠. 그래서, 막연한 추측에 기대기보다는 펜션을 찾는 소비자들의 필요와 선호를 따져보는 편이 더 낫습니다. 물론, 이마저도 궁극적인 해결책이 되진 못합니다. 소비자들의 필요와 선호, 만족은 너무나 복잡하고 다양하기 때문에, 일정한 패턴을 찾아내기란 쉽지 않습니다.

일단, 수많은 사람들이 펜션을 찾는 이유를 따져보죠. 각자가 필요로 하는 펜션의 모습은 매우 다양합니다. 연인이나 배우자와의 특별한 이벤트를 원하는 경우도 있으며, 가족과 함께 오붓한 여행을 즐길 목적으로 예약을 하는 사람도 있습니다. 드물게는, 단지 하룻밤을 쉬어갈 목적으로 펜션을 찾기도 합니다. 어쨌든, 각자의 필요에 따라 펜션을 염두에 두고 있다는 점은 동일합니다.

그런데 사실상 이런 다양한 필요를 모두 충족시킬 방법은 없습니다. 한쪽을 선택한다면, 다른 한쪽은 포기해야 합니다. 커플과 가족이 원하는 모습과 분위기가 서로 다르기 때문에, 양쪽 모두를 만족시킬 수 있는 펜션은 극히 예외적인 경우를 제외하곤 좀처럼 찾아보기 어렵습니다.

예약률이나 매출 면에서 어정쩡한 수준을 유지하고 있는 상당수 펜션들은, 소비자들이 원하는 다양한 필요 중 과감하게 한쪽을 선택하지 못한 채, 어정쩡한 양다리를 걸친 경우가 대부분입니다. '양다리' 정도면 다행이고, 여기저기 다리를 걸친 경우도 많습니다.

더 재미난 부분은, 정작 소비자들조차 자신들이 원하는 바를 정확히 모른다는 점입니다. 커플 고객들의 경우, 그저 막연하게 '시설 좋고, 분위기 좋은 펜션'이라는 추상적인 모습만을 떠올릴 뿐입니다. 객실은 복층 구조에 월풀은 꼭 있어야 한다는 식의 구체적인 기준 따윈, 애당초 존재하지 않습니다. 막연하게 수없이 많은 펜션 홈페이지들을 들춰보다 보면, 어느새 어딘지조차 기억나지 않을 때가 많습니다. 그래서, 결국 다른 방도를 찾습니다. 인터넷에 올라온 정보나, 소위 잘 나간다고 소문난 펜션들을 수소문하게 되죠. 맘에 드는 펜션을 발견해도 선뜻, 예약을 하진 않습니다. 일상 소비재에 비해 가격도 비싸고, 의미도 남다르기 때문입니다. 펜션 홈페이지에 올라온 이용후기나 블로그 등을 찾아 요모조모 따져봅니다. 최종 결정이 끝나도 곧바로 예약을 하진 않습니다. 각종 예약 대행 사이트나 소셜커머스 등을 뒤져, 보다 싼값에 예약할 수 있는지 확인한 후에나 겨우 예약을 마칩니다. 물론, 이런 번거로운 과정 없이 충동적으로 예약을 하는 사람들도 있습니다. 평소에 이용 후기나, 여기저기 온라인을 떠돌아다닐 가능성이 있는 자기 펜션에 대한 평판을 세심하게 관리해야 하는 이유입니다.

한 가지 놓친 부분이 있습니다. 바로 '만족'이라는 소비자들의 비이성적인 감정입니다. 이런 복잡한 과정을 거쳐 펜션을 다녀간 사람들은 스스로의 선택에 모두 만족할까요? 이마저도 불분명합니다. 극단적인 불편함이나 펜션 측의 실수가 있을 경우엔 불만스럽겠죠. 하지만 대부분의 사람들은 자기만족이나 위안을 삼는 경우가 대부분입니다. 구체적인 기준 없이 선택한 탓에 스스로의 결정을 부정하고 싶지 않은 심리가 작용하기 때문이죠. 스스로의 커뮤니티 안에서 소위 '뜨는 펜션'이라고 입소문이라도 난 경우는 더욱 그렇습니다. 풀 빌라 급 펜션이 문을 연 다음, 한동안 꽤 괜찮은 예약률과 매출을 올릴 수 있는 이유기도 합니다. 특별한 이벤트를 기대하는 커플 고객 외에, 나머지 소비자들의 태도는 어떨까요?

과정은 동일하지만, 필요와 선호는 꽤 다릅니다. 인테리어나 시설적인 부분보다는, 전체적인 입지나 주변 환경부터 따지는 경우도 있고, 바비큐나 기타 놀이시설에 집중하는 사람들도 있습니다. 그중 가장 우선인 부분은 역시 가격입니다. 연인이나 배우자만으로 구성된 커플과 가장 다른 점입니다.

그런데 아쉽게도 가족들이 만족할만한 펜션은 거의 없다고 보아도 무방합니다. 간혹 눈에 띄는 가족 펜션의 경우조차, 시설이나 서비스 면에서 민박과 별반 다르지 않기 때문에, 전혀 다른 대안을 찾는 경우가 대부분입니다.

초창기 펜션들과 달리, 요즘 신축되고 있는 펜션들은 다양한 수요를 외면한 채, 오로지 커플 위주의 고급 펜션에만 매달리고 있습니다. 원룸으로 만들어진 객실은, 커플이나 젊은 부부 외엔 사용하기 어려운 부분들이 많습니다. 가족이나 단체 고객들은 콘도미니엄이나 가족별장 등을 가지고 있지 못하거나, 휴가철에 마땅한 대안이 없는 경우를 제외하면, 펜션을 찾는 경우는 거의 없습니다. 이런 점들 때문에, 커플을 제외한 나머지 소비자들에게 만족이란 의미는, 시설에 비해 저렴한 가격 정도가 전부라고 보아도 무방합니다.

펜션 입장에서도 불가피한 측면이 있습니다. 커플과 달리 가족이나 단체는 주말이나 성수기 예약이 전부입니다. 가족이나 단체는 비수기 주중을 채워주지 못한다는 점 때문에, 커플 위주로만 발전해 온 측면도 있습니다. 하지만, 지금처럼 포화 상태에 다다른 펜션 시장에서, 커플이라는 운영 방식만으로는 한계가 있습니다. 수요에 비해 펜션의 숫자가 적었던 시절과는 달리, 지금처럼 잘 꾸며진 커플 펜션이나 호화로운 풀 빌라 급 펜션이 넘쳐나는 상황에서, 과연 커플만을 붙들고 있는 것이 옳은 방법일까 하는 의문이 깊어집니다.

펜션에 대한 필요와 선호, 만족은 선명한 기준 없이 상황에 따라 달라집니다. 펜션을 필요로 하는 소비자나, 파는 우리나 모두 마찬가지입니다. 경계는 모호하며, 정답조차 존재하지 않습니다. 그럼 어떻게 해야 할까요? 모두가 만족할만한 펜션이란, 현실적으로 불가능합니다. 모두를 만족시킬 수 있는 절대적인 해결책은 애당초 존재하지 않습니다. 우리가 택할 수 있는 유일한 방법은, 수요가 많은 쪽을 선택해 그들을 만족시킬 수 있는 펜션을 만드는 것뿐입니다.

무엇을 팔 것인가? 2
확률과 선택의 문제

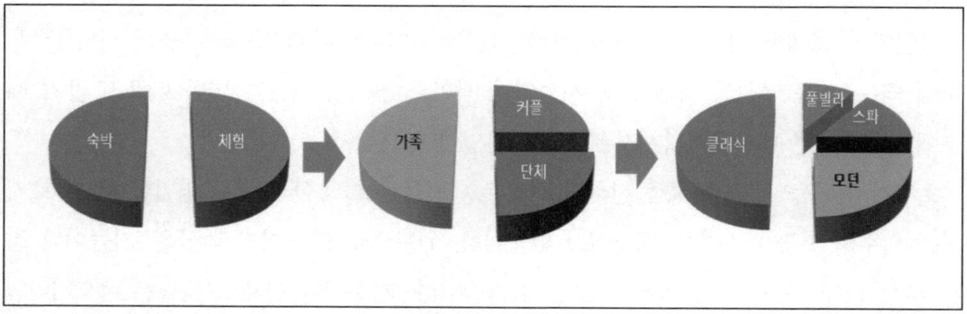

이미, 펜션은 숙박이란 기본적인 기능만으론 살아남기 어려워졌습니다. 저렴한 숙박이란 기능은 전통적인 민박에서 끝이 났고, 지금은 전혀 다른 유형의 시설로 변해버렸습니다. 전체적인 여행 수요 중 숙박이란 기능은 포기해야만 합니다. 숙박만으로는 펜션을 대체할 수 있는 보다 나은 대안들이 넘쳐나기 때문이죠. 차라리, 소비자의 다양한 필요와 선호를 충족시키는 쪽을 선택해야 합니다. 필요와 선호라는 너무나 많은 경우의 수를 조금만 단순화시키면, 좀 더 선명한 대안이 눈에 들어옵니다. 일단, 커플, 가족, 단체라는 3가지 유형의 필요 중 하나를 선택해야 합니다. 서로 다른 필요를 모두 충족시킬 순 없습니다. 인테리어나 시설도 마찬가집니다. 고객의 다양한 선호를 참고해, 가장 반응이 좋은 쪽을 택해야 합니다. 필요와 선호를 바탕으로 예약을 이끌어낼 수 있는 확률을 높여야 합니다.

고객 세분화는 고전적인 마케팅 개념이 되어버린 지 오랩니다. 펜션만이 놓치고 있을 뿐이죠. 풀 빌라나 모던 인테리어에만 매달리고 있는 현실이 증명합니다. 소비자의 다양한 필요와 선호는 무시한 채, 비수기 주중을 채워줄 수 있다는 단순한 논리에만 매달려 커플 펜션만을 양산해왔습니다. 월풀이나 스파가 인기를 끈다고 여긴 순간, 너나없이 뛰어들었고, 가족이나 단체를 상대하는 펜션은 극소수에 불과해졌습니다. 어쩌면, 펜션 시장이 어려워진 건 당연한 결과일지도 모르겠습니다. 지나치게 편중된 수요로만 내몰린 탓에, 가족과 단체라는 큰 수요는 무주공산으로 남아버린 격입니다. 커플을 무시하란 뜻은 아닙니다. 커플을 상대하려고 작정했다면, 그에 걸맞은 현명한 선택이 필요합니다. 규모와 시설 위주의 투자 경쟁으로 살아남으려는 시도는 위험합니다. 자칫, 가장 많은 돈을 쏟아부은 '최후의 일인'만이 살아남는 참담한 결과로 이어질지도 모릅니다.

중요한 건 확률과 선택입니다. 시장의 다양한 필요와 선호 중, 보다 폭넓은 선택을 받을 수 있는 쪽을 선택해야 합니다. 여러 유형의 펜션들 사이에서 내가 만든 펜션을 선택할 수 있는 확률을 높이는 것이 중요합니다. 모든 객실을 화려한 시설과 값비싼 인테리어로 꾸밀 필요도 없습니다. 소비자의 필요와 선호는 다양합니다. 값비싼 시설을 선호하는 수요가 있다면, 반대로 합리적인 가격을 선호하는 수요도 많습니다. 다양한 계층의 폭넓은 소비자를 끌어들일 수 있어야 합니다. 우리가 팔아야 하는 건 눈에 보이는 시설이나 규모가 전부는 아닙니다. 합리적인 가격과 차별화된 객실을 팔아야 합니다.

요즘 유행하는 아이돌idol 그룹을 떠올려 보면, 쉽게 이해할 수 있습니다. 성공한 아이돌 그룹들은 예전처럼 선남선녀들로만 이루어져 있지 않습니다. 노래를 잘하는 멤버, 외모가 출중한 멤버, 춤을 잘 추는 멤버 등, 다양한 구성원들을 한데 모아 팀을 꾸립니다. 팬들의 다양한 선호와 취향을 고려한 마케팅 전략의 결과입니다. 펜션도 마찬가지입니다. 펜션의 예약을 결정하는 요소는 다양합니다. 분명한 건, 모든 소비자들의 필요나 취향이 똑같지 않다는 사실입니다. 다양한 필요와 취향을 가진 고객들이 예약할 수 있는 확률을 높이는 것이 펜션 마케팅의 가장 기본적인 전략입니다.

누구에게 팔 것인가? 3
고르는 사람과 지불하는 사람, 사용하는 사람

호텔과 모텔을 구분하는 방법이란 인터넷 유머가 있습니다. 애인이 사진을 찍으면 호텔, 그러지 않으면 모텔이란 우스갯소리는 허투루 대할 이야기가 아니랍니다. 펜션도 여기 해당하기 때문이죠. 펜션은 고르는 사람과 돈을 내는 사람, 사용하는 사람의 입장이 저마다 다릅니다. 펜션은 여성에, 여성에 의한, 여성을 위한 상품입니다. 펜션 인테리어가 의외로 까다로운 이유도 마찬가집니다. 감성적인 여성의 눈높이를 맞추지 못하면, 원하는 만큼의 효과를 얻어내기 어려운 게 펜션 인테리어랍니다. 비싼 자재와 고급 시설을 갖추고도, 소비자의 만족을 이끌어 내지 못하는 가장 큰 이유가, 여성의 눈높이 때문입니다.

기본적인 인테리어 수준 외에, 가구나 소품, 조명, 주방에 놓인 사소한 집기 하나에도 만족감이 달라지는 여성의 독특한 취향은 생각 이상으로 까다롭답니다. 남자들이 대부분 기능이나 형태에 관심을 가지는 반면, 여성들은 비교적 감성적인 부분에 얽매이곤 합니다. 커플 펜션뿐만 아니라 대부분의 펜션은 여성이 원하는 분위기를 충족시켜야 합니다. 남자들의 선호는 아무런 문제가 되지 않습니다. 오직, 여성이 만족할 때만 예약이 이루어집니다. 미안한 이야기지만, 남자들의 역할은 지갑을 여는 데 그칠 뿐입니다. 여성의 취향은 연령과도 무관합니다. 여성의 눈에 만족할만한 인테리어나 시설은 나이와 관계없이 전 연령대에 유효합니다. 젊은 여성이건 나이 지긋한 할머님들이건, 여성의 눈높이는 동일합니다.

사용하는 사람의 입장도 고려해야 합니다. 다양한 필요와 선호를 가진 고객들이 각자의 취향에 따라 즐길 수 있는 분위기를 마련해주어야 합니다. 월풀이나 스파가 전부는 아닙니다. 기타 다양한 부대시설이나 바비큐 등의 서비스도 마찬가집니다. 이런 시설들과 서비스를 즐길지 말지는 사용하는 사람의 선택일 뿐입니다. 우리의 관심은 시설과 서비스가 예약에 미칠 효과입니다. 그 효과가 불분명하거나, 가격만 비싸게 만들 경우 과감하게 치워버려야 합니다. 애견 펜션을 단순하게 애견 용품이나 시설로만 채운다고 생각하면 착각입니다. 파티 펜션이나 앞으로 예상할 수 있는 모든 펜션들 역시 마찬가지입니다.

선택하는 사람의 입장과 지불하는 사람의 입장, 사용하는 사람의 선택은 모두 다 나름의 이유가 있고, 우리는 그 이유에 합당한 분위기와 시설만 고민하면 됩니다. 선택하는 사람의 눈높이에 맞는 인테리어와 시설, 지불하는 사람이 받아들일 수 있는 합리적인 가격, 사용하는 사람의 즐거움을 고려한 펜션을 만들어야 합니다. 선택한 사람이 객실 문을 여는 순간, 사진을 찍어 그 즉시 SNS에 게시할 정도로 만족할 수 있으면 되고, 지불한 사람은 흐뭇해하면 그만입니다. 객실 안에 머물면서, 그들 스스로가 어떻게 즐길 것인지는 전적으로 그들의 선택일 뿐입니다.

우리에게 필요한 건, 우리가 만든 펜션을 어떻게 하면 잘 팔 수 있느냐입니다. 무엇을 팔고, 누구에게 팔고, 어떻게 팔아야 할지는, 여전히 큰 숙제이자 우리가 꾸준하게 탐구해야 할 부분들입니다. 위에 열거한 몇 가지 내용들이 전부는 아닙니다. 풀어야 할 과제들 역시 수없이 많습니다. 확률과 선택의 문제라고 이야기하는 것도 마찬가지입니다. 우리는 확률적으로 더 많은 소비자가 선택할 수 있는 방향으로 펜션을 만들어야 합니다. 또한, 이미 운영 중인 수많은 펜션들의 사례를 통해 우리가 선택해야 할 효과적인 부분들을 찾아나가야 합니다.

펜션에 있어 포지셔닝 전략은 어떤 의미일까?

펜션 마케팅에 쓸 수 있는 여러 방법들 중, 포지셔닝 Positioning 은 가장 효과 높은 전략이라고 생각합니다. 포지셔닝 전략은 마케팅 분야에서 꽤 오래전부터 사용된 효과적인 기법입니다. 포지셔닝의 개념은, 시장의 지배력과 기업의 규모를 감안해 각자의 입장에 맞는 마케팅 전략을 세워야 살아남을 수 있다는 전제하에 출발했습니다. 이미 오래전부터 유수의 세계적 기업들은, 자신들의 매출과 경쟁 관계를 고려한 다양한 포지셔닝 전략을 펼쳐나가고 있습니다.

1 포지셔닝 전략의 개요

지역을 한정 짓지 않고, 꾸준히 오랫동안 펜션을 살펴보다 보면, 한 가지 공통점을 발견할 수 있습니다. 예를 들어, 통영시는 통영 지역 나름의 특징이 있고, 경주는 경주대로, 가평은 가평 나름의 경향성이 도드라집니다. 한 지역에 제법 장사가 잘 되는 펜션이 생기고 나면, 뒤에 만들어지는 신축 펜션들 역시 비슷하게 따라갑니다. 대부분 앞서 만들어진 펜션들보다 더 큰 규모, 더 비싼 시설, 더 화려한 인테리어를 추구해서 자신의 펜션을 만듭니다. 더러, 자신의 투자 여력과 맞지 않는 무리한 공사로 흉내 내기에 그치는 경우도 꽤 많습니다. 지역의 특정업체가 거의 독점적으로 펜션 공사를 수주하는 일도 흔합니다. 이런 이유들 때문에, 한 지역에 몰려있는 펜션들은 저마다의 개성보다는, 일종의 경향성에 빠지게 되는 현상이 벌어집니다. 월풀이나 스파로 재미를 보게 되면, 뒤따르는 후발 주자들도 너나 할 것 없이 설치에 열을 올리고, 객실 앞에 수영장을 설치해 매출이 올라가는 걸 본 다음엔 너도나도 땅을 팝니다. 서로 엇비슷하게 만들어진 펜션들이, 모두 다 장사가 잘 된다면 아무런 문제가 없겠죠. 하지만 불행하게도 그런 사례는 전국을 통틀어 단 한 곳에서도 발견되고 있지 않습니다.

경쟁이 죽고 사느냐를 결정짓는 치열한 전쟁과 같다면, 마케팅은 총성 없는 전쟁터에서 살아남기 위한 전략과 유사합니다. 마케팅 전략이 고대부터 전해 내려져 온 병법이나, 군사학과 상당 부분 겹치는 이유입니다. 포지셔닝을 한마디로 정의하면, "경쟁 상대보다 좀 더 유리한 위치를 선점해 효율적으로 싸운다."라고 요약할 수 있습니다. 여기서 중요한 대목이 바로 '선점'입니다. 이미 남들이 차지하고 있는 자리를 빼앗기란 거의 불가능합니다. 유리한 위치를 선점하기 위해선 차별화가 핵심입니다. 차별화가 어려운 이유는 하나뿐입니다. 남들과 다르다는 것에 대한 막연한 두려움과 뿌리 깊은 고정관념이 차별화를 가로막는 유일한 걸림돌입니다. 월풀이나 스파, 풀 빌라 급 펜션에 대한 우려 역시, 차별화 때문입니다. 남이 가지 않은 길을 간다는 건 두렵고 고통스러운 일이 될 수도 있습니다. 하지만 수없이 많은 펜션들과 차별화시키지 못할 땐 더 큰 고통과 좌절을 맛볼 수밖에 없습니다.

포지셔닝을 펜션 마케팅으로 끌고 들어온 이유도 바로 여기 있습니다. 이미 포화 상태에 다다른 고가의 서비스 시설이나 풀 빌라 급 펜션에만 연연해선 안 됩니다. 소비자들의 눈에 쉽게 띌 수 없기 때문이죠. 월풀이나 스파, 풀 빌라 급 펜션만이 전부는 아닙니다. 펜션을 구성하는 여러 가지 요소들을 적재적소에 효과적으로 사용할 줄 알아야 합니다. 탱크가 강력한 무기인 건 사실이지만, 전쟁의 승패를 결정지을 순 없습니다. 소총을 든 보병도 있어야 합니다. 비행기와 군함이 뒷받침되어야 전쟁을 수월하게 치를 수 있습니다. 중요한 건, 월풀이나 스파가 소총이 될지, 탱크가 될지를 잘 생각하고 선택해야 한다는 점입니다. 무엇보다도 펜션 비즈니스의 8가지 요소를 효과적으로 사용해 남들과 차별화된 펜션을 만들어야 합니다. 이것이 바로, 펜션 마케팅에 있어 포지셔닝 전략의 핵심입니다.

포지셔닝 전략의 필요성 2

통상적인 전쟁에선 군사력이 강한 군대가 승리하는 것이 보통이지만, 탁월한 전략과 병법을 구사해 작은 나라가 큰 나라와 싸워 이긴 사례는 수없이 많습니다. 강자가 승리한다는 것도 확률의 문제일 뿐입니다. 약자가 강자를 이길 확률보다 강자가 약자를 이길 확률이 훨씬 더 높을 뿐, 필승을 보장하는 건 아닙니다. 기나긴 전쟁의 역사 속에서 약자가 나름의 전략으로 승리를 거둔 적은 수없이 많습니다. 다윗과 골리앗의 싸움이 대표적이며, 가깝게는 베트남 전쟁의 사례를 들 수 있습니다.

펜션의 경우도 마찬가지입니다. 덩치가 크고 화려한 펜션들만 장사가 된다면, 애당초 펜션 사업을 시작할 이유가 없어집니다. 물론, 큰 규모와 화려한 시설을 갖출 수 있는 여력이 있다면 좀 더 유리합니다. 강자의 여유란 의미죠. 하지만 전망 좋은 땅과 큰 규모, 화려한 시설을 갖출 수 있는 충분한 돈을 가지지 못한 경우라도, 나름의 궁리와 현명한 선택을 통해 충분히 성공할 수 있습니다. 자신의 상황에 맞는 적절한 전략을 짜면 됩니다. 포지셔닝 전략이 펜션 마케팅에 효과적인 이유입니다. 작은 펜션은, 작은 펜션 나름의 전략으로 싸우면 됩니다. 피 터지게 싸워야 하는 전쟁터와는 달리, 마케팅에서의 승리란 누가 더 많은 수익을 거둘 수 있는 가로 승패가 갈리기 때문이죠. 정말로 상대를 쓰러뜨려야 이기는 게 아니란 뜻입니다. 여기서 주목해야 할 것이 바로 '매출'이 아닌 '수익'입니다. 규모가 크고, 시설이 화려한 펜션은 거저 얻어지는 게 아닙니다. 그만큼의 비용을 쏟아부어야 됩니다. 어지간한 매출로는 큰 수익을 거둘 수 없습니다. 반대로, 규모가 작은 펜션은 매출에 대한 압박에서 비교적 자유롭습니다. 겨우 객실 4개만으로 큰 수익을 얻고 있는 애견 펜션도 있고, 대여섯 개의 적은 객실로 한 가족이 윤택한 삶을 누리고 있는 펜션들도 얼마든지 있습니다. 풀 빌라 급의 고급 펜션에만 집착하는 것은, 싸워보기도 전에 승기를 빼앗기는 결과로 이어지기도 합니다.

일단, 눈에 보이는 규모나 화려한 시설에 현혹되지 말아야 합니다. 눈에 보이는 것들에 현혹되고 나면, 스스로가 자신의 투자 여력을 잊어버리게 됩니다. 무작정 규모가 큰 펜션들을 따라가다 보면, 내실이 떨어지는 경우도 많습니다. 겉으로는 풀 빌라 펜션을 표방하고 있는 상당수 펜션들의 경쟁력이 떨어지는 이유입니다. 규모에 대한 지나친 집착 때문에 자신의 투자 규모를 염두에 두지 않은 탓이죠. 어찌어찌 돈을 끌어모으면 가능할 것만 같았던 일들도, 공사 기간이 늘어나고 자금에 대한 압박이 지속되다 보면 원하는 만큼의 결과를 이루어내지 못하는 일이 벌어지곤 합니다. 차라리, 처음부터 규모를 줄여 내실을 기했다면, 투자에 대한 부담도 줄어들고 예약률도 훨씬 높았을 것입니다. 전쟁에서는 더러 허장성세虛張聲勢가 먹히는 경우도 있지만, 일시적인 방편에 불과한 경우가 대부분입니다. 결정적인 승패는 자신만의 강력한 힘에서 갈린다는 점을 잊지 말아야 합니다.

남들이 치열하게 싸우고 있는 전장을 벗어나, 비교적 여유로운 위치에서 나만의 실익을 찾는 것도 효과적인 포지셔닝 전략입니다. 커플 위주의 운영 방식이나 기업형 풀 빌라 펜션들과는 콘셉트 자체를 달리해, 전혀 새로운 형태의 펜션을 운영하는 것도 바람직합니다. 키즈 펜션처럼 가족을 상대로 하는 새로운 콘셉트나 애견 펜션과 같이 기존의 관념을 역이용하는 전략도 훌륭합니다. 커플 펜션만을 고집했던 이유가 비수기 주중 예약 때문이었다면, 포화 상태에 다다른 지금과 같은 상황에선 굳이 커플만을 고집할 이유가 없습니다. 물론, 자신의 투자 여력이 충분하고 경쟁에서 싸워 이길 수 있다는 확신만 있다면, 아직도 커플 펜션을 능가할 콘셉트는 없다고 봅니다. 대신, 남들을 압도할 만큼의 경쟁력을 확보하기 힘들다는 판단이 설 경우엔 다른 대안을 찾는 편이 현명하다는 뜻입니다. 비록, 승리의 과실은 적을지 몰라도 경쟁에서 자유롭고 들어가는 투자비용도 현저히 줄어듭니다.

기존 펜션을 리모델링할 때도 마찬가집니다. 막무가내로 흉내 내기보다는, 자신의 문제점을 신중하게 판단해서 취약한 부분만을 집중적으로 보완하는 방법을 택해야 합니다. 이미 만들어진 지 오래된 자신의 펜션을 새롭게 만들어진 신축 펜션 수준으로 끌어올리려는 생각은 온당치 못합니다. 들어가는 비용과는 별개로, 현실적이지 못한 선택입니다. 약자는 강자와 정면으로 맞서서는 승산이 없습니다. 자신만의 차별화된 전략으로 살아남아야 합니다.

동서양을 막론하고, 최고의 전략가들은 언제나 같은 선택을 해왔습니다. 승리를 확신할 수 있을 때만 전쟁을 일으켰다는 점입니다. 패배가 불 보듯 뻔한 싸움에 목숨을 거는 장수는 없습니다. 불확실한 싸움을 스스로의 지략이나 묘수妙手만으로 돌파할 수 있다고 생각한 바보들만이, 어김없이 패배했을 뿐입니다. 펜션 사업도 마찬가지입니다. 눈에 뻔히 보이는 투자비용의 차이나 입지의 불리함 따윈 전혀 고려치 않고, 무작정 덤벼드는 어리석음은 피해야 합니다. 우리의 목적은 펜션 사업을 통한 안정된 삶에 있습니다. 안정된 노후를 꾸리기 위한 사업에 무리한 욕심을 부리는 것도, 어찌 보면 패배가 불 보듯 뻔한 싸움에 목숨을 거는 일과 다를 바 없다고 생각합니다. 펜션 마케팅에서 포지셔닝 전략은, 각자의 위치에서 가장 효율적인 방법으로 수익을 만들어 갈 수 있는 방법을 찾는 것입니다. 그리고, 펜션 마케팅에 적합한 포지셔닝 전략은 두 가지입니다. 바로, '수평적 포지셔닝'과 '수직적 포지셔닝'입니다.

포지셔닝 전략에 대한 이해

펜션 마케팅에 대한 이야기에서 빼놓을 수 없는 것이, 바로 시장의 흐름이겠죠? 이미, 앞에서 이야기한 것처럼, 펜션 시장은 몇 번의 변화를 거쳐 현재에 이르렀습니다. 긍정적인 부분도 있고 부정적인 면도 많았지만, 펜션 시장이 발전할 수 있었던 가장 큰 힘은 소비자들의 다양한 요구와 필요였습니다. 그 자체가 옳든 그르든, 시장이 흘러온 과정은 소비자들의 기대에 부응한 선택의 결과였습니다. 여기서 '옳든 그르든'이란 표현을 쓴 이유는, 시장의 요구에 대한 반응이 항상 긍정적인 결과로 이어진 것은 아니라는 점 때문입니다.

쉽사리 단정 지을 순 없겠지만, 적어도 현재와 같은 펜션 시장의 모습은 소비자와 펜션 사업자, 양쪽 모두에게 그다지 좋지 못한 상황인 것만은 틀림없습니다. 과거와 같이 높은 수익을 올릴 수 있는 '고수익형' 펜션은 더 이상 기대하기 힘들어졌고, 시장의 권력은 엉뚱한 곳으로 넘어가버렸으며, 펜션의 양극화는 더욱 심해지고 있습니다. 일부 부유층에 속하는 소비자들을 제외하면, 지나치게 비싸진 가격 탓에 전반적인 펜션 예약률은 갈수록 하향 평준화되고 있습니다.

지나친 과잉과 넘어간 시장 권력 1

몇 년째 계속해서 펜션 시장에 대한 데이터를 모아오는 동안, 일관되게 느껴온 점 중 하나가 바로, 외형적인 숫자에 비해 시장의 규모가 점점 더 줄어들고 있다는 사실입니다. 각 지역별로 적게는 100여 개 남짓, 많게는 500~600여 개의 펜션과 민박이 운영 중에 있지만, 상위 20% 정도를 제외하면 홈페이지 관리조차 제대로 이루어지지 않고 있습니다. 주 중, 주말 가리지 않고, 예약 달력이 텅 비어있는 모습도 자주 눈에 띕니다. 결국, 소수의 펜션들만이 각축을 벌이는 형국입니다. 그럼에도 불구하고, 해마다 10%씩 꾸준히 늘어나는 모습을 보면 시장 자체는 참으로 독특합니다.

가평군 펜션 영업 추이

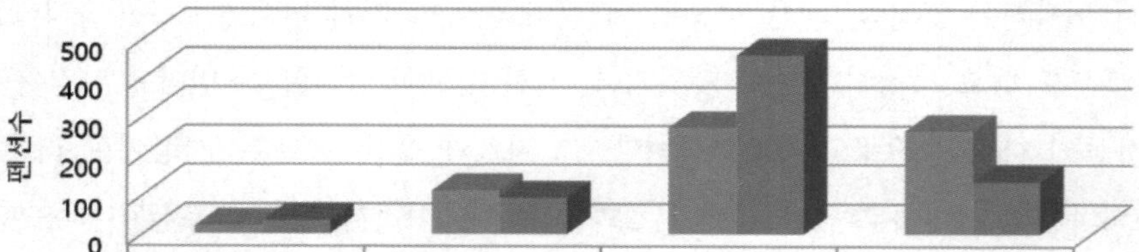

	상	중	하	없음
2013년	20	110	271	263
2016년	33	91	457	132

위의 표는, 가평군 지역 펜션들의 영업 현황을 정리한 내용입니다. 보시는 것처럼, 2013년에 비수기 주중 예약률 50% 이상이던 수익형 펜션의 숫자는 약 20여 곳이었고, 2016년엔 33개 펜션으로 늘어납니다. 반대로 비수기 주중 예약률 30% 이상이던 자립형 펜션의 숫자는 오히려 줄어들었고, 그보다 더 못한 경우는 더욱 많아졌습니다. 이런 식

의 양극화는 전국 어느 지역에서나 찾아볼 수 있는 일반적인 현상입니다. 더 큰 문제는, 새로 생긴 펜션 중 비수기 주중 예약률 50%를 3년 이상 유지하는 펜션이 거의 없다는 겁니다. 대부분 문을 연 지 1년쯤 지나면, 예약률이 크게 떨어지곤 합니다. 여러 가지가 이유가 있겠지만, 단골손님이 존재하지 않는다는 펜션의 특성과, 새로 생겨나는 신축 펜션에 밀려나는 것이 주된 원인이라고 봅니다.

상식적으로 생각해 보면, 펜션에 단골손님이 없다는 건 당연합니다. 하루를 묵어가기 위해 4~50만 원씩의 경비가 필요한 펜션을 반복해서 찾아올 이유란 거의 없죠. 올해 거제도에 놀러 갔다면, 다음 해는 여수나 경주 등 다른 곳을 찾을 뿐, 굳이 거제도를 다시 찾진 않습니다. 설령, 거제도를 다시 찾는다 해도 이미 한번 묵어본 펜션을 또다시 찾을 이유는 없죠. 기왕에 쓰는 돈이라면, 전혀 새로운 곳을 찾기 마련입니다. 끊임없이 새로운 소비자를 유치해야 하는 일은 결코 쉬운 일이 아닙니다. 두 번째 이유가 더 큰 문제입니다. 언젠가부터 펜션의 경쟁이 투자 위주로 돌변하기 시작하면서 모든 것이 바뀌기 시작합니다. 먼저 만든 펜션이 제법 큰돈을 들여 번듯한 펜션으로 재미를 보고 나면, 뒤를 잇는 경쟁자는 더 큰돈과 더 화려한 시설로 뒤따릅니다. 그다음 역시 마찬가집니다. 이런 악순환이 끝없이 반복되다 보니, 지금과 같은 과잉 상태에 이르렀습니다. 모든 것이 과잉입니다. 과잉 투자, 시설 과잉, 규모의 과잉.

한정된 수요를 넘어서는 펜션의 과잉과 일부 부유층만을 상대로 한 끊임없는 과잉 경쟁은 펜션들도 힘이 들지만, 소비자들에게도 큰 피로감을 안겨주고 있습니다. 70~80%에 달하는 기존 펜션들도, 시설의 노후화와 뒤떨어진 인테리어 등으로 인해 민박으로 전락한 느낌마저 듭니다.

그나마 예약률이 높은 상위 20%의 펜션들 역시, 가뜩이나 적은 수요에 기대어 과잉 투자를 거듭하다 보니, 수익률은 크게 떨어지고 있는 추세입니다. 수많은 신축 펜션들이 보다 폭넓은 수요와 합리적인 소비자들을 놓치고 있습니다. 과잉투자는 높은 가격으로 이어지고, 높은 가격 때문에 예약률은 바닥을 치는 경우가 허다합니다. 시장을 나누어 보면, 모두가 양극단에만 서 있을 뿐 가운데는 텅 비어있는 무주공산입니다.

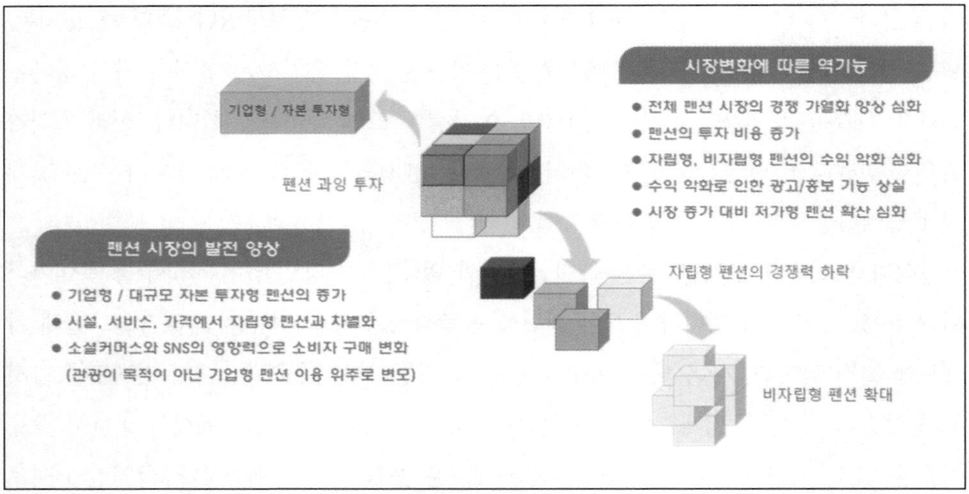

권력은 이미 다른 곳으로 넘어가 버렸습니다. 과잉투자와 낮은 매출 때문에 신축 펜션들조차, 오픈한 지 1~2년 정도 지나고 나면, 대부분 소셜커머스나 예약 대행 사이트, 기타 온라인 오픈 마켓에 종속되고 맙니다. 낮은 매출 때문에 투자비용의 회수는 고사하고 운영조차 힘든 탓에, 울며 겨자 먹기 식의 할인 판매나 예약 대행에 매달릴 수밖에 없어집니다. 그마저도 신통치는 못하지만, 이미 불가피한 선택이 되고 말았습니다. 재미있는 건, 등장 초기에만 해도 이름난 펜션들을 찾아다니던 온라인 업체들이, 어느새 자신들의 입맛에 맞는 펜션들만을 가려 받는 지경에 이르렀다는 점입니다. 입맛에 맞는다는 건, 당연히 잘 팔릴 수 있는 펜션을 우선시한다는 뜻입니다.

소셜커머스나 예약 대행 사이트의 경우, 온라인에 노출되는 범위와 규모가 크기 때문에 잘만 이용하면 제법 짭짤한 재미가 있습니다. 실제로, 단발성 이벤트나 세일즈 프로모션 도구로 활용해, 좋은 효과를 얻어낸 사례들도 많습니다. 그런데 문제는 펜션들이 할인 판매의 효과를 직접 체감하면서부터는, 일회성 행사가 아닌 연중행사로 이어지는 경우가 많다는 점입니다. 바닥을 치던 매출이 잠시나마 호전되고 나면 마약과도 같은 유혹을 참아내지 못하게 됩니다. 결국, 업체들 스스로가 팔릴만한 펜션들만 골라내는 지경에 이르렀습니다. 차라리, 포지션을 바꿔 새로 생겨나는 펜션들과 전혀 다른 위치에서 경쟁하는 것이, 올바른 방법입니다.

2 남이 발견하지 못한 자리를 찾아라

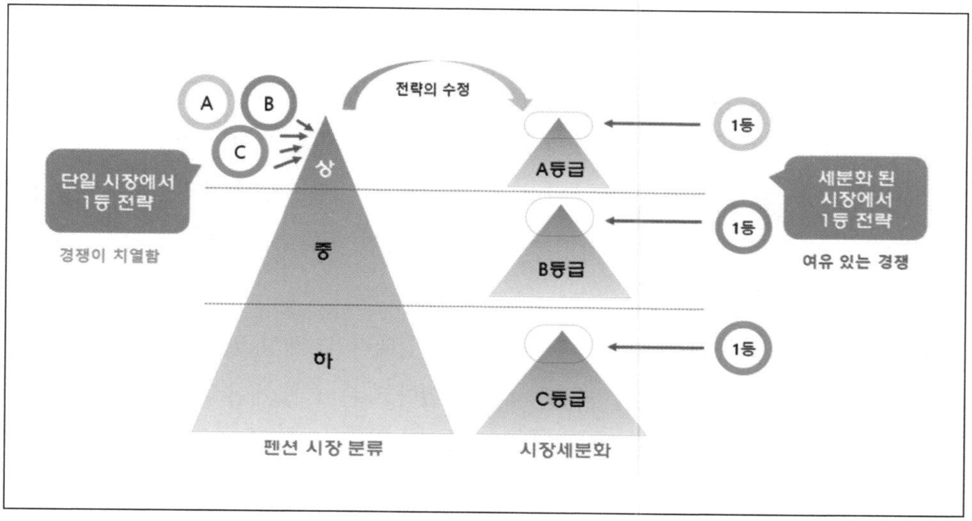

소풍이나 야유회 따위 가게 되면, 자주 하는 놀이 중 하나가 '의자 뺏기'입니다. 의자 뺏기 놀이는 참여하는 사람의 숫자보다, 차지할 수 있는 의자의 개수가 적을수록 재미납니다. 격렬하게 몸을 부딪치며 서로 의자를 뺏다 보면, 뻔히 비어있는 의자를 미처 발견하지 못한 채 속절없이 나가떨어지는 경우도 생깁니다.

포지셔닝 전략도 빈 의자를 찾는 과정과 똑같습니다. 여러 사람이 노리는 자리를 차지하기 위해 애를 쓰기보다는, 빈자리를 찾는 편이 훨씬 더 쉽습니다. 무리한 경쟁은 피하고 내게 맞는 자리를 찾아 들어가는 것이 포지셔닝 전략의 핵심입니다. 지금과 같은 무리한 투자 경쟁은, 값비싼 의자 하나를 차지하기 위해 모두가 혈안이 되어 있는 것과 진배없습니다. 비어있는 자리는 얼마든지 있습니다. 다만, 유심히 보지 않고 열심히 찾지 않을 뿐입니다.

왜 다들 굳이 좁디좁은 자리만을 고집할까요? 펜션을 이용하는 소비자들조차 아니라고 하는데도 말입니다. 그저 앞선 경쟁자가 조금 재미를 보았다는 막연한 이유만으로, 수없이 많은 사람들이 몰려드는 형국입니다. 서로가 함께하기에는 턱없이 부족한 좁디좁은 자리로만 말입니다. 조금만 시야를 넓히면, 아무도 신경 쓰지 않는 드넓은 자리는 얼마든지 있습니다.

물론, 빈자리를 찾는다는 게 생각만큼 쉬운 일은 아닙니다. 틈새시장을 공략하라는 말만큼 힘듭니다. 틈새시장이란, 이미 남들이 꽉 채우고 있는 시장 속에서 바늘 끝만한 빈자리를 찾으란 말과 같습니다. 하지만 지금처럼 양극단으로만 몰려 있는 상황이라면. 바늘 끝이 아닌 넓디넓은 빈자리는 얼마든지 남아 있다고 봅니다. 심지어, 동일한 유형의 커플 펜션에서도 마찬가지입니다.

규모나 시설만으로 승부를 보기보다는 독특한 인테리어, 개성 있는 분위기를 내세워 합리적인 가격을 제시한다면, 얼마든지 승산이 있다고 봅니다. 개인적인 주장이 아니라, 시장을 유심히 바라다보면, 이런 사례들은 얼마든지 찾을 수 있습니다.

남들이 미처 발견하지 못한 빈자리를 찾는 일은, 생각만큼 쉽지 않습니다. 멀리 보고, 넓게 봐야 합니다. 풀 빌라 급 펜션들이 몰려있는 곳이라면 가급적 피하는 것이 좋고, 반대라면 노려볼만합니다. 콘도형 펜션이나 모던 건축 구조로 만들어진 펜션들이 잘 된다면 따라가 볼 필요도 있겠지만, 그 숫자가 너무 많을 경우엔 역으로 생각해 볼 필요도 있습니다. 프로방스 스타일이나 운치 있는 전원주택 타입의 펜션으로 승부를 보는 것이 좀 더 유리할 때도 있습니다. 지나친 과잉을 우려하지만 객실 인테리어만큼은, 언제나 지나치다 싶을 정도로 꽉꽉 채우는 게 맞습니다. 심지어, 처음부터 투자비용을 줄여 가격을 낮추는 방법도 있습니다. 새로 만든 펜션이라고 해서 반드시 비싸게 받으라는 법은 없습니다. 소비자 입장에서도 비싼 객실은 언제나 큰 부담입니다. 자기가 운영할 지역만 주야장천晝夜長川 뚫어지게 쳐다볼 것이 아니라, 보다 넓은 지역의 펜션들도 참고하는 것이 좋습니다. 자기 자리를 찾는 데 큰 도움이 됩니다.

수평적으로 자리를 달리하는 것도 좋지만, 수직적으로 위치를 바꾸는 것도 좋은 방법입니다. 입지에 따른 땅값이나 건축비, 기타 창업에 들어가는 비용이 모두 같을 순 없습니다. 경우에 따라선, 아무리 많은 돈을 들여도 경쟁자만큼 좋은 풍광을 가진 땅을 살 수 없거나, 그만큼의 돈을 들여서 펜션을 지을 이유가 없는 경우도 있습니다. 차라리 규모를 줄이거나 비용을 아껴, 처음부터 상위 그룹이 아닌 한 단계 낮은 자리에서 시작하는 것도 현명한 선택입니다.

불황이라고 아우성치고들 있지만, 매년 꾸준히 펜션이 늘어나는 이유도 생각보다 펜션의 사업성이 좋기 때문이란 반증입니다. 예닐곱 개의 객실만으로 일 년에 일억 이상씩의 매출을 올린다면, 여느 자영업과 비교해도 꽤나 높은 수익률이라고 생각합니다. 자신의 투자여력에 알맞은 적정 수준의 창업은 여러모로 부담이 적습니다.

풀 빌라나 규모가 큰 펜션으로만 사람이 몰리는 건 절대 아닙니다. 하룻밤을 즐기기에 부담 없는 가격과 차별화된 분위기의 펜션을 찾는 소비자들이 늘어나고 있습니다. 펜션이 더 이상 과시의 수단이 아니기 때문이죠. 굳이, 기업형 펜션이나 큰돈 들여 만든 대형 펜션들과 경쟁할 이유는 없습니다. 맹목적으로 큰돈을 투자한 펜션들조차, 뒤따르는 더 큰 규모의 펜션에 위협을 느끼는 건 마찬가지랍니다.

효과적인 포지셔닝 전략들

펜션 사업을 염두에 둔 사람들은, 대략 두 부류로 나뉩니다. 남부럽지 않은 경제력으로 자산 가치에 집중하는 사람과 한정된 비용으로 최대한의 효과를 원하는 사람으로 구분할 수 있습니다. 전자와 후자의 입장 차이는 분명합니다. 전자의 경우, 펜션 자체를 개인 자산의 일부라고 여기기 때문에 골치 아픈 문제 따윈 뒷전입니다. 일단, 눈에 보이는 외형에 치중합니다. 무엇보다 남들에게 뽐낼 수 있는 규모와 수준을 원합니다. 모든 선택의 기준은 효율이 아니라, 최고급이란 잣대를 들이대죠. 수익이나 효율은 1차적인 고려 대상에서 제외됩니다. 그저 굴러만 가면 된다고 여기는 사람들이 많습니다.

문제는 후자입니다. 정말 많은 고민과 갈등의 시간을 거치게 됩니다. 최대한 적은 비용으로 최고의 효과를 얻고 싶어 하지만, 결코 간단치 않습니다. 같은 돈으로도 완성도의 차이가 크게 나는 경우가 허다한데, 하물며 남들보다 적은 비용으로 동일한 결과를 얻어내기란 결코 쉽지 않습니다. 최상의 결과란, 그에 상응하는 비용이 뒷받침될 때 가능한 이야깁니다. 이럼 점들 때문에, 무작정 고급스러운 펜션을 만들기 위해 애쓰기보다는, 나만의 것을 만드는 데 집중하는 편이 효율적입니다.

시장조사를 꾸준히 해나가다 보면, 우리가 생각하는 것과는 전혀 다른 뜻밖의 결과와 맞닥뜨리게 됩니다. 규모가 크고 화려한 펜션과 마주치게 되면, 대부분 '이 정도 규모와 시설이면, 당연히 예약률도 높겠지?'란 기대를 품게 됩니다. 하지만 막상 텅 비어있는 예약 달력을 확인한 순간, 막연했던 기대는 여지없이 무너집니다.

펜션 사업을 결심한 사람들의 눈엔 화려한 인테리어와 값비싼 시설이 성공의 필수 요소처럼 느껴지게 됩니다. 그러나 이런 예상 밖의 결과와 맞닥뜨리고 나면 큰 혼란에 빠집니다. 키워드 광고나 온라인에 올라와 있는 이름난 펜션들뿐만 아니라, 한 지역을 통틀어서 확인해 보면, 이런 경우는 수없이 많습니다.

이쯤 되면 규모와 시설, 인테리어가 펜션의 영업을 좌우하는 모든 것이 아니란 사실을 깨달아야 합니다. 물론, 그 차이를 금세 알아차릴 순 없습니다. 장사가 잘 되는 펜션과 큰 차이가 없음에도 불구하고, 확연하게 드러나는 매출의 차이를 쉽게 이해할 수 없는 경우가 대부분입니다.

여수시 지역 풀 빌라 펜션 현황

구분	건축 스타일		인테리어 수준		내부시설		외부시설
	모던형	전원형	상	중	스파	월풀/스파	수영장
현황	5	1	5	1	5	1	6

구분	현황
상	2
중	3
하	1

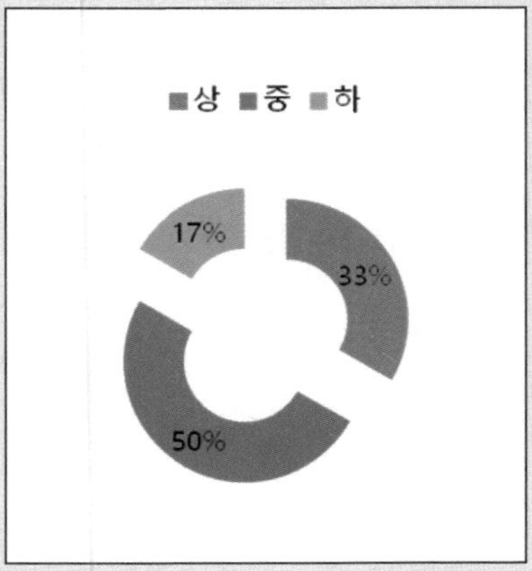

흔히들 풀 빌라 급 펜션이라고 하면, 대부분 장사가 잘 될 것이란 막연한 예상을 합니다. 위에 표는 여수시 지역에서 운영 중인 풀 빌라 급 펜션에 대한 자료입니다. 2016년 10월 기준으로 여수시에는 약 6개의 풀 빌라 급 펜션이 운영되고 있습니다. 건축 형태는 모던 스타일이 주를 이루고 있으며, 인테리어 수준이나 내/외부 시설도 일반적인 기준으로 볼 때, 최상급이라고 평가할 수 있습니다. 한눈에 실패할 이유가 전혀 없어 보입니다. 하지만 예약률을 조사해 보면 비수기 주중 예약률 50% 이상인 펜션은 단 두 곳에 불과하며, 심지어 비수기 주중 예약이 형편없는 곳도 있습니다. 비단, 여수 지역뿐만 아니라 전국적으로 광범위하게 펜션 홈페이지들을 조사해 보면 우리가 생각하고 있는 직관적인 판단과는 크게 벗어난 결과들을 꽤나 자주 접하게 됩니다.

1

결과 이전에 다양한 조합이 필요하다

펜션은 눈에 보이는 건축이나 인테리어, 시설 외에도 다양한 요소들이 결합되어 있습니다. 앞서 살펴본 [입지], [접근성], [고객층], [서비스], [가격]의 나머지 5가지 요소가 적절한 조화를 이루어야 합니다. 물론, 펜션 비즈니스의 8가지 요소 외에도 우리가 찾아야 할 빈자리를 골라낼 수 있는 경우의 수는 수없이 많습니다.

당장 건축 형태만 해도, 모던 건축 스타일에서부터 철근 콘크리트, 목조주택, 조립식 주택까지 시공방법에 따른 비용의 차이는 천차만별입니다. 방의 구조도 원룸에서부터 복층까지 다양하며, 객실의 숫자를 몇 개로 할 것인지에 따라서도 다양한 경우의 수가 나옵니다. 월풀이나 스파를 설치하는 것이 유리할지, 남들과는 색다르게 히노끼나 노천탕을 만드는 게 나을지 등, 우리가 선택할 수 있는 길들은 수없이 많습니다.

일종의 퍼즐 맞추기와 유사하며, 이런 작은 조각들이 모여서 펜션이라는 하나의 큰 그림을 완성하게 됩니다. 완성된 그림으로 성공할 수 있을지 여부는, 그 누구도 쉽게 장담할 순 없습니다. 그래도 어느 정도 가능성을 점쳐볼 순 있습니다. 바로, 시장에 답이 있기 때문이죠. 여러 가지 경우의 수를 조합해 하나의 그림을 만든 다음엔, 또다시 시장 상황에 대입해 여러 가능성을 점쳐보면 됩니다.

불과 5~6년 전만 해도 비수기 주중 예약률 70% 이상인 고수익형 펜션은 여러 지역에서 쉽게 찾아볼 수 있었습니다. 그때만 해도 펜션 창업을 위한 예산 책정엔, 다소 여유가 있었습니다. 전체적인 시장 상황이 좋을 땐 약간의 위험부담을 감수해 볼 만한 가치가 있습니다. 하지만 요즘 같은 시기엔 전혀 다릅니다. 실패할 위험성이 한층 더 높아졌기 때문에, 불필요한 투자는 금물입니다.

경우의 수란, 반드시 그 실현 가능성이나 타당성을 시장에서 확인할 수 있어야 합니다. 현실적이지 못한 선택은, 성공이 아닌 실패의 확률만 높일 뿐입니다. 우리가 그리는 그림은 남들과 다른 모습이어야 할 뿐, 전혀 현실적이지 못한 황당한 그림을 그려서는 곤란합니다.

포지셔닝 전략엔 "튀지 말고 차별화하라!"는 격언이 있습니다. 남들과 다른 방법으로 접근해야 합니다. 자칫 무리한 선택은, 어느 방향으로 튈지 모릅니다. 간혹 펜션 홈페이지를 조사하다 보면, 특이한 인테리어랍시고 얼토당토않은 디자인으로 객실을 꾸민 경우들을 발견할 때가 있습니다. 의도는 이해하지만, 그 결과는 언제나 좋지 못합니다.

실력 있는 요리사는 듣도 보도 못한 엉뚱한 재료를 고르지 않습니다. 기존에 익숙한 재료를 가지고 좀 더 창의적인 조리법을 연구할 뿐입니다. 펜션도 마찬가지입니다. 인테리어도 기존에 있던 것들을 재해석해, 보다 색다른 분위기를 연출하는 쪽으로 만들어져야 합니다. 젊은이들이 몰려드는 이름난 장소에 모여있는, 다양한 가게와 점포들의 인테리어를 펜션에 적용하는 창의적인 발상이 필요합니다. 난생처음 보는 이상한 구조나 엉뚱한 디자인은, 언제나 환영받지 못합니다.

선택의 기준과 검증의 잣대는 시장에 있습니다. 새롭게 펜션을 시작할 때, 매출이나 예약률은 기존 펜션들을 참고해야 합니다. 이따금, 사업의 결과가 의지나 노력에 따라 바뀌기도 한다지만, 시장의 수요를 뛰어넘는 결과를 기대하는 건 만용입니다.

대도시를 배후에 둔 지역이나 유명 관광지에 위치한 펜션들과, 비교적 덜 알려진 내륙 지역의 펜션들 간엔 현실적인 차이가 존재합니다. 같은 규모와 시설을 갖춘 펜션이라도 대도시나 유명 관광지에선 비수기 주중 예약률 50%를 달성하는 것이 크게 어렵지 않지만, 내륙이나 배후 시장의 크기가 적은 지역으로 옮겨가면 30%를 달성하기도 힘든 것이 현실입니다. 수요가 적은 지역에서 펜션 창업을 고려하는 경우라면 현실적인 목표는 비수기 주중 30% 미만으로 잡아야 합니다. 뜻하지 않은 행운이나 주인의 특별한 노력과 재능으로 그 이상의 실적을 달성하는 경우도 있지만, 극히 예외적인 경우라는 사실도 잊지 말아야 합니다.

펜션을 자산 가치의 측면으로 접근하는 사람에겐 해당되지 않습니다. 넉넉한 여유자금과 회수에 대한 압박이 없는 경우엔, 본인이 하고 싶은 만큼 해도 됩니다. 하지만, 한정된 예산으로 안정적인 펜션 운영을 꿈꾸는 경우라면 현실을 있는 그대로 받아들여야만 합니다. 후자의 경우가 겪게 되는 딜레마도 있습니다. 대부분 현실적인 판단과 이성적인 선택을 하지만, 때론 자기 집이란 명분 때문에 필요 이상의 욕심을 부릴 때도 있습니다. 스스로의 욕심을 정당화시키는 논리는 아주 간단합니다. "좀 더 벌면 되지"라는 엉뚱한 생각입니다. 호불호에 따른 개인의 취향까지 결합되면, 이런 무모한 결정은 의외로 자주 일어납니다. 이성적인 선택이란 꽤나 고통스럽죠. 갖고 싶은 것, 하고 싶은 것들을 참아내야 하기 때문입니다.

2 강자와 약자에 대한 또 다른 시각

요즘, 펜션 창업의 또 다른 경향 중 하나가 규모에 대한 집착입니다. 창업을 위해 준비한 자금 여력과는 별개로, 가급적 규모가 큰 펜션을 선호하는 경향이 뚜렷합니다. 객실 숫자가 많다는 건 분명한 장점입니다. 특히, 성수기 매출을 고려하면 더욱 그렇습니다. 특별한 경우를 제외하면, 너 나 할 것 없이 돈을 버는 성수기에 방이 모자라 발을 굴러야 한다는 건 무척 억울합니다. 그럼, 규모를 키우는 게 반드시 유리하기만 할까요? 명과 암은 분명합니다.

영업이익이란 관점에서 보면, 펜션은 이미 완성된 객실을 빌려주는 형식이기 때문에, 일반적인 제조업이나 요식업 등과는 원가 개념이 많이 다릅니다. 객실의 청결을 관리하고 시설을 운영하는 비용 외엔 별다른 비용이 들지 않죠. 펜션의 수익률이 높은 이유 중 하나입니다. 그럼에도 불구하고, 펜션의 규모에 따른 유지 비용의 차이는 꽤나 큽니다. 초기 펜션의 경우, 법규상 70평 미만으로 규모를 제한해온 탓에, 시설을 관리하고 유지하는데 들어가는 비용은 크지 않았습니다. 주말에 손님을 받고 나면, 더러워진 방과 침구를 정리하는 정도면 충분했습니다.

하지만 요즘은 상황이 전혀 달라졌습니다. 규모 자체가 지나치게 커져버렸기 때문에, 자가 노동이나 가족단위로만 펜션을 운영하기란 현실적으로 매우 버거워졌습니다. 당연히, 객실 청소와 관리에 필요한 별도의 인원이 필요합니다. 과거에 비해 인건비 비중도 무척 높아진 편입니다. 객실에 월풀이나 스파를 설치한 경우, 전담 직원을 따로 두어야 할 정도입니다. 바비큐 숯불을 피워주고, 픽업 Pick up 을 나갈 수 있는 직원도 필요합니다. 예약률이 일정하게 유지되는 경우엔 큰 문제가 없지만, 주 중과 주말, 비수기와 성수기 매출이 들쭉날쭉할 경우, 사람을 쓰는 것 자체가 꽤나 버겁습니다. 여유 있는 노후를 즐기기는커녕, 24시간 관리에 쏟아야 할 시간과 노력이 지나치게 커졌습니다.

규모가 크면 여러 가지 문제가 생길 수 있습니다. 관리 비용의 증가나 창업 비용 외에, 영업적인 측면에서도 다양한 문제들이 자주 발생합니다. 객실 수가 많으면 웬만큼 예약이 차도, 크게 표시가 나질 않습니다. 비수기 주중 예약률이 2~30% 수준만 되어도 펜션을 꾸려나가는 데, 별다른 어려움은 없습니다. 투자비용을 뽑는데 시간이 좀 더 필요할 뿐입니다.

문제는 전혀 엉뚱한 곳에서 발생합니다. 객실이 맘에 들어도, 예약 달력이 너무 휑하면 예약을 꺼리는 경우가 흔합니다. 사람이 몰리는 집이, 맛집으로 소문이 나듯 인테리어나 시설, 서비스가 맘에 들어도 눈에 보이는 예약률이 너무 떨어지면 색안경을 끼고 보는 소비자들이 많습니다.

규모가 크고 시설이 좋은 펜션은 요금이 비싼 만큼 고객들이 원하는 서비스의 질과 수준도 높아집니다. 돈을 낸 만큼 대접을 받아야겠다는 심리가 작용합니다. 상대적으로 큰 규모 때문에, 접객에 대한 스트레스는 끊임없이 반복됩니다.

결정적으로, 변화하는 시장 상황에 적절한 대처가 힘듭니다. 덩치가 크다 보니 둔해

질 수밖에 없습니다. 우리나라만큼 모든 부분에서의 변화가 빠른 경우도 드뭅니다. 패션Fashion 이나 음식, 문화 전반의 모든 수명이 지나치게 짧은 편입니다. 한창 유행할 땐 열광적이었던 것들조차, 얼마 지나지 않아 구식으로 치부되는 것이 현실입니다. 펜션 역시 마찬가지입니다. 투자비용을 모두 회수한 경우라면 몰라도, 그렇지 못한 경우라면 어쩔 수 없이 변화하는 유행을 따라갈 수밖에 없습니다. 지금 당장은 최신식의 인테리어라고 해도, 불과 2~3년만 지나면 어떤 스타일이 각광받게 될지는 아무도 모릅니다. 규모가 큰 펜션은 새로운 유행에 맞춰 변화를 꾀하는 일조차 쉽지 않습니다. 어설프게 손을 댄들 표도 나지 않고, 대대적으로 손을 볼라치면 그동안 번 돈을 몽땅 쏟아부어야 할 경우도 생깁니다. 규모가 작다고 이런 문제들에서 자유로울 순 없지만, 상대적인 부담은 낮은 편입니다. 거기에 더해, 자기만의 고유한 자리를 차지하고 있다면 이런 부담에선 훨씬 자유로워질 수 있습니다.

규모에 대한 막연한 집착을 버려야 합니다. 그렇다고 성수기 매출이나 여러 가지 조건을 생각하면, 무조건 규모를 줄이는 것 또한 능사는 아닙니다. 규모를 키운다는 것이 단순하게 덩치만 커진다는 의미와는 전혀 다릅니다.

규모와 가격에 걸맞은 시설과 수준 높은 서비스를 요구받게 됩니다. 이런 점을 피해가겠다는 생각으로 적당히 낮은 시설과 싼 가격으로 승부를 보기엔, 펜션에 대한 소비자들의 기대치가 너무 높아져 버렸습니다. 중요한 건 눈에 보이는 규모가 아닙니다. 마케팅 측면에서 보면, 강자와 약자를 구분하는 기준은 규모가 아닌 수익입니다. 얼마나 많은 돈을 들였는지가 아니라, 얼마나 높은 수익을 얻고 있는가로 승패가 판가름납니다. 천원을 들여 천원을 벌어봐야 본전에 불과합니다, 백 원으로 천 원을 벌어야 합니다. 높은 수익은 직관이 아닌 수요에 대한 예측에서 출발합니다. 수요는 어떻게 예측할 수 있을까요? 시장을 보면 답이 나옵니다. 시장엔 이미, 수없이 많은 펜션들의 마케팅 사례가 넘쳐나고 있습니다. 다양한 규모와 시설을 갖춘 펜션들을 통해, 적정한 규모와 시장의 수요를 예측할 수 있습니다.

전통적으로 관광객이 꾸준히 유입되는 경주나 강릉 등은, 손쉽게 수요를 예측할 수 있는 지역들입니다. 여수 국제엑스포와 순천 국제정원박람회가 열리기 전만 해도, 여수 지역은 펜션에 대한 수요가 극히 미미한 수준이었습니다. 하지만, 전국적으로 이슈를 끌어모은 행사가 열린 후부터는 펜션의 숫자가 급격히 늘어나고 있습니다. 반대로, 양양과 속초 지역은 금강산 관광 열풍에 밀려난 설악산의 위상 때문에 전반적인 펜션 수요가 크게 줄어든 상태입니다. 이처럼 지역의 이슈와 기존 펜션들의 운영 상태 등을 잘 살펴보면, 규모와 수요를 예측하는 일은 크게 어렵지 않습니다. 수요에 맞는 적정한 규모는 안정적인 사업을 가능하게 합니다. 무리하게 규모를 키운 탓에 예약 달력을 휑하게 비워둘 이유도 없으며, 안정적인 예약률은 소비자들에게 신뢰감을 줄 수 있습니다. 성수기나 사람이 몰리는 기간엔 다소 아쉬울 수 있으나, 원하는 날짜를 놓치지 않으려는 조바심 덕분에 꾸준한 예약을 이끌어 낼 수 있습니다.

무엇보다 중요한 점은 지역에서 남들이 넘볼 수 없는 위치에 설 수 있다는 이점입니다. 예전부터, 각 지역별로 소비자들의 머릿속에 각인된 대표 펜션의 지위가 존재해 왔습니다. A라는 지역을 떠올리는 즉시, B라는 펜션이 떠올려지는 경우를 말합니다. 구체적인 실명을 거론하긴 어렵지만, 이런 펜션들의 명성은 아직도 전국 곳곳에서 쉽게 발견할 수 있습니다. 진정한 의미의 강자란, 큰 규모보다는 소비자들에게 강력한 이미지를 줄 수 있어야 합니다. 펜션은 단골손님이 없는 대신에 한번 형성된 이미지가 끊임없이 온라인 상에 떠돌아다니는 특성이 있습니다. 소비자들에게 깊이 각인된 지역별 강자들을 리딩 Leading 펜션이라고 부릅니다.

3

1등과 2등 그리고 3등의 의미

펜션 시장의 흐름을 따라가다 보면, 강자가 가지는 위상과 약자의 부침이 확연하게 드러납니다. 강자들은 꾸준한 예약률과 매출을 바탕으로 안정적인 펜션 운영이 가능하기 때문에, 시설 관리나 서비스의 질이 떨어지는 경우가 별로 없습니다. 반대로, 약자들은 들쭉날쭉한 예약률 때문에 안정적인 운영에 애를 먹게 되죠. 직원의 숫자도 유동적이기 때문에 사소한 클레임이 자주 발생합니다. 매출이 조금 늘어난 경우조차, 다음 달 또는 다음 시즌에 대한 불확실함 때문에 시설을 손보거나 서비스를 개선할 수 있는 여력이 별로 없습니다.

강자의 여유를 쉽게 찾아볼 수 있는 부분이 또 하나 있는데, 바로 키워드 광고에 대한 의존도입니다. 각 지역별로 예약률이 높은 상위 2~5%의 펜션들은 키워드 광고에 크게 연연하지 않습니다. 상황에 따라선, 아예 키워드 광고 자체를 집행하지 않는 경우도 많습니다. 반대로, 약자들은 키워드 광고에 대한 의존도가 매우 큽니다. 펜션 비즈니스의 특성상 키워드 광고를 제외하면, 딱히 자신의 펜션을 알릴 수 있는 방법이 없기 때문입니다. 강자들은 인위적인 온라인 홍보나 예약 대행 사이트 등을 통한 할인 판매에 별다른 관심을 두지 않습니다. 이미 다녀간 고객들이 자신들의 SNS나 블로그를 통해 충분한 입소문을 내주기 때문이죠. 반대로, 예약률이 낮은 펜션은 홍보나 할인 판매에 적극적일 수밖에 없습니다. 양극화 현상은 여기서도 발견됩니다. 손님이 뜸하다 보니 입소문이 날 확률은 낮아지고, 막상 찾아온 손님들조차 한산한 분위기에 휩쓸려 여간해선 좋은 평을 올리지 않는답니다.

2014년 대비 예약률 변화 추이 ❶

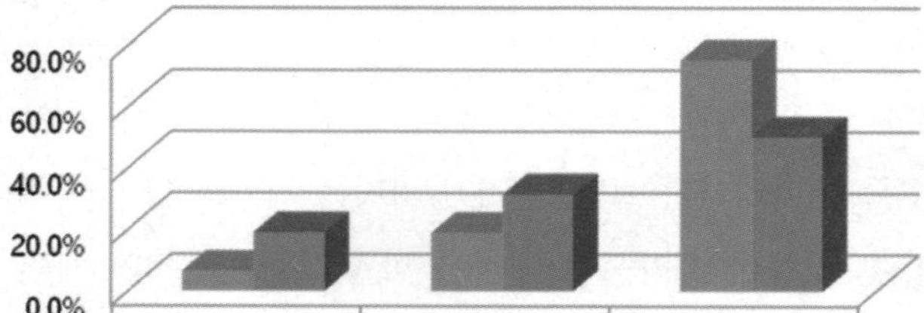

	상	중	하
■ 가평군	6.3%	18.8%	75.0%
■ 경주시	18.8%	31.3%	50.0%

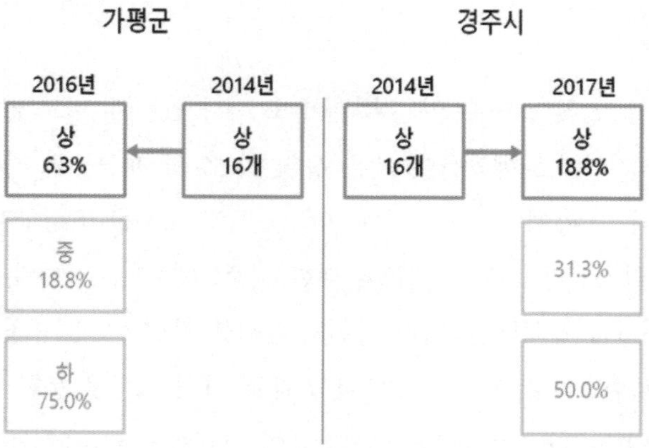

언제나 그렇듯이, 시장엔 영원한 강자도 영원한 약자도 없습니다. 위의 표는, 가평군과 경주시 지역 펜션에 대한 예약률 추이를 살펴본 자료입니다. 2014년을 기준으로, 두 지역에서 비수기 주중 예약률 50% 이상인 펜션은 공교롭게도 각각 16개씩이었습니다. 그런데, 2016년과 2017년에 다시 한번 두 지역의 영업 현황을 조사해 보니, 위와 같은 결과가 나왔습니다. 16개의 펜션들 중 비수기 주중 예약률 50% 이상을 계속해서 유지하고 있는 펜션의 비율이 가평군은 약 6.3%, 경주는 약 18.8%로 조사되었습니다.

보통 펜션을 오픈하고 나면, 1~2년 동안은 신축 펜션이라는 프리미엄 때문에 비교적 높은 예약률을 올리곤 합니다. 그러나, 2~3년 정도 지나고 나면, 새로 생겨나는 펜션들로 인해 매출은 점점 더 줄어들게 되죠. 즉, 강자의 지위를 내어주는 펜션들이 늘어난다는 의미입니다. 그런데, 위의 표에서 보는 것처럼 꾸준히 강자의 지위를 유지하는 리딩 펜션들도 있습니다. 전국적으로 평균 1~2%에 해당하는 리딩 펜션들이 각 지역의 펜션 시장을 이끌어가는 역할을 합니다. 물론, 리딩 펜션들조차 시간이 흐름에 따라 조금씩 예약률이 떨어지는 건 사실이지만, 지역을 대표하는 명성에 힘입어 꽤 오랜 기간 동안 안정적인 운영이 가능합니다.

당장은 신축 펜션이란 프리미엄 때문에 예약률이 높은 경우도 있습니다. 하지만, 장기적인 관점에서 꾸준한 예약률을 유지하는 펜션들을 진정한 강자라고 봐야 합니다. 한때, 반짝 높았던 예약률만으론 1등이라고 부르기엔 한계가 있습니다. 그럼, 리딩 펜션을 제외한 나머지 펜션들을 2등이라고 볼 수 있을까요? 이 역시 쉽게 판단할 수 없습니다. 아래 표를 살펴본 후, 이야기를 이어나가 보죠.

2014년 대비 예약률 변화 추이 ❷

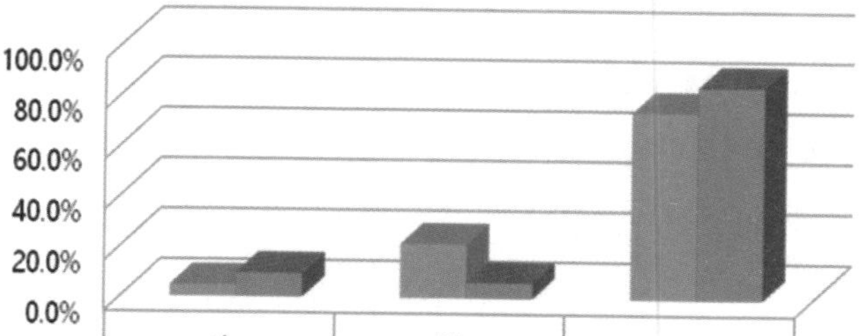

	상	중	하
■ 가평군	4.5%	21.3%	74.2%
■ 경주시	9.4%	6.3%	84.4%

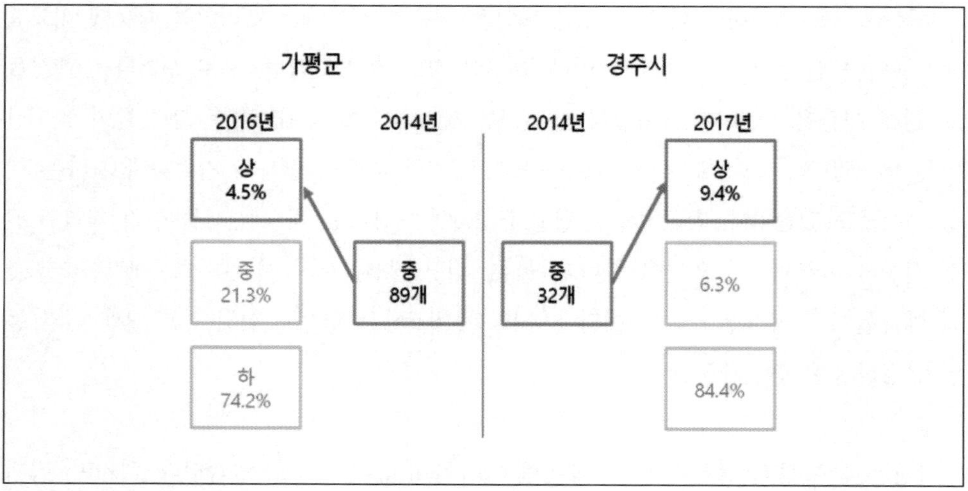

표에서 보면, 2014년에 가평군과 경주시에서 비수기 주중 예약률 30% 이상이던 펜션은 각각 89개와 32개로 조사되었습니다. 그런데, 2016년과 17년에 다시 조사해 본 결과, 이들 펜션 중 비수기 주중 예약률이 50% 이상으로 증가한 펜션이 각각 4.5%와 9.4%로 조사되었습니다. 반대로 비수기 주말 예약률이 50% 미만으로 하락한 경우는 각각 74.2%와 84.4%로 조사되었습니다. 이 부분을 주목해야 합니다. 섣불리 일반화시키기엔 다소 무리가 있지만, 예약률이 상승한 펜션 중 상당수는 지속적인 광고와 홍보를 통해 소비자들의 호응을 얻어낸 펜션들입니다. 그 외에, 리모델링을 통해 시설이나 인테리어를 개선한 경우도 있습니다. 그 어떤 경우라도 소비자가 원하는 방향으로 꾸준히 개선해왔다는 점만큼은 인정할만합니다. 시장에서 2등이라고 부를 수 있는 펜션들은, 바로 이런 펜션들이라고 생각합니다. 2등에 위치한 펜션들이 당장 리딩 펜션으로까지 성장할 수 있을지는 미지수지만, 시간이 좀 더 흐른 후 결과를 확인할 수 있을 겁니다.

마지막으로 3등에 위치한 펜션들은 어떨까요? 위의 조사 결과로 보면, 동일 기간 중 예약률 변화가 전혀 없었거나 하락한 펜션들을 3등으로 분류할 수 있습니다. 비수기 '주말' 예약률이 30% 미만인 펜션들이죠. 이들 펜션들을 3등이라고 말하는 것이, 결코 폄 하나 비하의 의미는 아니랍니다. 이들 펜션 중에도 과거엔 리딩 펜션의 지위에까지 올랐었던 펜션들도 있을 것이며, 남들보다 빨리 투자비용을 회수해, 맘 편하게 펜션을 운영하는 경우도 있습니다. 처음부터 민박 수준이었던 펜션들도 포함됩니다.

핵심은, 당장 눈에 보이는 예약률이나 매출이 아닌, 장기적인 관점에서의 위치가 보다 더 중요하다는 점입니다. 잠깐 동안 1등의 위치에 있다가 급격하게 위상이 떨어진 펜션들도 있으며, 출발할 당시에는 다소 뒤처졌지만, 지속적인 노력과 관리로 소비자들에게 좋은 호응을 얻어낸 펜션들도 있습니다. 가장 중요한 부분은, 어떻게 하면 현재의 위치에서 최상의 전략을 통해 그 자리를 지켜내거나, 한 단계 더 높이 올라설 수 있느냐가 관건이라고 봅니다.

4 강자가 되기 위한 전략, 상대를 압도하라

동서고금을 막론하고 가장 현명한 전략은, 상대를 압도할 수 있는 우위에 섰을 때만 전쟁에 나서는 것이었습니다. 상대를 압도할 수 있는 우위에 선다는 건 말처럼 쉬운 일은 아닙니다. 펜션의 경우, 단지 눈에 보이는 규모나 시설만으론 부족합니다. 강점을 부각시키고, 약점을 숨길 수 있는 현명한 전략이 필요합니다. 약점이라고 여겨지는 부분 중엔, 사람의 힘으론 어쩔 수 없는 부분들도 있습니다. 대표적인 것이 펜션의 입지입니다. 모든 지역에 해당되는 건 아니지만, 가끔 남들이 엄두도 내지 못할만한 풍광 좋은 위치에 지어진 펜션들을 만날 수 있습니다. 이런 천혜의 입지는 돈으로 환산할 수 없는 엄청난 가치를 가집니다. 이런 땅을 가질 수 있다는 것만으로도, 굉장한 무기가 됩니다. 드물지만 이런 유리한 강점을 제대로 살리지 못하는 경우도 종종 있습니다.

어쨌든, 경쟁하는 입장에선 여간 불리한 게 아닙니다. 아무리 많은 돈을 들고 찾아다녀도, 비슷한 자리를 찾지 못할 때가 더 많습니다. 하지만, 생각하기에 따라선 입지에 대한 약점을 극복할 수 있는 방법이 전혀 없는 것도 아닙니다. 유리한 입지를 제대로 살려내지 못하는 경우도 있듯이, 입지에 대한 관점을 역으로 이용해 약점을 상쇄시키는 방법도 많습니다. 커플 고객들은 대부분 입실과 동시에 커튼을 친 후 외부와의 시선을 단절시킨 채, 대부분의 시간을 객실 안에서 보냅니다. 제아무리 뛰어난 풍광이라도, 커튼을 열어젖히고 밖을 쳐다보지 않는 이상 의미가 없겠죠. 이럴 땐, 외부의 풍광에 버금가는 다채로운 인테리어와 시설로 승부를 보는 것이 현명합니다. 비슷한 입지를 찾기 위한 부질없는 노력이나 무리한 땅 투자보다는, 상대가 미처 생각하지 못한 빈틈을 파고드는 방법입니다.

입지 외에도 여러 부분에서 상대를 압도할 수 있는 전략을 짜야 합니다. 대신, 한 가지 전제를 잊어서는 곤란합니다. 무리한 투자는 금물입니다. 한정된 투자 비용 내에서, 특화된 방향으로 상대와 겨루어야 합니다. 비용의 한계를 느낄 경우, 규모를 줄이는 편이 현명합니다. 경쟁력 없는 객실은 숫자가 아무리 많아도, 매출에 전혀 도움이 되지 못합니다. 차라리 규모를 줄여, 내실 있는 객실들을 만들어나가는 것이 현명합니다. 요즘 유행하는 풀 빌라 급 펜션들에서 이런 전략의 오류를 자주 찾아볼 수 있습니다.

인테리어는 시간과 돈에 비례한다는 게 일반적인 상식입니다. 풀 빌라 급 펜션의 요금을 생각하면 충분한 시간과 돈이 필요합니다. 그런데 풀 빌라 급 펜션만큼 차별화가 어려운 경우는 드뭅니다. 대부분의 풀 빌라 급 펜션은 화이트 모던이라는 매우 단순한 인테리어 디자인으로 꾸며집니다. 디자인이 단순하기 때문에 자재 위주의 시공이 주를 이룹니다.

제법 오랜 기간 꾸준한 매출을 유지하고 있는 풀 빌라 급 펜션의 경우, 건축 비용을 제외한 인테리어 시공 비용은 상상을 초월하는 경우가 많습니다. 과도한 투자에 따른 수익률과는 별개로 충분한 시간과 질 좋은 고가의 자재를 사용했기 때문에 가능한 이야깁니다. 문제는 이런 식의 풀 빌라 급 펜션을 따라가기 위해선 많은 돈이 필요한데, 규모까지 키우다 보면 완성도에선 큰 차이가 난다는 점입니다.

심플함을 내세운 모던 인테리어 디자인은 얼핏 보기에 별거 없어 보이지만, 지갑을 여는 소비자의 날카로운 시선은 공사에 쓰인 자재의 질과 수준을 금세 알아차립니다. 이런 이유로 같은 풀 빌라 급 펜션 사이에서도 매출의 차이는 극명합니다. 차라리 규모를 줄이고 밀도를 높일 수 있어야 성공할 수 있는 게 풀 빌라 급 펜션입니다. 하지만, 대부분의 사람들이 이런 차이를 전혀 모른 채 분별없이 덤벼들고 있습니다. 규모와 질, 둘 다를 잡기 위해선 막대한 지출이 필요하다는 점을 알아야 합니다.

상대를 압도하기 위해선 밀도 있는 규모와 시설을 갖추는 것 외에도, 다양한 마케팅 전략들이 필요합니다. 펜션을 오픈한 직후 임시 홈페이지를 운영하는 기간 동안, 다양한 요금 체계를 테스트해야 합니다. 합리적인 가격을 선택한 다음엔, 예약률 위주의 영업에 집중해야 합니다. 문을 열고 난 후, 밀려드는 예약 때문에 슬그머니 가격을 올리는 경우도 많은데 강자의 전략으론 아주 나쁜 선택입니다. 전쟁과 비교하면, 작은 전투에서 승기를 잡았다는 이유로 대규모 병력을 빼내는 것과 마찬가지입니다. 굳이 가격을 내릴 필요까진 없어도 일단, 문을 열고 나면 영업은 강하게 밀어붙여야 합니다.

주변의 경쟁자들을 압도할 수 있는 예약률로 승부를 봐야 합니다. 펜션은 실시간 예약 시스템이란 독특한 방식으로 운영된다는 점을 잊어서는 안 됩니다. 일단, 경쟁에 돌입하면 얼마나 남기느냐는 서로의 관심 밖의 일입니다. 경쟁 상대들끼리는 서로의 실시간 예약 현황을 들춰보면서 승패를 가늠하곤 합니다. 수익은 뒷전이며, 당장 눈에 보이는 예약률만 신경 쓸 뿐입니다. 이런 경향은, 소비자들 역시 마찬가지입니다. 예약률이 높은 펜션으로 고객이 몰리는 건, 당연한 현상입니다. 지역을 대표하는 리딩 펜션의 지위를 확보할 때까지는 쉴 틈 없이 밀어붙여야 합니다.

펜션의 가치는 규모나 시설이 아닌 예약률에 달려있습니다. 눈에 띄게 높은 예약률은, 선택을 해야 하는 소비자들에게 무언의 압박으로 작용합니다. 비슷한 가격과 시설이라도 예약률이 높은 펜션을 선택하는 건 소비자들의 공통된 심리입니다. 적절한 프로모션을 통해, 격차를 더욱 벌리려는 시도가 필요합니다. 성수기처럼 예약이 잘 되는 시즌에 역으로 할인 행사를 벌이거나, 비수기에 공격적인 마케팅을 통해, 자기 펜션에 대한 좋은 평판을 꾸준히 쌓아가야 합니다.

매출에 큰 영향도 없는, 불필요한 서비스는 줄여야 합니다. 브런치나 조식을 판매한다든지, 바비큐용 고기나 과일, 음료수 등 소소한 물품을 팔아보겠다는 생각 따윈 버려야 합니다. 언제나 그렇지만, 문을 연 직후엔 사소한 불만이나 클레임이 펜션의 평판을 엉망으로 만들 수 있다는 점을 기억해야 합니다.

객실 요금과 통상적인 바비큐용 숯불 비용 정도를 제외하면, 고객에게 돈을 받는 서비스는 언제나 위험합니다. 아무리 값싸고 친절한 서비스라도 지갑에서 돈이 나가는 순간, 불만이나 클레임을 제기할 가능성은 언제나 열려있습니다. 리딩 펜션의 지위는 일순간의 매출이나 예약률만으로는 부족합니다. 경쟁 상대를 압도할 수 있는 명성과 평판이 중요합니다. 가급적 상대가 쉽게 따라올 수 없도록, 시설 관리나 고객 접객에 세심한 주의를 기울여야 합니다.

반전의 기회, 빈틈을 파고들어라 5

불과 만 명의 군사로, 십만 대군을 포위하겠다는 전략을 세운 군대는 필패必敗하듯이, 펜션 마케팅에서도 약자는 규모나 시설로 대항해선 안 됩니다. 약자가 무리하게 강자와 겨루려다 보면 필연적인 악수를 두게 됩니다. 발코니 한구석에 덩그러니 놓인 스파나 월풀, 멀쩡한 테라스를 파내고 만든 볼품없는 수영장 따위가 잘못된 선택의 전형적인 결과물들입니다. 시설로 승부를 보려면, 처음부터 그에 걸맞은 구조와 인테리어, 충분한 비용이 뒷받침되어야 합니다. 적은 수의 보병이 돛단배 한 척을 가졌다고 해서, 바다로 나가 승부를 내려는 우愚를 범해선 곤란합니다. 규모와 시설보다는 강자들이 가지지 못하는 빈틈을 노려 승부를 보는 것이 올바른 전략입니다.

뒤처진 예약률을 만회할 수 있는 방법 중 하나가 리모델링입니다. 말 그대로, 기존의 시설이나 인테리어를 새롭게 바꾸는 것이죠. 펜션 창업과 마찬가지로, 리모델링도 적절한 전략과 합리적인 투자가 필요합니다. 그런데 생각보다 많은 펜션 주인들이 자신의 강점과 약점을 제대로 이해하지 못하는 경우가 많습니다. 5년, 10년씩 펜션을 운영해왔지만 어떤 부분을 개선해야 할지 몰라 갈팡질팡합니다. 큰맘 먹고 시작한 리모델링은 월풀이나 스파를 들이거나, 멀쩡한 객실만 뜯고 고치는 수준에서 끝나는 경우가 대부분입니다. 기존에 운영되고 있던 펜션을 인수해 새롭게 시작하려는 경우도 마찬가집니다. 이런 막연한 방식으로는 반전의 기회를 잡을 수 없습니다. 눈에 보이는 부분뿐만 아니라, 운영 방식이나 서비스 등 눈에 보이지 않는 부분까지 신중하게 검토한 후 리모델링의 방향과 규모를 결정해야 합니다.

인테리어와 시설, 서비스 중에 단 하나를 선택해 집중하는 것도 좋은 전략입니다. 인테리어와 시설, 서비스 중 가장 효과가 높은 것이 인테리어입니다. 시설이나 서비스는 경쟁자가 쉽게 따라 할 수 있지만, 잘 꾸며진 인테리어는 쉽게 따라오지 못합니다. 차별화된 고객층의 선정과 그에 걸맞은 구조와 시설을 마련하는 것도 효과적인 전략이 됩니다. 기존에 상대하던 고객층만으론 더 이상의 반전이 어렵다고 판단되면, 과감하게 고객층을 바꾸는 것도 좋은 전략이 됩니다. 속속 늘어나고 있는 키즈 펜션이나 애견 펜션은 물론이며, 스스로의 적성을 고려한 다양한 서비스를 전면에 내세운 운영방식의 변화도 좋은 효과를 거둘 수 있습니다. 구조와 시설 역시, 새롭게 바뀐 고객층에 맞게 바꿔주면 됩니다.

약자의 위치에서 흔히 범하기 쉬운 실책 중 하나가, 특이한 형태의 펜션을 구상하는 겁니다. 독특한 테마나 분위기, 차별적인 서비스는 현명한 전략이 될 수 있습니다. 하지만 전혀 낯선 이상한 형태의 구조나 지나치게 튀는 인테리어는 피하는 게 좋습니다. "튀지 말고 차별화"하라는 포지셔닝 전략의 격언에 해당하는 사례들입니다.

차별적인 서비스라고 생각하는 부분들 역시 마찬가지입니다. 서비스는 어디까지나 서비스로서의 기능에만 충실해야 합니다. 서비스를 전면에 내세운 영업 전략은 바람직하지 못합니다. 음식을 전면에 내세운다든가, 승마나 요트 체험 등 평범하지 않은 아이템의 서비스는, 쉽게 효과를 거두기엔 무리가 따릅니다. 특히, 돈을 받는 서비스는 의도치 않은 난관에 부딪칠 수 있습니다. 음식에 자신이 있다면, 차라리 음식점을 운영하는 게 맞습니다. 자신이 선호하는 독특한 취미나 도구들을 상품화시키는 일은 생각보다 쉽지 않습니다. 펜션은 어디까지나 객실을 팔아 돈을 버는 구조에서 벗어날 수 없다는 점을 잊지 말아야 합니다.

결정적으로, 가격을 무기로 쓰는 데 주저함이 없어야 합니다. 가격은 전통적인 마케팅에서부터 요즘의 이름난 대기업들조차 흔히 쓰는 전략 중 하나입니다. 결코, 자존심 상하는 일이 아닙니다. 입장은 충분히 이해하지만, 가격을 무기로 삼는 일에 너무 완고하거나 인색하지 않은가 깊이 고민해봐야 합니다. 4~5년 동안 꾸준히 높은 예약률을 유지하고 있는 펜션들의 특징은, 크게 표나지 않게 가격을 조금씩 조절해 나간다는 점입니다. 명성은 비싼 가격으로 얻어지는 것이 아니라, 높은 예약률과 매출로 얻어집니다.

돈을 들이는 리모델링 외에도 사소한 부분을 개선하는 노력만으로도 충분히 상황을 반전시킬 수 있습니다. 홈페이지를 새롭게 제작하거나, 촌스러운 상호와 객실 이름을 바꿔주는 일들이 대표적입니다. 홈페이지도 유행에 따라 제작 방식이 달라집니다. 문을 열 때 만들었던 홈페이지를 최신의 방식으로 새롭게 제작하거나, 철 지난 사진을 바꿔주는 것만으로 충분한 효과를 볼 수 있습니다.

젊은 고객들의 취향에 맞는 새로운 상호와 객실의 특징을 살린 이름도 마찬가집니다. 아직까지도 수없이 많은 펜션 이름들이 별다른 고민 없이 붙여지고 있습니다. 고작해야 폼 나는 영어 단어나 허브 이름이나 별자리, 지역의 이름난 관광명소를 가져다 붙이는 게 전부입니다. 객실 이름은 더 심각합니다. 1호, 2호, 3호실 정도면 차라리 볼썽사납지나 않습니다. 햇님, 별님, 달님이나 장미, 국화, 철쭉도 심심찮게 보입니다. 청단, 홍단, 초단이나 엄마방, 아빠방, 오빠방 식의 무성의한 객실 이름도 얼마든지 볼 수 있습니다.

철 지난 홈페이지와 촌스러운 이름만 바꿔주어도 효과는 분명합니다.

약자들의 흔한 착각 중 하나가, 큰돈을 들여 눈에 보이는 무언가를 크게 바꿔야만 한다는 불안감과 고정관념입니다. 전력의 차이를 메우려는 노력은 인정하지만, 십만 대군과 정면으로 맞서 싸우기보다는, 유리한 위치로 자리를 옮기는 것이 보다 더 현명한 선택입니다. 강력한 적을 상대로 정면 승부를 보기보다는 고지를 우회하거나 전열을 가다듬어 새로운 돌파구를 찾는 것이 훨씬 유리합니다. 약자의 입장에서 확신에도 없는 돈을 쓰는 건, 자기 전력을 깎아 먹는 일이 될 뿐입니다. 마땅한 전략이나 해결책이 없을 땐 진지하게 상황을 반전시킬 수 있는 기회를 노리는 편이 더 낫습니다. 규모와 시설로 맞서는 건 결코, 올바른 해결책이 아닙니다. 포지셔닝 전략이 유용한 이유는 각자의 입장에 따른 효율적인 전략을 세울 수 있다는 점입니다.

펜션 사업에 쓸 수 있는 마케팅 도구들

펜션 마케팅의 또 다른 어려움은 효과적인 마케팅 툴 Tool 이 너무나도 부족하다는 점입니다. 자영업 기반의 사업 특성상, 홈페이지나 키워드 광고가 마케팅 도구의 전부라고 볼 수 있습니다. 신문이나 대중 매체를 통한 홍보는 엄두도 낼 수 없고, 가끔씩 들어오는 인터뷰 요청이나 별도의 사례비를 지급해야 하는 홍보성 기사가 전부입니다. 키워드 광고의 효과가 예전만 못하다고는 하지만 여전히 놓칠 수 없는 이유가 바로, 비용 때문입니다. 호텔이나 콘도미니엄 등과 비교하면 예약률을 획기적으로 높일 방법이 별로 없습니다.

소셜커머스나 예약 대행 사이트를 통한 할인 판매가 늘어난 이유도 마찬가집니다. 펜션 사업에 활용할 수 있는 마케팅 툴이 지극히 제한적이란 반증입니다. 블로그나 트위터, 페이스북, 인스타그램과 같은 SNS를 통한 홍보도 비약적으로 발전하고 있지만, 펜션 스스로가 감당하기에는 시간과 노력에 한계가 있습니다. 대행을 맡기는 방법도 있지만, 긍정적인 효과보다는 역으로 헛된 돈과 성가신 일들만 늘어나는 경우가 대부분입니다. 갈수록 늘어나는 펜션 창업 비용과 상대적으로 줄어드는 수요를 잡기 위한 현실적인 방법이 무엇일지 고민해 보아야 할 때입니다.

1

펜션 홈페이지 아무리 강조해도 부족한, 가장 큰 무기

펜션 홈페이지의 중요성은 여러 번 강조했지만, 특히 마케팅 도구라는 관점에서 보면 홈페이지의 완성도는 예약률과 밀접한 관계를 가집니다. 홈페이지를 꾸준히 살펴보다 보면, 여러모로 아쉬운 점을 발견할 때가 많습니다. 좀 더 잘 정리된 객실 사진과 다양한 즐길 거리와 놀 거리를 충분히 표현했다면 훨씬 더 높은 예약률을 달성할 수 있는 펜션들이 너무나 많습니다. 홈페이지 제작 회사들 나름의 노력과 고심의 흔적들이 엿보일 때도 있지만, 마케팅 관점에서 보면 아쉬움은 여전합니다.

홈페이지에 올라와 있는 사진의 중요성도 마찬가지입니다. 촬영자의 기교나 편집자의 능력보다는, 꼭 보여 주어야 할 부분과 숨겨야 할 부분에 대한 연출과 구성 능력이 필요합니다. 실제로는 비치되어 있지도 않은 잡다한 소품을 늘어놓고 사진을 찍는다거나, 의미 없는 주변 관광지 등을 나열하는 수준으론 의도하는 바를 달성할 수 없습니다.

홈페이지의 목적은 디자인을 뽐내는 데 있지 않습니다. 고객들에게 우리 펜션이 장점을 부각시켜, 예약을 이끌어내는 것이 핵심입니다. 하지만 수많은 펜션 홈페이지들이 기본적인 기능과 목적을 빠뜨린 채 제작되고 있습니다. 홈페이지 제작을 의뢰할 땐, 제작 방식이나 운영 체계보다는 홈페이지를 다루는 관점을 주의 깊게 살펴야 합니다. 제작과 관련된 비용도 무작정 깎으려고 해서는 곤란합니다. 큰돈을 들여 만든 자신의 펜션을 값싸게 만든 홈페이지로 알리려는 생각은 큰 착각입니다. 믿을 만한 제작사를 선정해 충분한 비용을 지불하는 것이 현명합니다. 대신, 펜션의 강점과 부각시켜야 될 부분을 효과적으로 담아낼 수 있도록 요구하는 자세가 필요합니다.

펜션 홈페이지가 처음 생겨났을 때만 해도, 화면 배치나 메뉴 구성은 지극히 단순했습니다. 화면 상단이나 좌측에 메뉴를 배치하고, 별다른 기교 없이 찍은 사진들을 무작위로 배치하는 정도였습니다. 하지만 차츰 시간이 흘러 인터넷 속도가 빨라지기 시작하면서부터 보다 더 다양한 방식의 홈페이지들이 등장합니다.

가장 많이 만들어졌고, 지금도 많이 볼 수 있는 홈페이지가 풀 플래시Full Flash 방식의 홈페이지입니다. 홈페이지를 클릭하면 새로운 창이 열리는 풀 플래시 방식은, 이전 방식에 비해 다양한 사진 연출이 가능하고, 메뉴 구성도 색달랐기 때문에, 한때 거의 대부분이 이러한 방식으로 만들어졌었습니다.

스마트폰과 태블릿이 등장하면서부터는 보다 더 새로운 방식으로 만들어지고 있습니다. 이른바 통합형 홈페이지인데, 윈도우window 기반의 PC 환경과 안드로이드, iOS 기반의 모든 모바일Mobile 기기에서 모두 다 검색 가능한 방식이 일반화되고 있습니다.

펜션 홈페이지의 기술적인 부분에 대해선 몰라도 됩니다. 우리가 반드시 알아야 할 부분은, 보다 차별화된 디자인과 고객의 입장을 고려한 쾌적한 사용자 환경입니다. 간단하게 예를 들면, 풀 플래시 방식의 경우 과도한 화면 연출Action 때문에 메뉴를 클릭하는 일조차 버거울 때가 많았습니다. 객실 사진은 충분히 보았기 때문에 재빨리 예약 화면으로 넘어가려고 해도, 클릭이 어려울 만큼 화면이 자주 움직이는 바람에 엉뚱한 페이지로 넘어가는 일이 잦았습니다. 해프닝 정도로 가볍게 넘길 일만은 아닙니다. 우리 펜션에 대한 압도적인 호감을 가지지 않는 이상, 고객들은 언제나 다른 펜션 홈페이지로 넘어갈 수 있기 때문이죠. 사소한 오류나 불편만으로도 선택은 달라질 수 있습니다. 요즘 주류를 이루고 있는 통합형 홈페이지도 생각해 볼 문제가 많습니다. 제작사 입장에선, 보다 다양해진 온라인 환경을 고려한 당연한 선택이라고 주장하지만, 차별화란 관점에서 보면 그다지 높은 점수를 주고 싶진 않습니다.

펜션이 온라인 비즈니스와 동일하다는 점은, 상품 정보에 대한 검색과 구매 과정에만 해당될 뿐입니다. 반복적으로 구입하는 일상적인 생활용품들과는 달리, 펜션은 모바일 화면에만 의지해 구매를 결정할 수 있는 상품이 아닙니다. 자주 반복적으로 구입하는 소소한 상품들과는 달리, 펜션은 가격이나 구매 동기 면에서 특별한 의미를 가집니다.

연인이나 배우자, 가족들과의 즐거운 한때를 자그마한 모바일 화면만으로 결정할 소비자는 극히 드뭅니다. 모바일은 보조적 수단으로서는 적합할지 몰라도, 실제 예약을 위해선 커다란 PC 모니터를 통한 확인이 필수입니다. 미처 확인하지 못한 정보가 없는지 빠짐없이 챙기려 드는 소비자 심리 때문이죠.

마케팅 관점에서 이런 예약 과정을 유추해 본다면, 통합형이 차별화의 큰 걸림돌이란 사실을 금세 깨달을 수 있습니다. 득과 실을 따져볼 때, 모바일과 PC 양쪽에서 똑같은 디자인의 홈페이지를 볼 수 있다는 점보다는 남들과 전혀 다른 차별성 있는 홈페이지를 갖추는 것이 훨씬 이득이라고 봅니다. 정말로 필요하다면, 별도의 모바일 홈페이지를 가지는 편이 좋습니다.

디자인이나 사진 연출 외에, 천편일률적인 메뉴 구성도 변화가 필요한 시점이 되었습니다. 홈페이지의 제작 방식이나 사진 연출이 크게 발전한 것에 비해, 메뉴 구성은 큰 변화 없이 이어져 내려오고 있습니다. [인사말], [펜션 소개], [객실 및 시설 소개], [특별함], [서비스], [주변 관광지], [실시간 예약], [게시판] 순의 단조로운 메뉴 구성은, 앞뒤 순서의 차이만 있을 뿐 대동소이합니다. 소비자들의 관심을 끄는 메뉴는 고작해야 객실 소개와 실시간 예약 정도입니다. 간혹, 게시판에 올라온 이용 후기를 살펴보는 고객들도 있지만, 나머지는 아무런 의미 없이 자리만 차지하고 있을 뿐입니다. 뻔한 인사말이나 펜션 소개, 주변 관광지 등의 잡다한 메뉴들은 예약에 전혀 도움이 안 됩니다. 차라리 과감하게 메뉴를 줄이거나, 보다 실질적인 정보를 담는 편이 좋습니다.

펜션 홈페이지는 가장 중요한 마케팅 도구입니다. 자기 펜션에 대한 홍보와 예약의 유도라는 기본적인 목적 외에도, 고객과의 직접적인 커뮤니케이션이 가능하기 때문입니다. 이용 후기에 대한 세심한 관리와 계절의 변화에 따른 펜션의 다양한 모습들을 끊임없이 제공할 수 있어야 합니다.

하지만 홈페이지를 몇 년씩 방치하는 경우도 허다합니다. 우리가 TV를 통해 보는 방송 프로그램들도 1년 전 방영분을 다시 보면 무척 촌스러워 보입니다. 하물며, 만든 지

몇 년 지난 홈페이지를 검색해 보는 소비자 입장에선 어떤 느낌이 들까요?

당장 홈페이지 사진을 교체하거나, 새롭게 리뉴얼Renewal 해야 합니다. 값비싼 스파나 월풀은 아무렇지 않게 들여다 놓으면서, 철 지난 홈페이지를 방치하는 이유를 정말 모르겠습니다. 홈페이지를 여는 순간 우후죽순으로 튀어나오는 각종 할인이나 이벤트 관련 배너Banner 들도 펜션의 격을 떨어뜨립니다. 소비자와의 소통을 방해하는 요소일 뿐, 정작 판매에 미치는 영향은 극히 미미합니다.

소셜커머스, 예약 대행 사이트들 하지만, 판매는 스스로의 몫이다 2

펜션 스스로의 경쟁력이 갈수록 떨어지면서, 소셜커머스나 예약 대행 사이트를 통한 할인 판매가 매출의 대부분을 차지하는 펜션들이 점점 더 늘어나고 있습니다. 갈수록 떨어지는 매출 때문에 광고나 홍보를 할 수 있는 여력조차 부족한 경우들입니다. 펜션 홈페이지를 통한 할인이나 잡다한 이벤트만으론 한계에 다다르다 보니, 소셜커머스나 예약 대행 사이트에 기댄 채 장사를 이어가는 경우가 많아졌습니다. 단기적으로는 소소한 재미를 보기도 하지만, 대부분 큰 효과를 거두지 못합니다. 소셜커머스나 예약 대행 사이트들은 개별 펜션들의 매출에 관해선 별다른 관심을 두지 않습니다. 백화점이나 대형마트의 운영 방식을 떠올려 보면 금세 이해할 수 있습니다.

소셜커머스나 예약 대행 사이트들은, 대부분 대규모 자본이나 이미 구축된 인지도를 바탕으로 보다 많은 수의 펜션을 끌어들이는 데 주력할 뿐입니다. 각각의 펜션들이 얼마나 많은 매출을 달성하는지는 관심 밖의 일일 뿐입니다. 전반적인 매출과 수수료만 관리하면 그만입니다. 매출이 낮은 펜션은 퇴출시키고, 좀 더 많이 팔 수 있는 펜션을 좋은 자리에 배치할 뿐입니다. 그들 스스로가 판매를 위한 세심한 관리나 별도의 홍보를 대신해 주진 않습니다.

소셜커머스나 예약 대행 사이트가 처음 등장했을 때만 해도, 자발적으로 회원 유치를 위해 발 벗고 나서던 적도 있었습니다. 그러나 요즘은 가만히 앉아서 가입을 원하는 펜션들을 걸러내는 경향이 뚜렷합니다. 좀 더 시설 좋고 규모가 큰 펜션만을 선호합니다. 잘 팔릴 수 있는 펜션들만 선별해 입점시키는 일도 일상화되어 버렸습니다. 영문도 모르는 펜션들만 어리둥절할 따름입니다.

보통 판매 대행을 의뢰하면, 기존 요금의 30~50%까지 할인을 요구받습니다. 판매 수수료와 세금을 제하고 나면, 막상 손에 쥐는 건 푼 돈 수준입니다. 그럼에도 불구하고 판매 대행에 매달릴 수밖에 없는 이유는, 스스로 상황을 반전시킬 수 있는 해법을 가지지 못했기 때문입니다. 소셜커머스나 예약 대행 사이트들도 업체들 간의 치열한 경쟁과 다양한 사업 모델의 변화로 인해, 몇 개의 대형 업체 위주로 시장이 빠르게 재편되고 있습니다. 업체들 간의 합종연횡合從連衡과 서로 다른 비즈니스 모델들 때문에 소셜커머스나 예약 대행 사이트를 이용하는 펜션들 역시 많은 혼란과 복잡한 시스템을 이해해야 하는 불편함을 감수하고 있습니다.

펜션들이 자체적으로 가지고 있는 실시간 예약시스템과 각 업체들이 운영하고 있는 시스템의 연동이 극히 제한적인 탓에, 펜션들 입장에선 입점해 있는 업체별로 들어오는 예약을 확인한 후 자신들의 실시간 예약 시스템은 물론이며, 타 업체 시스템에 일일이 예약 상황을 입력해야 하는 번거로움이 이어지고 있습니다. 청소와 관리, 고객서비스만으로 빠듯한 와중에 큰 부담으로 작용하고 있습니다. 소비자들 입장에서도 똑같은 펜션의 객실 요금이 업체별로 제시하는 할인율이 전부 달라 큰 혼란을 겪곤 합니다. 이런 문제점들은 업계 차원에서 시급히 개선되어야 할 부분들이라고 봅니다.

규모가 큰 소셜커머스나 예약 대행 사이트들의 활발한 광고 노출은 우리 펜션의 판매나 예약을 위한 것이 아니라, 그들 스스로의 이익 때문입니다. 내가 가입해 있는 소셜커머스나 예약 대행 사이트의 광고를 보면서 위안을 삼는 건 바보짓입니다. 우리 펜션은 수없이 많고 많은 펜션들 중에 하나일 뿐입니다. 결국, 보다 더 많은 매출을 기대하고 의뢰한 판매 대행조차도, 스스로의 노력 없이는 별다른 효과를 기대하기 어렵다는 결론에 도달하게 됩니다. 팔짱을 낀 채 하염없이 기다려봐도, 돌아오는 건 얼마 되지 않는 푼돈뿐입니다.

키워드 광고에 얼마나 많은 노력을 기울이고 있나? 3

각종 인터넷 포털 사이트를 통해 운영되고 있는 키워드 광고의 원류 源流 는, 오버추어 Overture 광고입니다. 오버추어는 미국에서 설립된 광고 회사로써, 포털 사이트의 검색 결과를 담은 첫 화면에 광고를 게재한 최초의 회사입니다.

지금은 오버추어란 용어를 쓰진 않지만, 여러 포털 사이트에서 운영되고 있는 다양한 광고 방식은 오버추어 광고에 뿌리를 두고 있습니다. 다른 종류의 과금 課金 방식은 제쳐 두고, 펜션 마케팅에 가장 많이 사용되는 키워드 광고는 CPC Cost for Click 방식입니다. 펜션과 관련된 검색어를 입력해서 나온 검색 결과의 첫 화면 상단에 광고를 하는 방식입니다. 비용은 소비자가 실제로 클릭했을 때만 약정한 금액을 부가하는 체계입니다. 예를 들어, 가평 펜션이라고 검색을 했을 때 자기 펜션이 별도로 정해진 광고란에 노출되는 형태라고 생각하면 됩니다. 보다 자세한 내용은 인터넷을 참고하면 되고, 정작 중요한 건 키워드 광고를 다루는 태도입니다.

광고를 시작하는 계기는 여러 가지입니다. 펜션을 시작한 후, 주인 스스로가 방법을 찾아 직접 광고를 집행하거나, 대행사 쪽에서 먼저 연락을 해오기도 합니다. 어느 쪽이든 광고의 효과는 스스로의 노력에 따라 천차만별입니다. 소셜커머스나 예약 대행 사이트가 활성화되고 난 후부터는 키워드 광고 비중도 점차 낮아지고 있는 추세입니다. 현장의 목소리도 똑같습니다. 이미 키워드 광고에 엄청난 비용을 쏟아 부은 경험이 있는 펜션 주인들은 키워드 광고에 대해 지극히 부정적인 의견을 쏟아내고 있습니다.

하지만, 실제적인 광고 효과는 제쳐 두고 현장의 회의적인 목소리는 지극히 감정적인 이유에 기인한다고 생각합니다. 일종의 조삼모사朝三暮四입니다. 실제로 들어온 예약 건수에만 수수료를 떼어가는 소셜커머스나 예약 대행 사이트에 비해 키워드 광고는 선지급하는 광고 비용 대비 예약 건수를 체감하지 못하기 때문에 벌어지는 모순적인 상황일 뿐이라고 봅니다. 소셜커머스나 예약 대행 사이트들이 떼어가는 수수료의 크기를 생각하면 쉽게 이해할 수 있습니다. 결국, 펜션 비즈니스의 특성상 체감되는 예약 건수와는 별개로 키워드 광고는 선택이 아닌 필수라고 생각합니다.

키워드 광고는 선택하는 단어에 따라, 노출량의 차이가 큽니다. 비용을 아끼려면 검색될 확률이 낮은 단어를 선택해야 하기 때문에, 높은 단가에도 불구하고 인기 있는 검색어에 집착할 수밖에 없습니다. 너무 많은 비용이 계좌에서 빠져나가기도 해서, 가끔씩 펜션이 아닌 '팬션'이란 틀린 철자를 검색어로 선택하는 우스운 상황도 벌어집니다.

하지만 대부분 일정 시간이 흐르고 나면 습관적으로 같은 단어를 계속해서 선택하거나, 대행사에 모든 걸 맡겨둔 채 광고비만 채워 넣길 반복합니다. 맨 처음 발휘되던 스스로의 열정은 어느새 사라지고, 매일 같이 빠져나가는 광고비조차 둔감할 지경에 이릅니다. 장사가 잘 되는 경우엔 특히 더 그렇습니다. 과연 이것이 최선일까요?

결코 아니라고 봅니다. 광고도 홈페이지 제작과 마찬가지로, 스스로의 노력에 따라 전혀 다른 결과를 손에 쥘 수 있습니다. 누군가 알아서 해주는 일은 결코 일어나지 않습니다. 각 포털 사이트엔 광고주를 위한 다양한 정보와 광고 효율을 높여주는 다양한 도구들이 있습니다. 자신이 선택한 검색 키워드의 실제 검색량을 조회할 수 있는 기능만 알아도 많은 도움이 됩니다. 키워드 광고는 단어의 선택 외에도 노출 지역이나 시간을 조절할 수도 있습니다. 노력하기에 따라선 얼마든지 불필요한 비용을 줄일 수 있다는 의미죠.

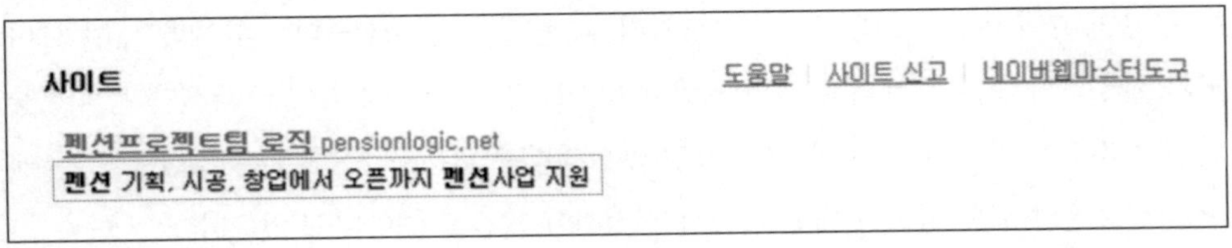

광고에 노출되는 자기 펜션에 대한 소개도 중요합니다. 검색을 통해 걸러진 홈페이지들을 자세히 살펴보면, 펜션 이름 바로 밑에 자신을 소개하는 문구가 들어갑니다. 통상 45자 이내로 자유롭게 작성할 수 있는데, 사소해 보이는 소개 문구조차 중요한 의미를 가집니다. 펜션의 특징이나 상황을 한눈에 알아볼 수 있기 때문이죠. 그냥 지나칠 것 같지만, '신축'이나 '스파' 등의 글귀를 자세히 살펴보는 소비자들이 의외로 많습니다. 이러한 작은 노력조차 시도해 보지 않고, 늘어나는 광고 비용만 탓하는 펜션 주인들은 어디에나 있습니다. 오히려, 새로운 광고 방법이 없는지 쉼 없이 고민할 뿐입니다. 그래서 주목받기 시작한 것들이 바로 SNS Social Network Service 기반의 블로그나 트위터, 페이스북, 인스타그램 등이지만, 이조차도 스스로의 노력 없이는 눈에 보이는 효과를 거두진 못합니다.

SNS 홍보? 메신저(Messenger)가 아닌 메시지(Message) 4

펜션 마케팅의 한정된 툴 Tool 때문에, 새로 등장하는 매체에 대한 관심의 끈을 놓쳐 본 적이 없습니다. 블로그를 시작하게 된 계기도 새로운 매체에 대한 호기심 때문이었고, 트위터나 페이스북에도 꽤나 열을 올렸던 기억이 있습니다. 하지만 어느 순간 블로그를 제외한 대부분의 SNS에 매력을 잃어버렸고, 인스타그램의 경우 관심조차 가져본

일이 없습니다. 펜션과 관련해서는 별다른 효용가치가 없다고 보기 때문입니다. 한때 유행했던 펜션 관련 모바일 애플리케이션 역시, 눈길조차 주지 않았었습니다. 이유는 모바일 홈페이지와 동일합니다.

SNS가 가지는 의미는 어릴 적 골목을 누비던 엿장수의 가위나 두부 장수의 손에 들려있던 작은 종鐘과 진배없다고 생각합니다. 전파 속도나 범위가 무서울 뿐입니다. 물론, 모든 분야에 해당하는 건 아닙니다. SNS를 활용한 성공 사례는 무수히 많습니다. 다만, 펜션의 특성상 SNS에 떠도는 소비자들의 평가나 의견이 무서울 뿐, SNS를 통한 펜션 홍보에는 분명한 한계가 있다고 봅니다. 메신저로서의 기능은 훌륭하지만, 블로그를 제외한 트위터나 페이스북, 인스타그램의 메시지 양만으로, 원하는 만큼의 판매를 이끌어낼 수 없기 때문이죠

블로그를 통한 홍보는 제한적이나마 효과를 거두는 경우도 있습니다. 하지만 대부분의 경우 들어가는 시간과 노력에 비해 효과는 미미한 편입니다. 펜션을 찾는 소수의 사람들을 제외한 일반인의 관심 밖에 있는 업종의 특성상, 블로그를 관리하고 방문자 수를 늘리는 일은 생각 이상으로 어렵습니다. 펜션 입장에서 매일 같이 반복되는 입, 퇴실과 잡다한 업무를 처리하다 보면 블로그에 시간을 할애하기란 요원합니다. 나머지, SNS 매체도 유사합니다. 140자로 글자 수가 제한된 트위터를 가지고 자기 펜션을 홍보하기란 쉽지 않은 일이며, 페이스북이나 인스타그램도 적절한 매체는 못됩니다. 특히, SNS는 인맥관리라는 고유의 기능상 펜션을 홍보하기에는 적절치 못합니다. 그나마 시도해 볼 수 있는 방법은, 대행사를 통한 홍보 대행 정도지만 이마저도 긍정적인 면보다 부정적인 효과가 더 큽니다. 일단, 소비자들이 지나치게 똑똑합니다. 블로그나 SNS를 통한 소통이 일상이 되면서, 역으로 메시지의 순수성을 금세 걸러내게 되었습니다. 광고성 메시지인지, 진지하게 귀 기울일만한 가치가 있는지를 한눈에 알아봅니다. 펜션에서 자체적으로 운영하는 블로그나 펜션을 찾았던 소비자들이 올려주는 호의적인 평가가 최선입니다. 대행사를 통한 광고성 블로그는 되려 좋지 못한 인상만 안겨줍니다.

소비자들도 이런 점을 잘 알고 있습니다. 가볼 만한 펜션들은 무리한 광고나 의미 없는 SNS 홍보에 매달리지 않는다는 점을 말이죠. 메신저가 아니라 메시지가 우선인 것처럼, 펜션의 매출도 광고나 홍보 이전에 차별화된 경쟁력이 우선입니다. 펜션 마케팅과 관련된 이야기의 대부분이 경쟁력 있는 펜션, 차별화된 펜션 만들기에 집중되는 것도 지극히 제한적인 마케팅 도구들 때문입니다. 상품이나 서비스의 질과는 별개로, 참신하고 독특한 광고와 홍보만으로 성공한 사례들은 무수히 많습니다. 광고나 홍보 기법이 나날이 발전하는 이유입니다. 하지만, 펜션은 전혀 다릅니다. 체계적인 마케팅 계획과 차별화된 경쟁력의 확보 없이, 광고나 홍보에만 매달리는 일 자체가 사후 약방문에 불과합니다.

3장

돈 되는 펜션 만들기

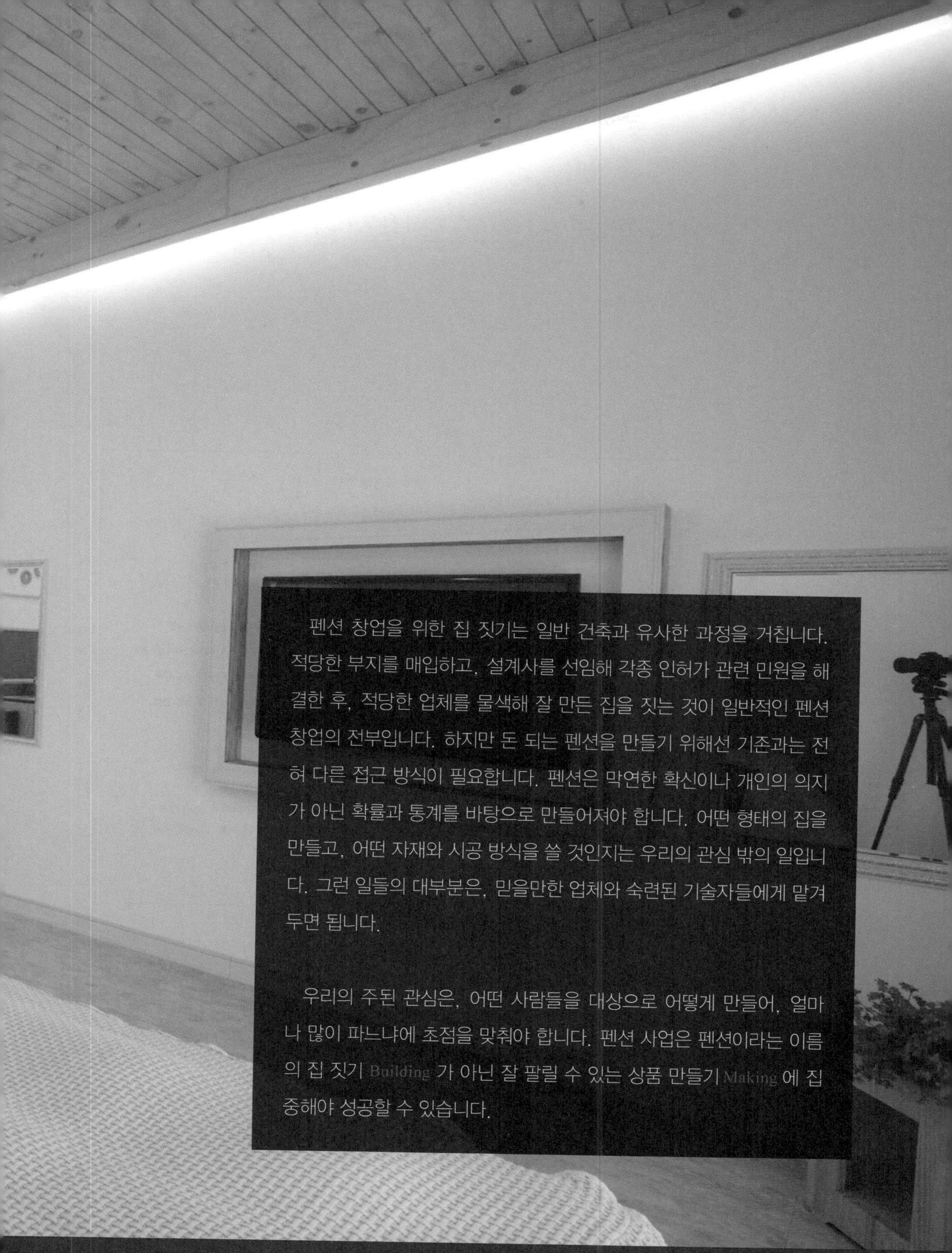

펜션 창업을 위한 집 짓기는 일반 건축과 유사한 과정을 거칩니다. 적당한 부지를 매입하고, 설계사를 선임해 각종 인허가 관련 민원을 해결한 후, 적당한 업체를 물색해 잘 만든 집을 짓는 것이 일반적인 펜션 창업의 전부입니다. 하지만 돈 되는 펜션을 만들기 위해선 기존과는 전혀 다른 접근 방식이 필요합니다. 펜션은 막연한 확신이나 개인의 의지가 아닌 확률과 통계를 바탕으로 만들어져야 합니다. 어떤 형태의 집을 만들고, 어떤 자재와 시공 방식을 쓸 것인지는 우리의 관심 밖의 일입니다. 그런 일들의 대부분은, 믿을만한 업체와 숙련된 기술자들에게 맡겨 두면 됩니다.

우리의 주된 관심은, 어떤 사람들을 대상으로 어떻게 만들어, 얼마나 많이 파느냐에 초점을 맞춰야 합니다. 펜션 사업은 펜션이라는 이름의 집 짓기 Building 가 아닌 잘 팔릴 수 있는 상품 만들기 Making 에 집중해야 성공할 수 있습니다.

수익형 펜션 창업의 일반적인 과정

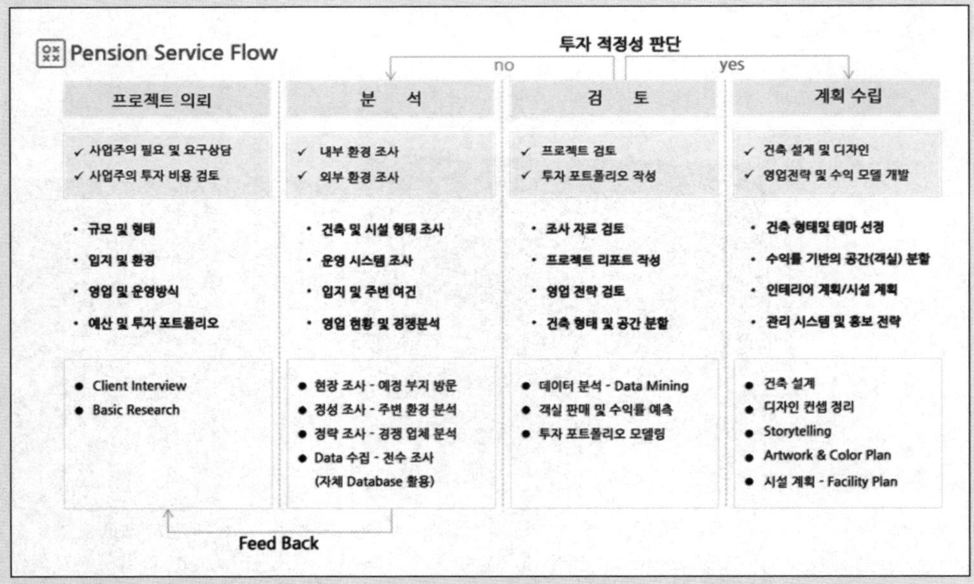

펜션 창업의 여러 종류 중, 우리의 주된 관심사는 '수익형' 펜션에 있습니다. 펜션 마케팅의 개념으로는 비수기 주중 예약률 50% 이상인 펜션을 말하는데, 좀 더 넓은 의미에서 수익형 펜션이란 개인의 취향이나 자산 관리의 측면에서 만들어지는 일반적인 펜션과는 달리, 기획 단계에서부터 철저하게 판매를 염두에 두고 만들어지는 수익 추구형 펜션이라고 볼 수 있습니다.

수익형 펜션을 만들기 위해서는 시장의 흐름을 읽고, 소비자들이 원하는 선호와 취향을 파악하는 데 힘써야 합니다. 포화 상태에 다다른 기존 펜션의 콘셉트와는 전혀 다른 포지션을 찾기 위한 노력의 출발이 시장조사입니다. 시장조사를 통해 얻은 객관적인 데이터를 바탕으로 자신이 운영할 펜션의 적절한 콘셉트를 결정해야 합니다. 그다음, 목표고객에 대한 명확한 이해와 사업성에 근거한 체계적인 전략을 수립해야 합니다. 여러 가지 가능성을 검토해 자기 펜션에 대한 정체성을 찾아야 합니다. 콘셉트에 어울리는 디자인 테마도 중요합니다. 합리적인 선택과 끊임없는 계획의 보완과 수정을 통해, 합리적인 소비자들을 지속적으로 불러들일 수 있는 잘 만들어진 상품으로서의 펜션을 완성해야 합니다.

사전 준비 1
Business Review

수익형 펜션을 만들기 위한 첫 번째 단계가 사전 준비입니다. 펜션 창업을 염두에 둔 사람이 제일 먼저 해야 할 일은, 땅을 사거나 설계를 맡기는 것이 아니라 펜션 사업의 목적과 투자 비용에 대한 객관적인 검토입니다. 펜션을 시작한다는 들뜬 기분만으로는 원하는 목적을 이룰 수 없습니다. 때로는 자기가 가지고 있는 투자 비용을 간과하고 무리한 투자를 진행하는 경우가 흔합니다.

자신의 투자 여력을 냉정하게 검토한 후, 펜션 사업을 통해 이루고자 하는 현실적인 목표를 세워야 합니다. 펜션을 만드는데 들어간 비용 중 일정 부분을 회수한 다음, 이문利文을 남겨 매각을 할 것인지, 장기적인 운영을 통해 안정적인 생활을 이어나갈 것인지 등, 여러 가지 경우의 수를 생각해 보아야 합니다. 자가 노동이나 운영에 참여할 수 있는 가족 구성원에 걸맞은 규모를 검토해야 합니다. 처음 예상과 달리, 매출이 부진할 경우 자체적인 노동력만으로 펜션을 운영해야 할 상황이 벌어질 수도 있기 때문에, 적정한 규모의 펜션을 만드는 것은 매우 중요합니다.

입지를 선정할 때는 자신의 연고나 기타 다양한 조건들을 고려해야 합니다. 지역 토착민에 의한 부업형 펜션 창업과는 달리, 지방으로 내려가 펜션을 창업할 땐 다양한 문제들과 부딪치게 됩니다. 입지가 가지는 지리적 환경뿐만 아니라, 연고가 있는 지역이나 도움을 받을 수 있는 지인이 있는 곳을 찾아보는 편이 유리합니다. 펜션 사업도 장사인 탓에 텃세는 당연히 존재합니다. 실제로 지역의 텃세 때문에 뜻밖의 고초를 겪는 일은 흔하게 벌어집니다.

조급한 마음을 버리는 자세도 중요합니다. 펜션 사업은 결코 단기간에 끝나는 일이 아니기 때문이죠. 수많은 사람들을 만나다 보면, 내면에 숨겨진 조급함이 읽힐 때가 많습니다. 긍정적인 면만 바라본 탓에 맘이 들떠 있는 경우들이죠. 장밋빛 미래를 꿈꾸기보다는 충분한 준비 기간과 냉철한 판단이 필요합니다. 원하는 만큼의 성과를 얻을 후에도 쉽게 정리할 수 없는 사업 특성상, 서두를 이유는 전혀 없습니다.

대강의 규모와 입지가 결정되면, 땅을 고르는 일을 시작합니다. 창업을 염두에 준 지역에 대한 사전 조사는 필수입니다. 체계적인 시장조사를 통해 얻은 여러 데이터를 기반으로, 구체적인 영업 전략과 운영 방식을 진지하게 검토해야 합니다. 막연하게 눈에 들어오는 몇몇 펜션의 외관이나, 당장 눈에 띄는 예약률에 휘둘리지 말아야 합니다.

오랜 시간을 두고 시장을 폭넓게 관찰해야 합니다. 시장을 보는 안목과 스스로의 확신이 선 다음에 땅을 보러 다녀도 충분합니다. 투자 포트폴리오를 짜보는 일도 필요합니다. 예상되는 초기 투자비용의 규모와 문을 연 후 시즌별 예상 매출과 수익, 투자 비용을 회수하기까지 필요한 시간 등을 충분히 검토해야 합니다.

2 시장조사와 분석

Research & Analysis

체계적인 사업 계획을 짜기 위해서는 시장조사가 필수입니다. 자신이 운영할 지역에 대한 폭넓은 조사를 통해, 기존 펜션들의 외관과 구조, 인테리어와 시설, 객실 수와 예약률, 가격 등을 종합적으로 살펴보아야 합니다. 단순히 눈으로 훑어보는 것보다는, 나름의 양식을 준비해 조사하면 훨씬 효과적입니다. 눈에 띄는 큰 규모의 고급 펜션들뿐만 아니라, 민박 수준의 작은 펜션들까지 두루 살펴보아야 합니다. 장사가 잘 되는 집들과 그렇지 못한 펜션을 다 같이 살펴보아야 변별력이 생깁니다.

장사가 잘 되는 펜션들 중에, 자기가 생각하고 있는 규모나 운영 형태가 엇비슷한 펜션들은 따로 체크해둔 다음, 수시로 예약률을 확인해보면 좋습니다. 자신이 생각하는 펜션의 사업 타당성을 검증할 수 있기 때문이죠. 객실 요금을 기준으로 월별 매출을 따져보는 것도 중요합니다. 이런 과정이 오랜 시간 반복될수록 사업에 실패할 확률이 줄어듭니다. 틈틈이 생각나거나 느껴지는 단상들도 메모하십시오. 나중에 사업을 진행할 때 큰 도움이 됩니다. 시장조사의 기간이나 범위는 여력이 닿는 한, 긴 시간 동안 넓은 지역을 대상으로 하는 것이 좋습니다. 쓸데없는 발품을 팔거나 의미 없는 자료들을 들추어 보는 것보다 훨씬 더 큰 도움이 됩니다.

시장조사와 더불어 자신의 재무 상태를 점검하고, 펜션 창업과 운영에 필요한 부분들을 검토해야 합니다. 대략적인 건축 비용에서부터 장사에 필요한 집기 비품에 이르는 모든 요소들을 빠짐없이 챙겨, 목록으로 만들어놓으면 여러모로 편리합니다. 땅을 사서 집을 짓는 것 외에 문을 열 때까지 필요한 자금의 확보와 세부적인 집행계획은 필수입니다.

사업성 검토 3
Preproduction

시장조사와 분석을 끝내고 나면, 본격적인 사업성 검토에 들어갑니다. 일종의 프리프로덕션 Preproduction 과정인데, 자신이 생각하고 있는 펜션의 규모와 입지 여건, 운영 방식에 따른 세부적인 계획을 세우는 일입니다. 이 단계부터는 사전에 조사한 시장 상황과 다양한 자료를 바탕으로 현실적인 판단과 선택을 해야 합니다.

매입한 땅 또는 예정부지의 건폐율과 용적률, 각종 인허가와 관련된 제반 사항의 확인이 필요합니다. 건물의 형태에 따른 객실의 숫자와 크기, 형태, 가격 등을 바탕으로 다양한 시뮬레이션을 해보아야 합니다. 시장조사 자료를 바탕으로 예상 매출과 수익을 검토해 사업 범위와 예산을 확정합니다. 건폐율과 용적률 등 각종 건축 관련 인허가 사항과는 별도로, 매입한 부지를 어떻게 쓸지 고민해보는 과정도 필요합니다. 건물이 들어설 자리와 부대시설을 위한 공간을 구분해본 다음, 영업 효율과 투자 가치를 판단해야 합니다. 특히, 부대시설의 경우 대부분 준공 후에 만들어지기 때문에, 설계 의뢰 시 자신의 의도를 정확하게 전달해야 합니다.

비수기, 성수기 객실 가격을 정해 객실 판매율에 따른 예상 수익을 다각적으로 분석합니다. 규모와 시설에 따른 인력 운영 계획과 광고, 홍보에 필요한 예산 등을 계산해본 후 실현 가능성을 검토하고 끊임없이 수정해 갑니다. 매출에 필요 없는 부분들은 과감하게 포기해야 하며, 매출에 비해 수익이 낮은 서비스도 제외하는 등, 펜션이 완성된 후에 일어날 거의 모든 과정을 꼼꼼히 따져 보아야 합니다. 이런 과정을 통해 부지 매입에 들어간 비용을 제외한, 전체 사업 예산을 뽑아볼 수 있습니다. 토목과 건축에 소요되는 예산, 객실 인테리어에 필요한 비용, 시설과 기타 운영 시스템을 만들기 위한 예산과 오픈 후, 정상 궤도에 오르기까지 필요한 운영 자금까지도 세부 계획에 포함시켜야 합니다.

가장 중요한 건, 예상되는 현실적인 수익구조와 초기 투자비용의 회수 기간을 신중하게 검토하는 일입니다. 수익 구조가 현실적이지 못할 경우 투자비용을 줄이거나, 전체적인 규모나 운영 형태를 과감하게 바꿀 수 있어야 합니다.

투자 포트폴리오는 단번에 만들어지지 않습니다. 시장의 수요와 기존 펜션들의 예약률, 소비자들이 거부감 없이 받아들일 수 있는 객실 요금을 토대로, 다양한 변수를 적용시켜 따져보아야 합니다. 비수기 주중 예약률을 끌어올리기 위한 다양한 방법들을 검토하고, 투자를 집중해야 합니다. 불필요한 예산을 줄여 영업 시스템을 개선할 수 있는 방향을 찾는 한편, 회수 가능한 투자에 집중해야 한다는 뜻입니다.

기획설계 4

PreDesign

사업성 검토 단계를 지나, 본격적인 설계를 의뢰하기 전에 기획설계 과정을 거칠 수 있다면 보다 더 안정적입니다. 보통, 기획설계는 프리프로덕션 과정과 병행되는 것이 일반적입니다. 사업성 검토 단계에서 정리된 내용들을 구체화시켜나가는 과정이 기획설계라고 보면 무리가 없습니다. 기획설계는 시공과 관련된 구체적인 사항이 담긴 실시 설계나 본 설계와는 달리, 완성한 다음의 운영 방안까지 포함한 최종적인 사업 계획이라고 이해하면 됩니다.

펜션은 건축이 아닌 인테리어를 우선으로 만들어져야 합니다. 건축 규모나 외관에 따라 객실을 나누는 것이 아닙니다. 객실의 구조와 형태에 따라 외관과 규모는 얼마든지 바뀔 수 있습니다. 일반적인 원룸이나 다가구, 다세대 건물과는 전혀 다르며, 모텔 등의 숙박 시설과도 다릅니다.

객실의 구성이나 주변 환경에 따라 건물의 배치도 달라집니다. 2~3개 이상의 건물로 이루어진 펜션의 경우, 조망이나 입지 여건에 따라 외향성, 내향성으로 나뉩니다. 이런 과정은 일반적인 건축설계 이전에 검토되어야 합니다. 펜션의 기획설계는 일반적인 건축설계의 전 단계와는 조금 다릅니다. 주거가 아닌 판매를 목적으로 하기 때문이죠.

객실의 구조와 형태, 서비스 시설을 확정한 후 인테리어 디자인과 테마를 결정합니다. 땅의 모양이나 조망 등에 따른 각 객실의 배치와 시설 계획, 가구와 집기 비품의 형태와 수량을 인테리어 디자인에 반영합니다. 조명의 위치, 필요한 설비 등도 고려해야 합니다. 운영 형태에 따른 부대시설도 계획에 포함됩니다. 이렇게 각 유닛Unit별로 객실 인테리어 디자인과 테마가 확정되면, 건물의 형태와 구조를 결정할 수 있습니다.

기획설계 단계에서 필요한 것이 하나 더 있습니다. 객실의 구조와 인테리어 스타일, 시설에 따른 판매율과 가격을 결정하는 일입니다. 프리프로덕션 단계에서 수집한 시장조사 자료를 활용하면 됩니다. 기존에 운영되고 있는 펜션들의 판매율을 토대로 객실 구조와 인테리어 스타일, 시설, 서비스 등이 매출과 예약률에 미치는 상관관계를 면밀히 따져보아야 합니다. 소비자들이 선호하는 서비스 시설과 객실의 구조, 가구와 비품 등의 트렌드도 염두에 두어야 합니다. 내 취향이나 맘에 드는 스타일은 아무런 의미 없습니다. 판매가 잘 되는 구조와 시설, 소비자가 선호하는 인테리어 스타일과 트렌드가 우선입니다. 객실별로 각각의 인테리어 스타일과 구조, 형태를 결정하고 나면 확정된 유닛을 배치해 건물의 모양과 규모에 맞춘 기본적인 도면을 만들 수 있습니다. 입체적으로 표현된 3D 도면이나 스케치 수준의 도안으로 확인할 수 있으면 더욱 좋습니다. 예산도 객실별 인테리어에 우선 배정합니다. 건물의 마감이나 외장재의 선택 따윈 맨 마지막입니다.

시장조사와 사업성 검토 단계에서 수집된 모든 자료들과 기획설계에서 확정한 결과물을 가지고 설계를 의뢰합니다. 기획설계에서 완성된 결과는 본격적인 계획 설계와 실시설계 단계에서 변경될 수도 있습니다. 하지만 판매와 관련된 기본 원칙들만 바뀌지 않는다면 큰 문제는 없습니다. 오히려, 문을 열기 전까진 모든 계획들을 끊임없이 검토하고 수정해야 합니다. 보다 더 효율적인 펜션 운영과 판매를 증진시킬 수 있는 방안들은 적극 반영되어야 합니다. 수익형 펜션을 만드는 과정은 결코 어렵지 않습니다. 준비 과정에서의 철저한 조사와 분석이 필요할 뿐입니다. 다양한 자료를 바탕으로 객관적이며, 현실적인 판단을 내려야 합니다. 올바른 사업 계획과 세밀한 기획설계가 끝나고 나면, 믿을 수 있는 업체를 통해 순서대로 차근차근 만들면 됩니다.

펜션 창업의 첫걸음

시장조사에 대하여

사업 계획의 출발은 올바른 시장조사에서 시작됩니다. 시장조사라는 말 자체가 부담스럽게 느껴질 수도 있습니다. '조사 調査'라는 단어가 주는 어색함 때문이죠. 무언가 굉장히 전문적인 영역인 것처럼 여겨지지만, 알고 보면 그다지 어려운 일은 아니랍니다. 새로운 취미를 갖기 위해 온라인 동호회에 가입하거나, 온라인 검색 사이트를 뒤져보는 간단한 일들도, 큰 틀에서 보면 시장조사의 범주에 들어갑니다. 이사를 하기 위해 새집을 알아보러 다니는 것도 시장조사이며, 백화점에서 옷을 사기 위해 여러 매장을 둘러보는 일도 마찬가집니다. 펜션 사업을 위한 시장조사 역시 크게 겁먹을 일은 아닙니다.

문제는 시장조사를 바라보는 잘못된 태도와 명확한 목적을 잃어버릴 때 발생합니다. 태도와 목적만 명확히 하면 나머지는 일사천리로 진행됩니다. 전문가들조차 지나치게 방대한 양의 데이터에 매달리다 보면, 원래의 목적과 동떨어진 결과를 내놓기도 합니다. 펜션과 관련된 시장조사도 마찬가집니다. 많은 사람들이 시장조사의 의미를 놓친 채 자가당착 自家撞着 에 빠지곤 합니다. 보고 싶은 것만 보고, 듣고 싶은 것만 듣기 때문에 벌어지는 일들입니다. 사전에 '답'을 정해놓은 경우, 그 어떤 논리적인 설명이나 현실적인 조언도 귀에 들어오지 않습니다. 오로지 자기가 하고 싶은 일의 당위만을 찾아 헤매게 됩니다. 물론, 그 끝은 대부분 불행하게 끝납니다. 실패한 대다수의 신축 풀 빌라 펜션들이 이런 과정을 거쳤다고 보아도 무방합니다.

1 시장조사의 의미

사업은 막연한 의지나 확신만으로는 성공할 수 없습니다. 시장조사를 통해 얻어낼 수 있는 가장 큰 가치는, 펜션 시장에 대한 깊은 통찰과 합리적인 선택입니다. 펜션은 여타의 사업이나 자영업과는 달리, 자신의 모든 것을 낱낱이 공개하고 있는 수많은 경쟁자들이 존재합니다. 자신의 경영 상태나 생산 시설, 제품 등의 내막을 외부로 드러내는 것을 금기시하고 있는 일반적인 회사들과 달리, 전국에 산재한 모든 펜션들은 자신의 모든 것을 낱낱이 보여주는 홈페이지를 가지고 있습니다. 어떤 유형의 펜션들이 얼마나 많은 고객을 끌어모으고 있는지 한눈에 알 수 있기 때문에, 펜션 창업에 있어 시장조사만큼 손쉬운 일도 드뭅니다.

홈페이지를 통해 얻을 수 정보는 생각 외로 많습니다. 입지와 건물의 형태, 객실 구조와 숫자, 인테리어 디자인, 부대시설과 서비스 등은 기본이며, 예약률과 고객들의 반응까지 한눈에 파악할 수 있습니다. 실시간 예약 시스템을 장기간 살펴보면, 대략의 매출까지 알아낼 수 있습니다. 자신이 운영할 지역의 펜션 홈페이지를 살펴보는 일만으로도 수익형 펜션을 만드는 데 필요한 대부분의 정보를 파악할 수 있습니다. 지역으로 유입되는 대략적인 펜션 수요를 가늠할 수 있기 때문에 적당한 규모를 정할 수 있습니다. 다양한 유형의 소비자들 중 효과적으로 공략할 수 있는 핵심 고객층을 골라낼 수 있으며, 주로 공략해야 할 소비자들이 선호하는 인테리어 디자인과 시설, 서비스까지 알아낼 수 있기 때문에 체계적인 시장조사는 필수입니다. 보다 많은 펜션 홈페이지를 살펴보아야 하는 이유도 간단합니다. 사전에 답을 정해놓고 일부 유사한 사례만을 모으는 바보 같은 짓을 피하기 위해서입니다. 자신이 사업을 벌일 지역 외에 보다 광범위한 지역을 조사해야 합니다. 데이터가 모이면 모일수록 확률은 높아지고, 현명한 판단이 가능하기 때문이죠. 지역을 넓혀 조사하다 보면, 미처 발견하지 못했던 독특한 테마와 차별화된 콘셉트를 찾을 수 있습니다.

시장조사를 통해 얻을 수 있는 또 하나의 이점은, 시장을 바라보는 '관점'을 키울 수 있다는 점입니다. 가평과 양평은 강 하나를 사이에 둔 가까운 지역이지만, 시장의 모습은 전혀 딴판입니다. 포항 지역의 경우, 동해안을 낀 천혜의 입지 조건과 배후 시장의 크기 등에 힘입어, 풀 빌라 급 펜션들의 예약률이 비교적 높은 편입니다. 하지만 불과 차량으로 2~30분 거리에 있는 울진이나 영덕, 경주 지역만 해도 풀 빌라 펜션은 전혀 힘을 쓰지 못합니다.

꾸준한 시장조사는 이런 다양한 시장의 모습과 펜션 사업을 대하는 안목을 키워줍니다. 막연하게 특정 형태가 대세라거나, 풀 빌라 급 펜션 창업만이 유일한 해답이라는 식의 모호한 결론들은 쉽게 일반화시킬 수 없는 비정상적인 논리들입니다. 시장의 특성과 유입되는 고객의 선호와 취향이 모두 다르기 때문입니다.

단순히 많은 양의 데이터를 모으는 것 이상의 효과를 얻을 수 있는 게 시장조사의 힘입니다. 내가 염두에 둔 지역의 펜션들은 어떤 형태로 운영되고 있는지, 유입되는 소비자들은 어떤 가격대의 펜션을 선호하는지, 매출에 도움이 되는 시설이나 서비스는 어떤 것들인지를 파악할 수 있게 해줍니다. 시즌별 객실 요금과 광고 홍보 효과도 어느 정도 가늠할 수 있습니다. 특별히 눈에 띄는 펜션이 있다면, 오랜 시간 꾸준히 예약률을 체크해보면, 대략의 수익률까지 판단할 수 있습니다. 이런 과정을 통해 얻은 자료들은 사업성 검토의 핵심이 됩니다. 그리고 그다음부터는 모든 일이 일사천리입니다.

일반적인 시장조사 방법 2

펜션 시장에 대한 조사는 따로 정해진 방법이나 규칙 따윈 존재하지 않습니다. 각자의 방식대로 꾸준히 조사하면 됩니다. 다만, 빠뜨리지 말아야 할 몇 가지 핵심 요소들만 간단하게 소개하겠습니다.

맨 먼저, 대상 지역에 운영되고 있는 펜션 홈페이지를 찾는 방법을 알려드리죠. 가장 흔하게 떠올리는 방법이 '지역명+펜션'이라는 단어입니다. 그런데 요즘은 포털 사이트들조차 자신들의 사업과 결합한 이런저런 비즈니스 모델을 운영하고 있기 때문에, 해당 지역에서 있는 모든 펜션 홈페이지가 검색되지는 않습니다.

그래서, 요즘은 '지도검색'을 통한 방법을 권장하고 있습니다. 예를 들어, '가평군 펜션'이라고 검색을 해보면, 맨 먼저 광고 페이지에 여러 펜션들이 검색됩니다. 돈을 내고 자신들을 광고하는 소수에 불과합니다. 그다음 눈에 띄는 것이 '사이트' 분류에 따른 검색결과입니다. 하지만 이마저도 상당수의 펜션들이 누락되어 있기 때문에 선호하지 않습니다. 대신, 다소 번거롭지만 지도검색을 통해 홈페이지를 찾아보면, 거의 대부분의 펜션 홈페이지를 검색할 수 있습니다.

검색된 사이트를 열어보기 전에, 조사할 항목들을 정해야 합니다. 항목 역시 정해진 바는 없습니다만, 대략 아래 표에 나온 항목 정도면 별다른 부족함이 없는 체계적인 조사가 가능합니다. 또한, 각 항목들을 데이터화시키는 일이 필요합니다. 항목들 외에 조사 과정에서 느낀 단상이나 아이디어를 메모하는 정성조사를 병행하면 훌륭한 시장조사 자료를 만들 수 있습니다.

입지	고객층	건축	인테리어	가격	예약률	시설	부대시설
바다조망	커플	모던형	클래식	비수기주중	수익형	스파	수영장
강변조망	커플/가족	전원형	모던	비수기주말	자립형	월풀	없음
계곡배후	가족	프로방스	빈티지	성수기주중	비자립형	없음	
입지평이	단체	한옥형	프로방스	성수기주말	확인불가		

항목별로 축적된 데이터를 엑셀과 같은 간단한 프로그램으로 정리해보면 예약률과의 상관관계를 쉽게 이해할 수 있습니다. 예약률이 높은 펜션들만 따로 떼어내, 건축 형태나 인테리어 스타일, 입지나 시설에 따른 연관성 등을 찾아가다 보면, 해당 지역의 시장 상황을 금세 깨닫게 됩니다. 보다 광범위한 지역을 강조하는 이유입니다. 조사의 샘플 수가 많을수록 정확성과 통계의 의미가 명확해지기 때문입니다.

참고 자료 3
거제시 펜션 시장 현황 조사

시장조사가 크게 어렵지 않다고 했지만, 아무래도 처음 시작하는 사람들의 경우엔 너무 막연한 일일 수 있다고 생각됩니다. 그래서, 개인적으로 조사해 왔던 사례를 첨부해 드리겠습니다. 2017년 3월경에 경남 거제시 펜션 시장조사 자료를 정리한 내용입니다. 조사 항목이나 내용은 관점에 따라 모두 다르겠지만, 큰 틀에서 보면 대부분의 항목이 포함되어 있으니 참고 바랍니다.

거제시 펜션 시장 현황 자료

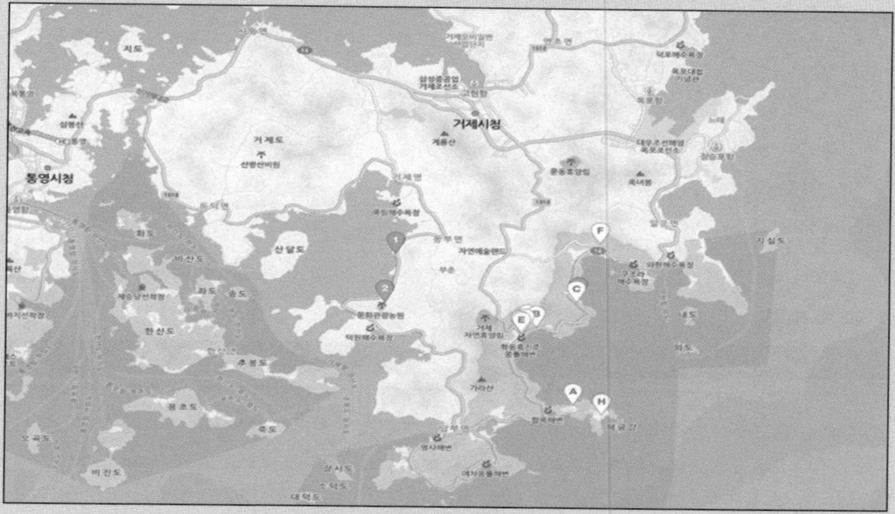

1. 조사 개요

거제시는 경남 남해안 지역의 대표적인 펜션 시장 중 하나입니다. 인접한 통영시와 남해군과 함께 경남 지역 내에서 가장 많은 펜션이 운영 중인 지역이기도 합니다.

하지만 2013년도 조사 당시와 비교하면, 거제시 펜션 시장도 인접한 남해군과 비슷한 모습을 보여주고 있습니다. 맨 처음 눈에 띄는 점은 전반적인 예약률의 감소입니다. 비수기 주중 예약률 30% 이상인 펜션의 비율이 눈에 띄게 줄어들었고, 전체적인 예약률도 크게 낮아진 모습입니다.

기존에 운영되고 있던 펜션들 중, 홈페이지를 폐쇄한 비율이 급격히 늘어났고, 신축 펜션들조차 영업이 안정적이지 못한 것으로 조사되었습니다. 2013년 조사 당시, 지역에서 가장 예약률이 높았던 펜션들의 매출도 점차 줄어들고 있어, 거제 지역을 대표할 만한 리딩 펜션이 점점 사라지고 있는 느낌이 듭니다. 그럼, 거제도 펜션 시장의 다양한 모습들을 하나씩 짚어보겠습니다.

- 조사시점 : 2017년 3월 기준
- 조사대상 : 거제시 관내 11개 읍/면, 동 지역의 펜션 현황
- 조사샘플 : 거제시 관내 약 815개 펜션과 민박 중 홈페이지 검색이 가능한 254개 펜션
- 조사방법 : 포털 사이트 네이버 검색으로 전수조사
- 조사내용 : 지역별 분포, 운영 형태, 객실 보유 수, 건축 외관, 인테리어 수준, 내/외부시설 현황, 입지, 영업 현황 등

2. 전체 현황

거제시 펜션 시장 종합 현황

구분	전체등록수	홈페이지 운영	홈페이지 미운영	홈페이지 폐쇄	신축	리모델링	휴업
현황	815	254	561	17	32	15	2

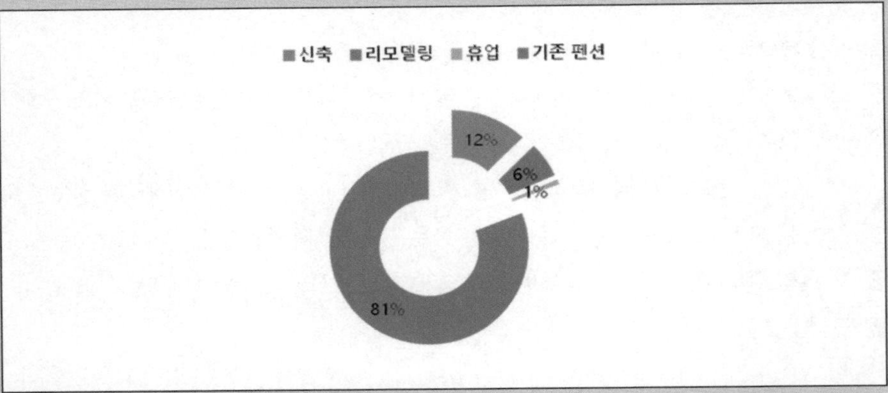

2017년 3월 현재, 검색 포털 사이트 네이버에 등록된 거제시 펜션과 민박의 숫자는 약 815개입니다. 이중, 홈페이지를 운영하고 있는 펜션의 숫자는 254개, 홈페이지를 운영하고 있지 않은 펜션과 민박은 561개로 조사되었습니다. 또한, 이전 조사와 비교하면 17개의 펜

션 홈페이지가 폐쇄되었고, 신축 펜션은 32개, 리모델링 후 재오픈한 펜션은 15개, 현재 휴업 중인 펜션도 2곳인 것으로 조사되었습니다.

2013년 조사 당시, 거제시에서 운영되고 있던 펜션 홈페이지 숫자가 약 301개였던 것과 비교하면, 상당한 숫자의 펜션 홈페이지가 폐쇄된 것으로 추정할 수 있습니다. 최근, 전국 각 지역별 펜션 시장을 조사해 보면 자체적인 펜션 홈페이지를 폐쇄한 후 블로그나 페이스북 또는 네이버에서 별도로 운영 중인 모두 modoo로 옮겨간 것을 확인할 수 있습니다.

① 지역별 펜션 분포

거제시 펜션 지역별 분포

구분	거제면	남부면	동부면	둔덕면	사등면	일운면	장목면	하청면	양정동	장승포동	덕포동
현황	5	46	51	3	13	89	32	11	1	1	2

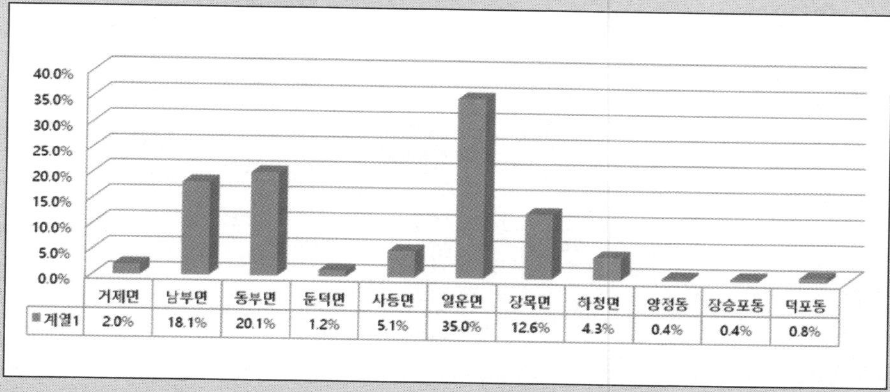

거제시 펜션의 지역별 분포를 조사해 보면, 지세포와 구조라 해수욕장이 위치한 일운면에 89개, 학동 몽돌 해변을 포함하고 있는 동부면에 51개, 바람의 언덕으로 대표되는 남부면에 46개, 부산 가덕도와 가장 가까운 위치인 장목면에 32개의 펜션이 운영 중인 것으로 조사되었습니다.

거제시도 남해군과 유사하게 거제 산업 단지를 제외한 해안가를 중심으로 펜션이 밀집해 있습니다. 덕분에, 바다 조망이 가능한 위치의 부지 매입 비용도 상당히 높아진 편이라 펜션 창업에 대한 부담이 큰 편입니다. 이런 경향 때문에 거제시 펜션의 경우, 대부분 부지가 협소하며 다양한 부대시설을 갖춘 펜션의 숫자가 매우 적습니다. 객실 안에서 바다를 조망할 수 있다는 단순한 이점만 포기한다면, 좀 더 낮은 비용의 펜션 창업이 가능하다고 봅니다. 보다 더 넓은 부지를 확보해, 다양한 부대시설을 갖출 수 있다면 바다 조망을 능가할 수 있는 경쟁력을 확보할 수 있다고 봅니다.

거제시 신축 펜션 지역별 분포

구분	남부면	동부면	사등면	일운면	장목면
현황	1	6	3	12	10

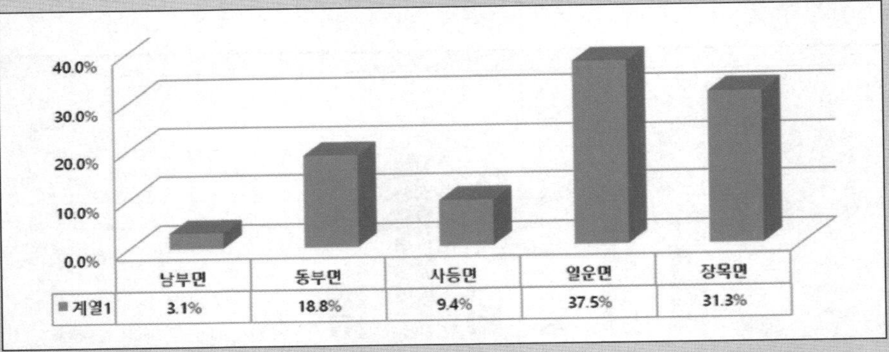

2013년 이후 새로 생긴 신축 펜션의 경우, 일운면과 장목면, 동부면 순으로 분포되어 있습니다. 개인적인 판단으로는 부산 가덕도와 지리적으로 가까운 장목면을 추천합니다. 최근 수도권을 중심으로 빠르게 늘어나고 있는 애견 펜션이나 키즈 펜션 등의 특성화된 펜션의 경우, 대도시를 배후로 둔 지역이 유리한데, 해저 터널 개통 후 크게 줄어든 부산 지역과의 물리적 접근성을 감안하면 장목면 일대가 비교적 유망하다고 판단됩니다.

② 펜션 운영 형태

거제시 펜션 운영 형태 분석

구분	현황
커플 펜션	3
커플/가족	219
가족/단체	30
단체 펜션	2

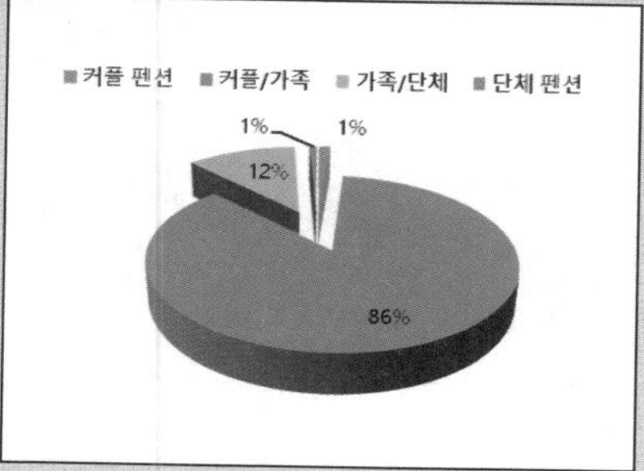

거제시 펜션의 운영 형태를 분류해 보면, 커플 및 가족을 대상으로 한 펜션의 비율이 약 86%로 압도적인 숫자를 나타내고 있습니다. 거제시와 남해군, 통영시 등, 경남 남해안의 주요 펜션 시장을 종합적으로 분석해 보면, 전통적으로 여름 성수기 수요 외에 연중 꾸준하게 관광객이 유입되고 있는 안정적인 시장이라고 평가할 수 있습니다. 대신, 운영 형태별 특징이 명확하지 못한 탓에 기존 펜션들의 급격한 매출 하락이 눈에 띄고 있습니다. 거제시 역시, 마찬가지입니다. 커플을 제외한 나머지 고객층을 주력으로 하는 펜션이 드문 편입니다.

거제시의 경우도 기존의 펜션이나 신축되고 있는 펜션 모두가 단순 고급 숙박 시설 이상의 차별화된 모습을 보여주지 못하고 있습니다. 풀 빌라 급 시설에 편중된 현재의 운영 방식만으로는 펜션들 간의 차별화나 경쟁력 확보가 어려우며, 비수기 주중 예약률의 유지에도 한계가 있을 것으로 예상됩니다. 좀 더 세분화된 펜션의 시설과 서비스, 고객 특성을 고려한 자기 정체성의 확보가 필요하다고 봅니다.

③ 건축 외관 분석

거제시 펜션 건축 외관 분류

구분	모던형	모텔/콘도형	민박형	전원형	프로방스	한옥형	기타
현황	38	51	10	141	10	3	1

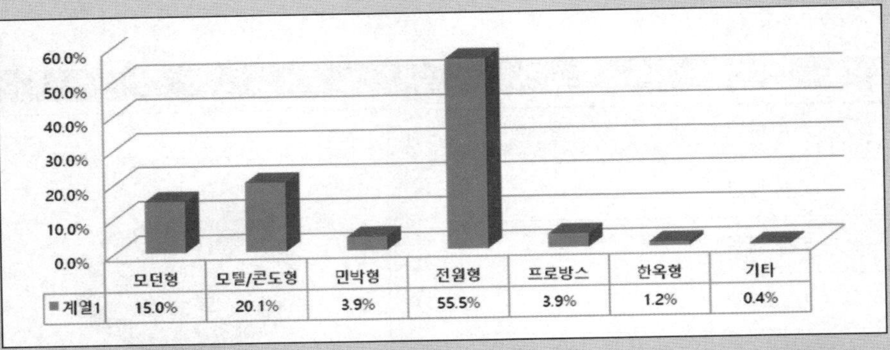

거제시 펜션의 건축 외관을 분류해 보면, 전원주택 스타일의 펜션이 약 55.5%로 가장 많으며, 모텔이나 콘도미니엄 스타일의 구조가 약 20.1%, 모던 건축 스타일이 약 15%로 조사되었습니다. 해안가에 어울리는 프로방스 스타일도 대략 10여 개 정도가 눈에 띄는데, 실제 외관은 본격적인 프로방스 스타일과는 거리가 다소 먼 편입니다.

해안가를 따라 밀집해 있는 지리적 특성 탓에 대부분의 펜션들이 주차장 외에 별다른 부대시설을 가지고 있지 못한 것으로 파악되었습니다. 여타 내륙 지역에서 많이 찾아볼 수 있는 소규모 리조트급의 다양한 부대시설이나 규모가 큰 펜션은 거의 찾아볼 수 없습니다. 바다를 조망할 수 있는 입지적 특성이 가지는 이점은 분명합니다. 소비자들 역시, 바다를 바라보면서 느낄 수 있는 정취에 초점을 맞추고 있는 점도 분명한 사실입니다. 하지만 해안가 땅들의 비싼 토지 매입 비용을 생각하면, 보다 전략적인 판단이 필요하다고 봅니다.

거제시 펜션 입지 분류

구분	현황
바다조망	228
계곡인접	1
입지평이	25

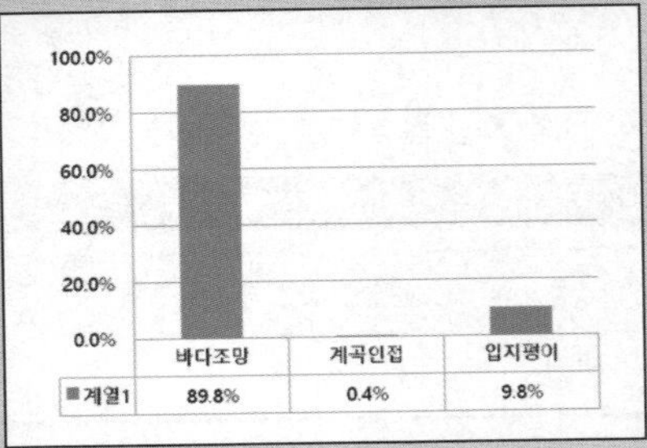

바다를 볼 수 있는 조망을 포기하는 대신, 보다 넓은 부지를 확보할 수만 있다면 지역 내 기존 펜션들과는 차별화된 펜션을 만들 수 있다고 봅니다. 물론, 바다가 보이는 입지와 반대 지역의 부지 매입 비용의 차이를 따져보아야 합니다. 좀 더 여유 있는 야외 수영장과 데크, 파고라, 카바나 등의 부대시설을 갖출 수 있다면, 좁은 실내에 모든 시설을 집어넣은 기존 펜션들과 차별성을 확보할 수 있다고 봅니다. 판단은 각자의 몫이지만, 굳이 바다가 보이는 입지를 고집할 이유도 없다고 생각합니다.

거제시 신축 펜션 건축 외관 분류

구분	모던형	모텔/콘도형	전원형
현황	15	15	2

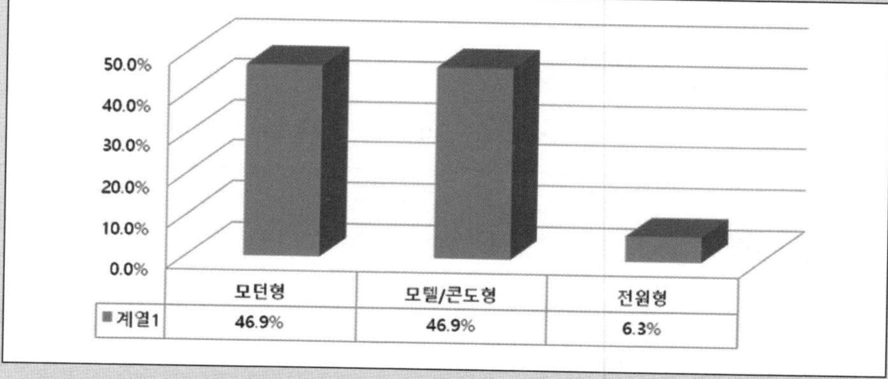

기존 펜션의 건축 외관이나 구조와는 달리, 신축 펜션의 경우 대부분 모던 건축 스타일이나 모텔, 콘도형 구조로 만들어져 있습니다. 다만, 새로 생긴 신축 펜션들의 구조나 객실 형태, 시설 구성에서 큰 차이가 없다는 점은 매우 아쉽습니다. 2013년 조사 당시에는, 남해군과 유사하게 다양한 스타일의 경쟁력을 갖춘 펜션들이 많았으나, 현재는 너무 한쪽으로만 치우친 느낌이 강합니다. 각 펜션들만의 차별성이나 자기 정체성을 찾아보기 어려워졌고, 신축 펜션들의 예약률마저 저조한 편이라 매우 아쉽습니다.

④ 펜션 인테리어 스타일 분석

거제시 펜션 인테리어 스타일 분석

구분	모던	프로방스	클래식	클래식 빈티지	클래식 모던	민박수준
현황	21	2	202	1	8	20

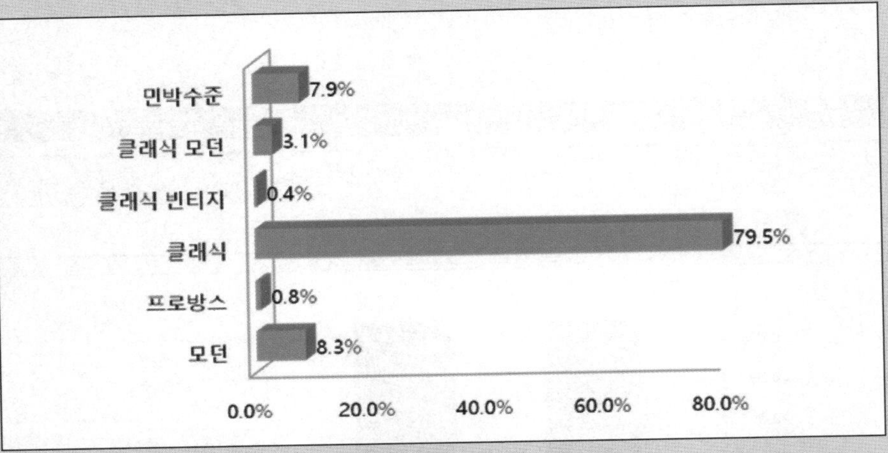

거제시 펜션의 인테리어 스타일을 분석해 보면, 약 79.5%의 펜션이 가장 기본적인 클래식 타입의 인테리어로 꾸며져 있습니다. 화이트 모던 스타일의 펜션이 약 8.3%, 클래식 모던 타입이 약 3.1%로 조사되었고, 프로방스 스타일의 펜션이 약 2개로 조사되었습니다. 최근에 각광받기 시작한 인더스트리얼이나 모던 빈티지 스타일 등은 발견할 수 없었습니다.

거제시 신축 펜션 인테리어 스타일 분석

구분	모던	클래식 모던	클래식	클래식 빈티지
현황	14	2	15	1

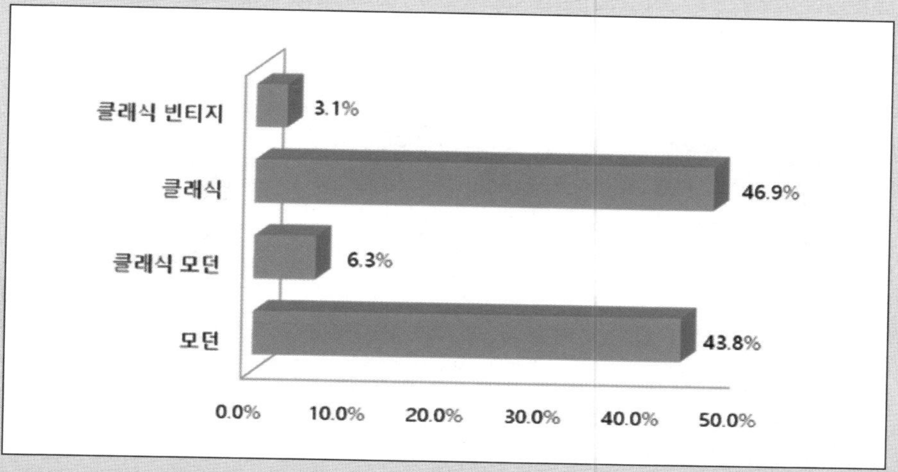

2013년 이후 신축된 32개 펜션의 경우도, 클래식 타입이 약 46.9%로 가장 많았으며, 화이트 모던 타입이 약 43.8%로 조사되고 있습니다. 이런 추세는 거제시에만 국한되진 않습니다. 전국에 거의 모든 지역의 신축 펜션에서 흔히 볼 수 있는 경향입니다. 신축되고 있는 펜션의 8~90%가 스파나 월풀, 전용 풀 pool 을 기반으로 한 화이트 모던 스타일로 만들어지고 있습니다. 이런 편향된 인테리어 경향은 다양한 소비자들의 취향과 기호에 적절한 대응이 어렵다고 봅니다.

⑤ 인테리어 수준 및 내/외부 시설 현황

거제시 펜션 인테리어 내/외부 시설 현황

구분	인테리어			내부시설				외부시설	
	상	중	하	스파	월풀/스파	월풀	시설평이	수영장	시설평이
현황	5	65	184	19	5	47	183	47	207

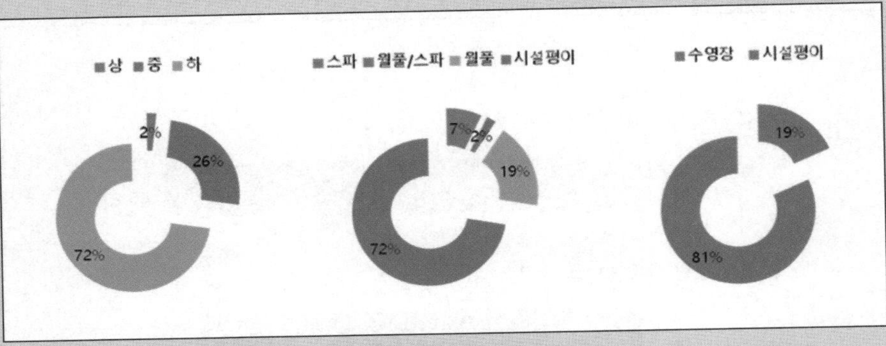

거제시 펜션의 인테리어 수준 및 내/외부 시설 현황을 조사해보면, 인테리어의 경우 상급 수준인 펜션이 약 2%, 중급이 약 25%로 조사되고 있습니다. 월풀이나 스파 등 내부 서비스 시설을 갖추고 있는 펜션은 약 28%이며, 객실 내에 전용 풀 pool 이나 외부 수영장을 설치한 펜션은 약 19%로 조사되었습니다.

2013년 기준 거제시 펜션 인테리어 및 내/외부 시설 현황

구분	인테리어			내부시설				외부시설	
	상	중	하	스파	월풀/스파	월풀	시설평이	수영장	시설평이
현황	8	117	176	13	4	36	248	17	284

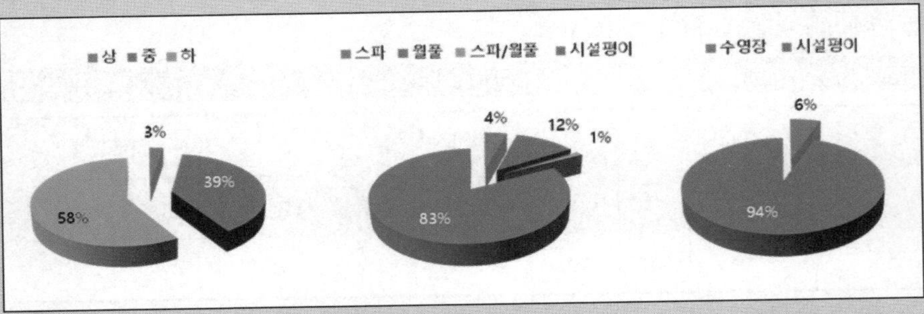

2013년 조사와 비교해 보면, 현재 거제시 펜션은 인테리어보다는 시설 위주로 발전해 온 것을 알 수 있습니다. 2013년에 인테리어 수준이 중급 이상인 펜션은 약 42%였으나, 2017년에는 약 28%로 감소했습니다. 대신, 내부 서비스 시설의 설치 비율은 약 11% 늘어난 것으로 조사되고 있습니다.

거제시 신축 펜션 인테리어 및 내/외부 시설 현황

구분	인테리어			내부시설				외부시설	
	상	중	하	스파	월풀/스파	월풀	시설평이	수영장	시설평이
현황	2	22	8	11	2	11	8	15	17

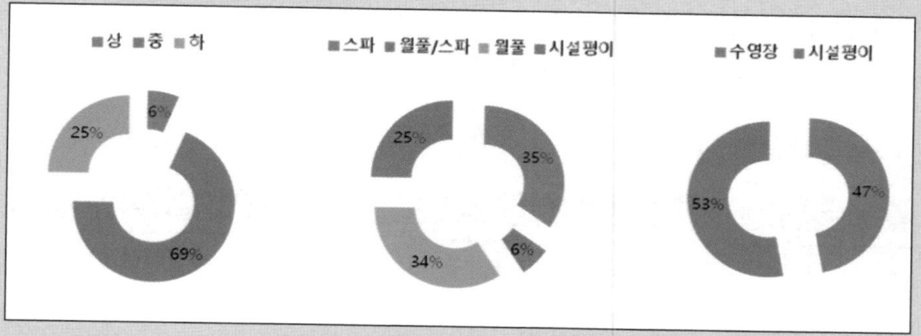

신축 펜션들의 인테리어 수준과 내/외부 시설을 조사해 보면, 이런 경향은 뚜렷합니다. 인테리어 디자인의 수준이나 스타일 면에선 큰 발전이 없으나, 월풀, 스파, 전용 pool 등의 설치는 크게 늘어나고 있습니다. 문제는 이런 시설 위주의 경쟁이 눈에 띄는 성과를 만들어내지 못하고 있다는 점입니다.

⑥ 거제시 펜션 예약 현황 및 실태 조사

거제시 펜션 영업 현황

구분	현황
상	7
중	9
하	203
실시간예약없음	35

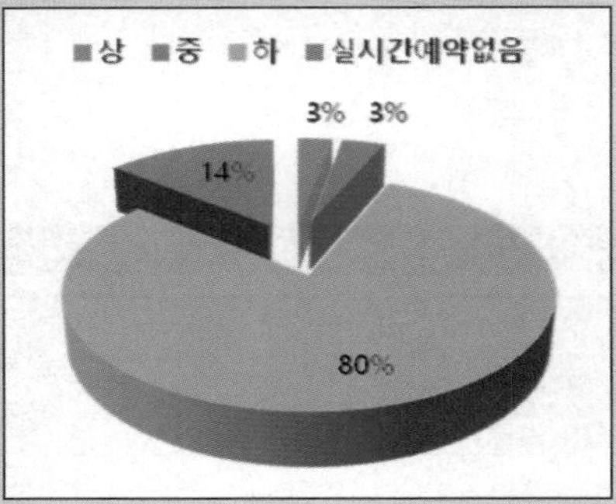

거제시 펜션의 영업 현황을 조사해 보면, 비수기 주중 예약률 50% 이상인 수익형 펜션은 약 3%, 비수기 주중 예약률 30% 이상인 자립형 펜션 역시, 약 3% 수준으로 조사되고 있습니다.

2013년 거제시 펜션 영업 현황

구분	현황
상	10
중	28
하	188
실시간예약없음	75

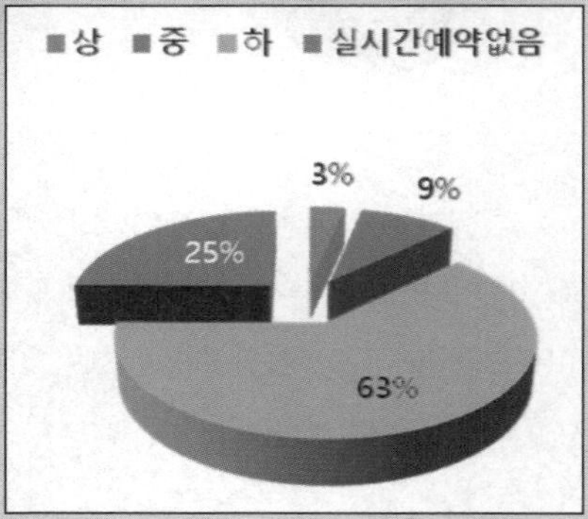

2013년 조사 당시, 수익형 펜션은 약 3%, 자립형 펜션이 약 9%였던 것과 비교하면, 전체적인 비율의 감소는 크지 않아 보이지만, 월별 예약률을 비교하면 차이가 크게 나타납니다. 2013년의 경우 상위 기준에 근접한 경우도 많았고, 월별 예약률도 크게 나쁘지 않은 상

태였지만, 2017년에 새로 조사해 본 결과, 전반적인 거제시 펜션 영업은 매우 저조한 것으로 나타나고 있습니다. 비수기 주중 예약이 전무한 펜션의 비율이 높아졌고, 월간 예약 전체를 살펴보아도 사전 예약이 거의 없는 경우가 대부분입니다.

거제시 신축 펜션 영업 현황

구분	현황
상	6
중	3
하	21
실시간예약없음	2

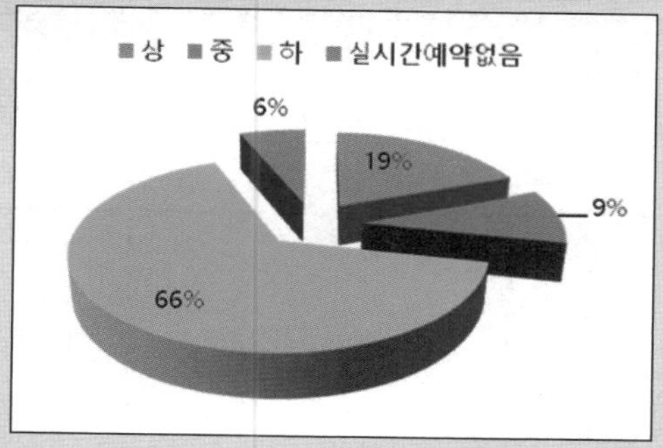

2013년 이후 생겨난 32개 신축 펜션의 예약률도 큰 차이를 나타내고 있습니다. 비수기 주중 예약률 50% 이상인 펜션은 약 6개로 조사되었고, 비수기 주중 예약률 30% 이상인 펜션은 약 3개 정도입니다.

거제시 펜션 2013년 ~ 2017년 영업 변환 추이

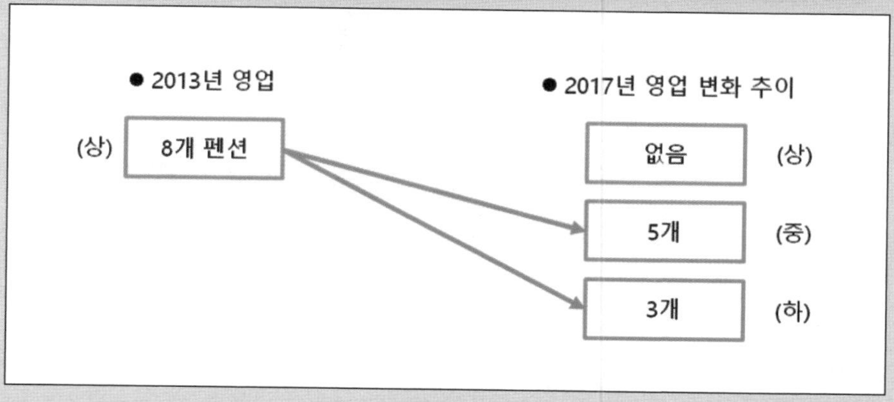

2013년에 비수기 주중 예약률 50% 이상을 유지하던 펜션 중 2017년에 같은 수준의 예약률을 유지하고 있는 펜션은 1곳도 없는 것으로 조사되었습니다. 자립형 펜션 수준을 유지하는 펜션이 약 5개이며, 나머지 3개 펜션은 비자립형 펜션 수준으로 예약률이 크게 떨어진 것을 확인할 수 있었습니다.

거제시 펜션 객실 할인 판매 현황

구분	정상판매	요금할인
현황	176	78

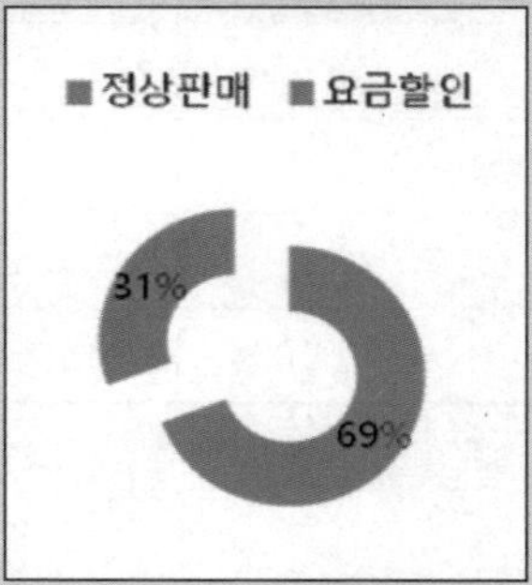

구분	10% 할인	15% 할인	20% 할인	30% 할인	40% 할인	50% 할인
현황	5	4	25	27	8	9

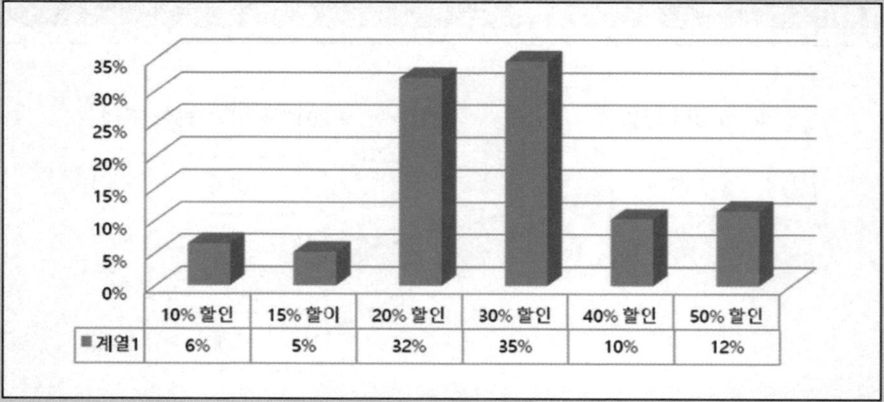

특히, 약 30%에 달하는 펜션들이 비수기 가격 할인을 하고 있으며, 할인 폭도 20% 이상인 것으로 조사되었습니다. 이런 현상은 기존 펜션에만 해당되는 것이 아닙니다. 신축 펜션 중 약 44%가 비수기 요금 할인을 하고 있습니다. 지나치게 높이 책정된 객실 요금 때문에 3~40%의 가격 할인 없이는 예약률을 유지할 수 없다는 것을 반증하고 있습니다.

거제시 신축 펜션 객실 할인 판매 현황

구분	정상판매	요금할인
현황	18	14

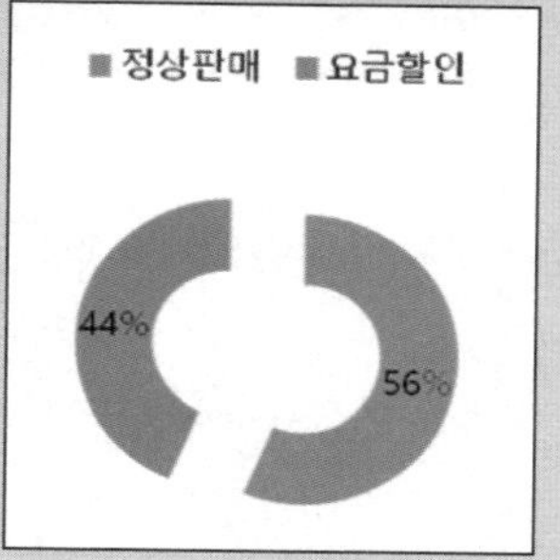

⑦ 펜션 요금 체계

거제시 펜션 객실 요금 현황

구분		비수기 주중	비수기 주말	성수기 주중	성수기 주말
커플 펜션	전체 평균	133,000	170,000	250,000	300,000
	월풀, 스파	170,000	215,000	250,000	300,000
커플 및 가족	전체 평균	94,000	134,000	180,000	185,000
	월풀, 스파	130,000	191,000	262,000	269,000
가족 및 단체	전체 평균	127,000	166,000	206,000	221,000
단체펜션	전체 평균	240,000	275,000	400,000	400,000

거제시 펜션 객실 요금 현황

구분		비수기 주중	비수기 주말	성수기 주중	성수기 주말
커플 및 가족	전체 평균	158,000	228,000	314,000	325,000
가족 및 단체	전체 평균	240,000	315,000	340,000	425,000

거제시 펜션의 객실 요금을 조사해 보면, 커플 펜션의 경우 비수기 주중 요금은 약 133,000원, 성수기 주말 요금은 약 300,000원으로 파악되고 있습니다. 커플 및 가족 펜션 중 월풀이나 스파를 설치한 펜션의 비수기 주중 요금도 약 130,000원으로 조사되고 있어 타 지역에 비해 높은 편은 아닌 것으로 분석되었습니다.

신축 펜션의 객실 요금도 전체 평균과 비교하면, 제법 높은 편이나 전국으로 범위를 넓혀 보면 크게 비싼 편은 아닙니다. 시설이나 가격만을 생각하면, 거제시 펜션의 예약률이 떨어지고 있는 원인은 따로 있다고 봅니다.

3. 종합 정리

거제시는 경남 남해안 지역의 주요 펜션 시장 중 하나이며, 경기도 지역의 가평군이나 강원도의 강릉시, 경북권의 경주시와 같이 펜션의 변화를 주도하는 지역 중 한 곳입니다. 인접한 남해군이나 통영시에 비해, 거가대교와 해저터널 개통 이후 접근성은 크게 개선되었고, 관광 이슈나 인프라 면에서도 앞서는 지역이라고 봅니다. 더불어, 거제시 자체 수요도 무시 못합니다. 펜션의 숫자나 규모, 시설이나 인테리어 면에서도 수치상 뒤떨어지는 부분은 별로 없습니다. 가격도 나름 합리적입니다. 하지만, 2013년과 비교해 전반적인 상황은 크게 나빠진 상태입니다.

일단, 가장 큰 이유는 너무나 획일적으로 변해버린 펜션의 전반적인 모습들 때문이라고 봅니다. 각 펜션들 간의 차별성이나 고유한 특성은 점점 더 사라져가고 있으며, 신축되고 있는 대부분의 펜션들도 풀 빌라 급 펜션에 몰려있습니다. 전국 어느 지역에서나 마찬가지로, 월풀이나 스파 등 시설 위주의 경쟁력은 한계를 드러내고 있으며, 화이트 모던 일색의 객실 인테리어도 새로움을 주지 못하고 있습니다. 물론, 거제시만의 특별한 문제는 아닙니다.

거제시는 수도권에서 늘어나고 있는 애견 펜션이나 키즈 펜션 등의 특성화된 펜션 콘셉트를 고려해 볼 만한 여지가 충분하다고 봅니다. 부산광역시와의 거리나 전국적인 인지도를 감안하면, 경남 남해안 3개 주요 지역 중 가능성이 가장 높다고 생각합니다. 기존의 커플이나 가족 단위 펜션의 경우에도, 단순한 시설 위주가 아닌 보다 특색 있는 인테리어와 차별화된 서비스를 개발할 경우 아직도 펜션 창업의 성공 가능성은 매우 높은 편이라고 생각합니다.

남해안 지역 중 전남권이 크게 부상하고 있지만, 아직도 거제, 통영, 남해 지역이 가지고 있는 인지도나 펜션 시장의 규모에는 크게 못 미칩니다. 여러 기반 시설이나 수요도 마찬가지입니다. 가장 큰 걸림돌은 지역의 이점과 소비자들의 다양한 수요를 적절하게 받아들이지 못하고 있을 뿐이라고 생각합니다. 언제나 시장에서 살아남는 성공한 제품들은 남과 다른 차별성을 가지고 있다는 점을 깊이 생각해보아야 합니다.

사업성 검토

펜션 창업을 결심하고 나면, 가장 먼저 고민되는 부분이 펜션을 만드는 데 들어가는 비용과 거두어들일 수 있는 수익의 크기입니다. 하지만 여기저기 수소문해보아도 원하는 대답을 쉽게 들을 순 없습니다. 당장 건축 비용만 해도, 만나는 사람들마다 의견이 모두 다릅니다. 정확한 견적은 설계가 나와봐야 알 수 있다는 모호한 대답만 돌아올 뿐입니다. 대략적인 금액을 알려달라고 해도 제시한 금액이 믿을 수 있는지조차 판단하기 어려운 경우가 대부분입니다. 업체들이 자신들의 이익을 위해 대답을 회피하는 것도 아니며, 눈치껏 더 부르고 싶어서도 아닙니다. 건축의 특성과 펜션에 대한 전반적인 이해 부족 때문입니다.

여러 차례 설명했지만, 펜션은 집을 짓는 것만으로 모든 일이 끝나는 게 아닙니다. 설계 도면만 확정되면 세부적인 견적은 금방 뽑을 수 있습니다. 하지만, 설계 도면에 포함되지 않는 인테리어 견적이나 집기 비품 등의 수량이나 단가는 협의에 따라 천차만별입니다. 아무것도 정해진 바 없이 창업 비용을 가늠하기란 쉽지 않습니다. 현실적인 수익을 판단하는 일은 더욱 힘듭니다. 기준을 잡을 수 없기 때문이죠. 나름 열심히 시장조사를 해보아도 막연하긴 마찬가집니다. 부러움의 시선으로 바라보던 풀 빌라 펜션의 붉게 물든 예약 달력만 눈에 어른거릴 뿐입니다. 구체적인 예약률을 치밀하게 기록해본 적도 없고, 주변에서 들려주는 이야기들도 긴가민가할 따름이죠. 나름 열심히 계산기를 두드려 보지만 확신에 찬 결론은 나오지 않습니다. 욕심만큼 수익을 정해둔 채, 가격도 올려보고 예약률도 따져보지만, 종국엔 의미 없는 숫자놀이에 그치고 맙니다.

1

견적보다 수요에 대한 판단이 먼저다

이름난 대기업들조차, 시장의 수요를 예측하는 일은 언제나 어렵습니다. 난다 긴다 하는 전문가들의 도움을 받거나, 자체적인 인프라를 모두 동원해 보기도 하지만, 결과가 매번 적중하는 건 아닙니다. 시장의 수요를 미리 예측해야 하는 이유는, 제품을 생산하는 과정에 들어가는 모든 비용과 수익을 판단할 수 있는 기준이 필요하기 때문입니다. 자신들의 제품을 구입할 수 있는 잠재적 수요의 크기, 기존 제품들의 시장 점유율, 가격, 제조원가, 생산비용 등 모든 판단은 현실적인 시장 상황과 기대 수익에 따라 달라집니다. 펜션도 마찬가지입니다.

수익형 펜션의 비중이 엇비슷한 지역이라도, 각 지역에 따라 실제 체감되는 예약률의 차이는 아주 큽니다. 가령, A라는 지역의 경우 예약률 7~80%가 넘는 펜션이 다수 존재하는 데 반해, B라는 지역의 경우엔 예약률 50%를 간신히 넘기는 경우도 있습니다. 결국, 전체적인 시장 수요를 판단하기 위해선 지역 간의 차이를 분명히 알아야 합니다. 지역이 붙어 있는 곳들조차, 수요와 예약률의 차이는 분명합니다.

똑같은 규모의 펜션을 붕어빵 찍어내듯이 옮겨 놓아도 입지와 접근성에 따라 예약률이 달라지는 게 펜션입니다. 가령, A라는 지역에서 창업을 할 경우 다소 비용이 많이 들더라도 욕심을 내볼 수 있는 여지가 충분합니다. 비수기 주중 예약률 50%가 넘는 펜션들이 다수 존재하고, 그중에 7~80%의 예약률을 달성하고 있는 펜션들도 있다면 말입니다. 반대로, B라는 지역에서 창업을 할 경우엔 기대 수익은 비수기 주중 예약률 3~40% 수준에서 검토해야 합니다. 내가 만들 펜션의 기대 수익은, 기존 펜션들의 예약률보다 다소 보수적으로 잡는 편이 안전합니다. 이 차이는 분명합니다.

지역의 관광 인프라와 지명도, 배후 시장의 규모와 거리 등을 종합적으로 판단해서 계획을 세워야 합니다. 펜션의 규모, 객실의 숫자, 시설 수준, 가격 등은 모두 시장의 수요를 기준으로 정해집니다. 비수기 주중 예약률 50%라는 의미도, 규모에 따라 전혀 다른 부담으로 다가오기 마련입니다. 방 4개짜리 펜션의 경우, 매일 2개씩만 예약이 되면 됩니다. 반대로, 15개짜리 객실의 경우 최소 7개 이상 예약이 되어야 50%가 넘을 수 있기 때문이죠. 얼핏 비슷해 보여도, 현실 속에서의 간극은 극과 극입니다. 유입되는 잠재 고객의 규모와 지역의 경쟁 펜션 숫자, 내가 창업할 입지와 접근성 등을 모두 고려해야 합니다. 뻔한 수요에 기댄 채 객실을 무리하게 늘리는 건 과욕일 따름입니다. 반대로, 몰려드는 성수기 수요를 감당하지 못할 정도의 작은 규모 역시, 커다란 판단 착오입니다. 창업과 관련된 비용이나 기대 수익은, 스스로의 막연한 예측이나 추정이 아닌 시장의 수요에 따라 결정되어야 합니다.

예산 수립을 위한 일반적인 모델 2

그럼 지금부터, 가상의 모델을 통해 펜션 건축과 창업에 필요한 예산과 사업 수익에 대한 이야기를 설명해 보도록 하겠습니다. 먼저, 이해를 편하게 하기 위해 100평짜리 건물 한 동에 객실 10개짜리 펜션을 만든다고 가정해보겠습니다. 실제로 농어촌민박으로 신고하기 위해선 70평 미만이어야 하지만, 계산과 이해를 돕기 위해 100평으로 설정해보았습니다.

구분	건축비용	집기비품	계
금액	500,000,000	100,000,000	600,000,000
개요	100평/객실 10개(객실당 10평)		

건축 비용은 평당 500만 원으로 책정했고 집기 비품은 객실당 1,000만 원을 기준으로 잡아, 총 건축 비용을 6억 원으로 잡았습니다. 실제 건축 비용과 집기 비품 등의 구입 비용은 실제와 다르니 혼동 마시기 바랍니다. 어쨌든, 6억 원이라는 총 투자 비용으로 펜션을 시작한 후, 첫해에 비수기 주중 예약률 50% 이상의 운영 실적이 나왔다고 가정했을 때, 추정되는 매출은 다음과 같습니다.

구분	비수기		성수기(예정)	
	주중	주말	주중	주말
객실 요금	90,000	120,000	150,000	200,000
일 매출	900,000	1,200,000	1,500,000	2,000,000
월 매출	비수기 월매출(10개월)		성수기 월매출(2개월)	
	50%	80%	80%	90%
	11,700,000	3,840,000	31,200,000	7,200,000
월 매출 합계	15,540,000		38,400,000	
연 매출 합계	155,400,000		76,800,000	
	232,200,000			

비수기 주중 50%, 주말 80%, 성수기 주중 80%, 주말 90% 정도면 수익형 펜션의 범주에 들어가는 평균적인 예약률입니다. 보는 입장에 따라선 별것 아니라고 여길 수도 있지만, 수익형 펜션 수준의 매출을 올리고 있는 펜션은 전국적으로 상위 10%에도 못 미칩니다. 일단, 편의상 가격은 별다른 서비스 시설을 포함하지 않은 원룸 스타일의 객실로 잡았고, 모든 객실 요금 역시, 동일하게 책정했습니다. 비수기 주중 9만 원, 주말 12만 원, 성수기 주중 15만 원, 주말 20만 원은 지역적인 편차는 있으나 전국적인 평균 금액이라고 보시면 됩니다. 비수기 월평균 매출은 약 1천5백만 원, 성수기 월 매출은 3천8백만 원 정도이며, 연간 총매출은 약 2억3천만 원 정도가 됩니다.

구분	1차년도	2차년도	3차년도	4차년도	계
감소율		110%	90%	85%	
연 매출	232,200,000	255,420,000	208,980,000	197,370,000	893,970,000
관리비용	69,660,000	76,626,000	62,694,000	59,211,000	268,191,000
차감계	625,779,000				

오픈 첫해 매출이 2억3천만 원인 것을 감안해 2년 차 매출은 전년도 매출 대비 10% 상승한 2억5천만 원 수준으로 책정한 다음, 3년 차부터는 약 10~15% 정도 감소할 것으로 계산해 보았습니다. 그리고 매년 평균 관리 비용을 30% 정도로 잡았을 때, 4년 차가 경과한 시점에 약 6억3천만 원 정도의 수익이 남는 것으로 추정되었습니다. 이 모델의 경우, 초기 투자비용의 회수에 대략 4년 정도가 걸린다고 보면 됩니다. 위와 같은 추론이 가장 보편적으로 생각할 수 있는 펜션 건축과 창업의 일반적인 비즈니스 모델입니다. 물론, 일반적인 사례는 아닙니다. 입지나 시장 수요, 펜션의 규모와 객실의 크기, 구조, 시설에 따라 건축 비용이나 전체 창업 비용에서 전혀 다른 예산이 나올 수도 있습니다. 매출 추정 역시 마찬가지입니다. 펜션을 시작하기에 가장 적정한 시점은 통상 4월 정도입니다. 곧이어 다가올 첫해 여름 성수기를 대비할 수 있기 때문입니다. 위에 표는 특정 시점을 고려하지 않은 매출 추정입니다. 그래서, 2년 차 매출이 전년도에 비해 상승한 것으로 예측했습니다. 보통은 전해보다 매출이 떨어지거나, 비슷한 수준을 유지하는 게 최선입니다.

자! 그럼 여기서 한 가지 가정을 해보죠. 위에 올려둔 매출현황표를 보면, 비수기 주중 요금을 9만 원으로 책정했습니다. 그런데 문을 열고 몇 달 동안 비교적 안정적으로 운영이 되자 갑자기, 요금을 올려보고 싶은 생각이 듭니다. 그래서, 약 10% 정도 올리기로 했습니다. 물론, 매출은 아주 소폭 감소할 것을 각오하고 말입니다. 가격을 10% 올렸을 때, 매출이 약 5% 정도 감소했다면 어떤 결과가 나올까요?

구분	비수기		성수기(예정)	
	주중	주말	주중	주말
객실 요금	99,000	132,000	165,000	220,000
일 매출	990,000	1,320,000	1,650,000	2,200,000
월 매출	비수기 월매출(10개월)		성수기 월매출(2개월)	
	45%	75%	75%	85%
	11,583,000	3,960,000	32,175,000	7,480,000
월 매출 합계	15,543,000		39,655,000	
연 매출 합계	155,430,000		79,310,000	
	234,740,000			

동일한 방식으로 계산해 보면, 매출은 약 2백만 원 정도 상승한 것을 알 수 있습니다. 가격을 올려 매출을 늘려보려는 노력이 별다른 효과가 없다는 사실을 알 수 있습니다. 가격을 10% 정도 올렸다고 해서 반드시 예약률이 5%나 떨어지라는 법은 없습니다. 하지만, 예약률이 떨어지지 않을 거라는 확신도 쉽지 않습니다. 결정적으로, 기대할 수 있는 매출 증대 효과가 미미합니다.

한번 정한 가격은 별다른 문제가 발생하지 않는 한, 건드리지 않는 것이 현명합니다. 소비자의 심리란 묘한 구석이 있어서, 단돈 만 원에도 예상치 못한 반응이 나오기도 합니다. 일반적인 모델의 관점에서 보면, 펜션 창업은 시장조사를 통한 수요 파악과 기존 펜션의 예약률을 감안해서 진행하는 것이 합리적입니다. 지역의 평균적인 예약률을 기준 삼아 적정 가격과 실현 가능한 목표 매출을 설정합니다. 그다음, 위에 정리한 식으로 전체 매출을 잡아보면 큰 그림이 나오게 됩니다. 예상되는 매출을 기준 삼아 창업비용을 계산하는 것이 가장 안전한 선택이란 의미입니다. 남아있는 문제는 하나입니다. 첫해 달성한 매출을 얼마나 오랫동안 유지할 수 있는지가 핵심입니다.

구분	1차년도	2차년도	3차년도	4차년도
감소율		90%	70%	50%
연매출	232,200,000	208,980,000	162,540,000	116,100,000
관리비용	69,660,000	62,694,000	48,762,000	34,830,000

구분	5차년도	6차년도	계
감소율	45%	45%	
연매출	104,490,000	104,490,000	928,800,000
관리비용	31,347,000	31,347,000	278,640,000
차감계			650,160,000

바로 위에 올려둔 표를 보면 쉽게 이해가 됩니다. 보통, 신축 펜션의 경우, 1~2년 차까지는 수익형 펜션으로 운영되다가 점차 매출이 떨어져 3년 차에는 자립형 펜션 수준에 다다르는 매출의 변화를 보여줍니다. 실제로 각 지역에서 흔히 나타나고 있는 현상입니다. 가평군과 경주시의 사례를 살펴보면, 두 지역 모두 2013년 조사 당시, 수익형 펜션 이상의 매출을 유지하던 펜션은 각각 16개씩으로 조사되었습니다. 그런데, 2016년에 다시 조사해 보니 3년 동안 꾸준히 매출을 유지하고 있는 펜션은 각각 1개씩에 불과했고, 나머지 15개 펜션은 자립형 또는 비자립형 펜션 수준으로 매출이 급감한 상태였습니다.

위에 올려둔 표를 기준으로, 앞에 사례로 든 모델의 초기 투자비용의 회수 시점은 대략 6년 정도라고 볼 수 있습니다. 하지만 이런 경우는 드뭅니다. 문을 연 지 6년쯤 지나면, 시설이나 객실 인테리어에 대한 리모델링이 필요한 시점이 됩니다. 추가적인 투자가 필요하다는 뜻이죠. 6년쯤의 시간이면 주변에 신축 펜션들이 가득 차게 되고, 내가 만든 펜션은 구식으로 치부될 단계에 이릅니다. 현실적으로 6년 안에 초기 투자비용을 회수하기란 쉽지 않습니다. 그럼, 보다 빠른 목표 달성을 위해 투자를 늘릴 경우엔 어떨까요?

3 투자와 회수에 대한 균형 있는 선택

요즘 꾸준히 늘어나고 있는 풀 빌라 급 펜션의 경우를 동일한 모델에 적용시켜 보겠습니다. 일단, 전용 풀은 제외하고 전 객실에 스파를 설치한다고 가정해보겠습니다. 보통 스파는 기계 구입비용이 6~8백만 원 정도이기 때문에, 설치 및 시설 용량 등을 감안해 1억 원의 비용이 증가한다고 가정해 보겠습니다.

구분	건축비용	집기비품	스파 설치 예산	계
금액	500,000,000	100,000,000	100,000,000	700,000,000
개요	100평/객실 10개(객실당 10평)/스파 대당 1천만 원 10대			

펜션 건축 비용과 오픈 비용은 총 7억 원 정도로 늘어나게 됩니다. 그럼, 객실 요금은 어떻게 해야 할까요? 월풀이나 스파가 설치된 객실은 일반적인 객실에 비해 평균 30% 이상 요금을 비싸게 책정합니다. 물론, 인테리어의 수준이나 나머지 부대시설에 따라 훨씬 더 비싸지기도 합니다. 일단, 계산하기 편하게 맨 처음 적용한 모델에서 약 30% 높은 가격을 책정해 보겠습니다.

구분	비수기		성수기(예정)	
	주중	주말	주중	주말
객실 요금	117,000	156,000	195,000	260,000
일 매출	1,170,000	1,560,000	1,950,000	2,600,000

월 매출	비수기 월매출(10개월)		성수기 월매출(2개월)	
	50%	80%	80%	90%
	15,210,000	4,992,000	40,560,000	9,360,000
월 매출 합계	20,202,000		49,920,000	
연 매출 합계	202,020,000		99,840,000	
	301,860,000			

역시, 객실 요금이 높아지니, 매출도 덩달아 높아집니다. 일반적인 수익 모델에 비해 첫해 매출이 대략 8천만 원가량 늘어났기 때문에 스파를 설치한 추가 비용쯤은 금세 회수할 수 있을 것 같아 보입니다. 하지만 과연 그럴까요? 동일한 예약률을 적용해서 회수 기간까지의 매출 변화를 확인해 보겠습니다.

구분	1차년도	2차년도	3차년도	4차년도	계
감소율		110%	90%	85%	
연매출	301,860,000	332,046,000	271,674,000	256,581,000	1,162,161,000
관리비용	120,744,000	132,818,400	108,669,000	102,632,400	464,864,400
차감계	687,296,600				

초기 투자비용을 회수하는 데 걸리는 기간은 일반 모델과 큰 차이가 없습니다. 이유가 무엇일까요? 바로 관리 비용이 늘어나기 때문입니다. 일반적인 모델과 달리, 전 객실에 스파를 설치할 경우 온수 사용량의 증가와 청소 인원 등이 늘어나기 때문에 관리비를 10% 정도 높게 책정해야 합니다. 실제로, 스파에 들어가는 온수의 양과 보일러를 가동하는 데 필요한 비용을 감안하면, 무리한 추정은 아닙니다. 특히, 비수기 주중 예약률이 50% 이상인 경우, 매일같이 5대의 스파를 청소해야 하는 상황이 벌어진다고 생각하

면 적어도 1명 이상의 추가 인원이 필요해집니다.

객실에 스파를 설치하기 위해서는 기계 구입 등의 예산보다도, 스파를 설치했을 때의 효과를 먼저 검토해 보아야 합니다. 전 객실에 스파를 설치하려는 계획을 세웠다면, 적어도 10% 이상 예약률이 늘어날 수 있다는 확신과 합리적인 근거가 있어야 합니다. 보다 정확하게는, 검증 가능한 설득력 있는 데이터가 필요합니다. 막연한 예측이나 단순한 기대만으로 결정할 일은 아니라는 겁니다. 물론, 개인적인 호불호에 따른 선택인 경우는 제외하고 말입니다.

다소 복잡해 보이는 설명 때문에 본질이 가려질 우려도 있지만, 펜션 사업의 예산과 사업성은 전적으로 시장의 수요와 명확한 근거를 바탕으로 해야 한다는 점을 강조한 내용들입니다. 너무나 많은 펜션들이 평당 건축 비용이나 업체들의 근거 없는 잣대에 기댄 채, 무리한 투자를 이어가고 있습니다. 초기 투자비용의 회수라는 목표 역시 마찬가집니다. 남부럽지 않은 투자와 열의만으로는 부족합니다. 지갑을 열기 전에 확실한 가능성을 담보할 수 있는 체계적인 시장조사와 세밀한 계획이 우선되어야 합니다.

수익형 펜션의 기획설계

시장조사와 사업성 검토까지 마치고 나면, 본격적인 기획설계에 들어갑니다. 일반적인 건축설계에서도 기획설계라는 개념이 존재합니다. 설계 의뢰가 끝나면 지적도와 도시계획도, 측량도 등의 각종 자료와 현장실사를 통해 대략적인 사업성을 검토합니다. 그런 다음, 전체적인 큰 틀의 모양을 도면으로 구현하는 기획설계와 건축주의 구상을 평면도와 입면도 등을 통해 구체화시키는 계획설계 단계를 거칩니다. 건축주와 협의를 마치게 되면, 보다 상세한 구조계획과 시설 계획을 포함한 기본설계를 거쳐, 실제 공사에 사용될 세부 도면을 확정 짓는 실시설계까지, 건축설계는 각 단계별 과정을 거쳐 완성됩니다.

수익형 펜션의 기획 설계 과정

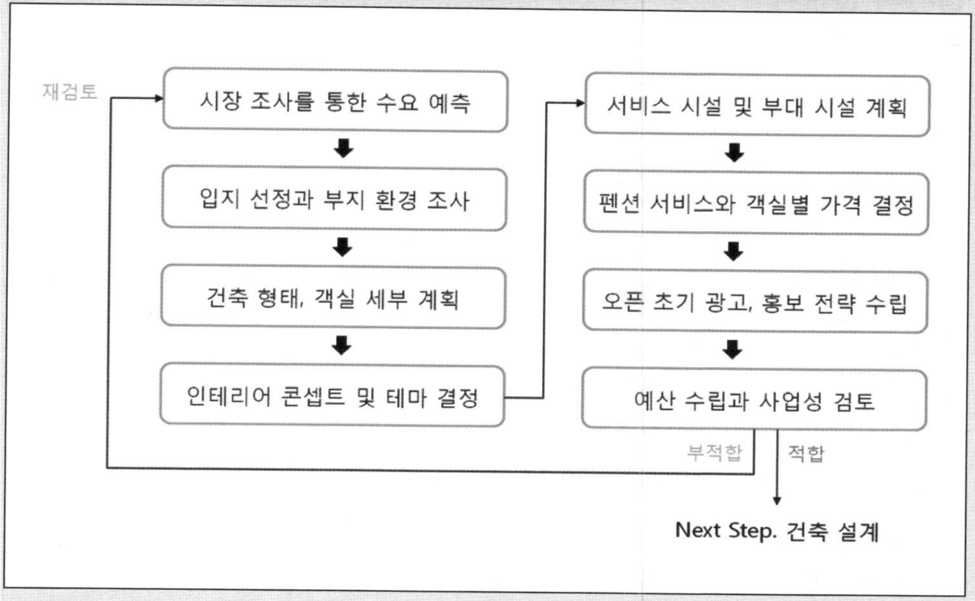

펜션도 동일한 과정을 거쳐 건축설계가 이루어집니다. 물론, 실제 현장에서는 위에 설명한 단계를 축약하거나 건너뛰는 경우가 많지만, 전체 진행 과정에서는 큰 차이가 없습니다. 다만, 수익형 펜션을 만들 땐 일반적인 건축물과는 조금 다른 기획설계 과정이 필요합니다. 펜션을 짓기 위한 세부적인 공정이나 시방示方, Specification 과는 별도로, 입지 선정과 주변 환경에 대한 조사, 인테리어 콘셉트, 서비스 시설 및 가격정책에 이르는 포괄적인 내용이 포함됩니다. 문을 열고 난 후 홈페이지를 제작하는 일과 초기 광고전략, 예산 수립과 사업성 검토에 이르는 모든 사업계획이 기획설계에 포함됩니다.

입지의 선정과 부지 환경 조사

1

기획설계는, 펜션을 만들 땅을 검토하는 일에서 출발합니다. 미리 땅을 사둔 경우엔, 현장 조사를 통해 예정 부지의 활용 방안을 검토해야 합니다. 아직 땅을 구입하기 전이라면, 가격과 위치를 따져 사업성을 검토하는 일이 먼저입니다. 펜션이 밀집해 있는 지역의 경우, 펜션 사업에 적당한 땅들은 대부분 가격이 오를 만큼 오른 경우가 많습니다. 내륙 지역의 경우에도 평당 100만 원은 우습게 부르고, 바닷가에 인접한 경우엔 2~300만 원부터 천만 원 이상을 요구하는 경우가 흔합니다. 맘에 드는 위치를 고르는 경우, 전체 사업비에서 땅값이 차지하는 비중은 꽤나 높아집니다. 관건은 비싼 땅이 가지는 효율성입니다. 비싼 만큼의 이득을 가져올 수 있는지를 따져보는 한편, 펜션의 규모나 구조, 부지의 활용성 등을 종합적으로 검토해야 합니다.

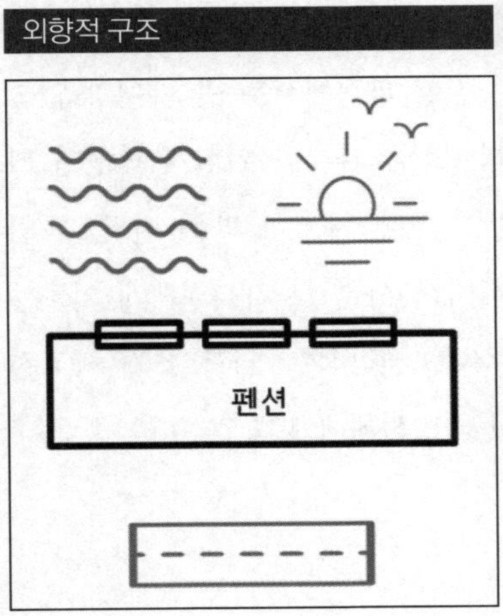

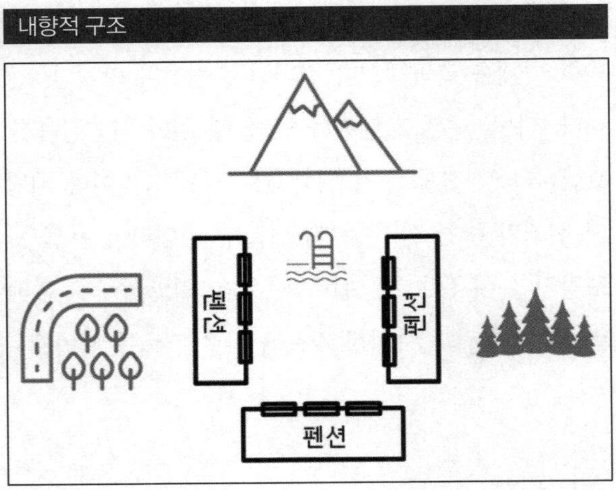

하천이나 바다를 바라볼 수 있는 풍광을 가진 땅은, 외향적으로 설계하는 것이 기본입니다. 일출이나 일몰 등의 뛰어난 자연환경을 이용한 구조입니다. 외향적 설계가 가능한 땅들은 비싼 토지 비용 때문에 부대시설을 갖추기 어려운 경우가 많습니다. 건물을 올리기 위한 토목 공사 비용도 만만치 않습니다. 반대로, 주변에 특별한 지리적 이점이 없는 땅은 건물을 내향적 구조로 배치하는 것이 좋습니다. 객실에서 바라보는 모든 시선이 펜션 내부로 향하게 만들어 주변의 어수선한 환경과 분리시키는 방식입니다. 내륙 지역에서 흔히 볼 수 있는 기업형 펜션 또는 단지형 펜션들이 내향적 구조로 만들어지는데, 상대적으로 저렴한 땅값으로 수영장이나 넓은 규모의 데크 등을 설치할 수 있는 충분한 여유 부지를 확보할 수 있습니다. 외향적, 내향적 배치는 절대적인 기준은 아닙니다. 입지의 특성과 부지 매입 비용 등의 장단점에 따라 원하는 구조와 배치를 선택하면 됩니다.

또 한 가지, 땅을 고를 땐 진입로의 설치 및 전기, 수도 등의 기반 시설에 대한 사전 검토가 필요합니다. 진입로 설치는 건축 허가상 필수 사항이기 때문에 특별한 경우를 제외하면 큰 문제가 없습니다. 하지만 지나치게 경사가 심하거나 진입로에 급한 굴절이 생길 수 있는 땅은 신중하게 접근해야 합니다. 해안가와 접해 있는 경사가 심한 부지들에서 자주 발생하는 문제들인데, 운영면에서는 간단치 않습니다. 운전이 미숙한 고객들의 거듭되는 불만은 쉽게 참아내기 힘듭니다.

회차 迴車 에 여유가 있는 충분한 주차공간도 확보되어야 합니다. 보통, 객실 수의 1.5배 정도가 적정합니다. 월풀이나 스파 등을 설치할 계획이라면, 전기나 수도 등 기반 시설에 대한 인입 引入 도 미리 확인해야 합니다. 특히, 사업부지 내 지하수 개발 가능성 여부를 확인하는 일은 무척 중요합니다. 관리 비용이나 수영장 등의 부대시설 운영에 필수적이기 때문에 충분한 검토가 필요합니다.

건축 형태와 객실 수, 객실의 구조 결정 2

펜션 시장조사를 하다 보면, 정말 다채로운 형태의 펜션 구조를 발견할 수 있습니다. 토지의 용도와 건폐율, 용적률에 따라 형태가 달라지기도 하며, 펜션의 규모에 따라서도 다양한 형태의 건물 외관이 존재합니다. 미국식 전원주택 스타일의 펜션들이 가장 많으며, 요즘은 풀 빌라 급 펜션이 대세라, 모던 건축 스타일이나 모텔, 콘도형 스타일의 펜션들이 늘어가고 있습니다. 워낙 다양한 형태의 건물이 존재하다 보니, 어떤 스타일로 만드는 것이 가장 좋은가를 판단하기란 결코 쉽지 않습니다. 하지만 기본적인 원칙은 있습니다. 펜션의 건축 형태와 스타일은 객실의 구조와 숫자, 부대시설의 배치에 따라 정하는 것이 가장 안정적입니다.

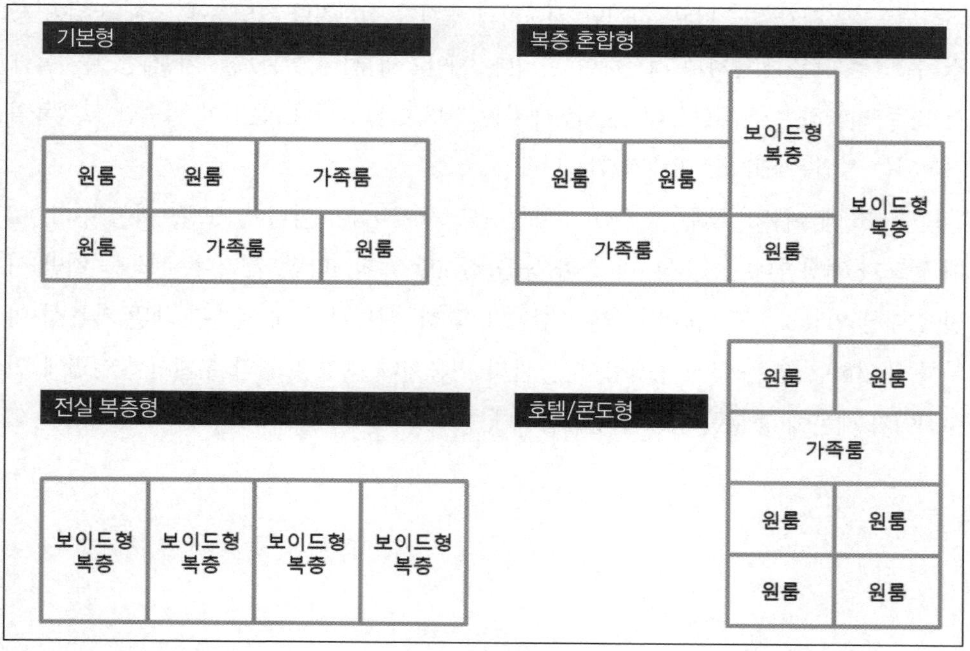

객실은 커플 위주의 원룸이나 두 개 이상의 방을 가진 가족룸, 보이드형Void 복층 구조 등으로 나뉩니다. 원룸이나 가족룸의 경우 층고가 낮아, 밖에서 보는 건물의 형태는 비교적 단조롭습니다. 보이드형 복층 구조의 객실을 포함시키면 보다 입체적인 구조를 만들 수 있습니다. 그리고 전 객실을 보이드형 복층 구조로 만든 경우엔 높이 치솟은 형태의 건물이 되기도 합니다. 모텔형이나 콘도형의 경우 3층 이상으로 만들어지기도 합니다.

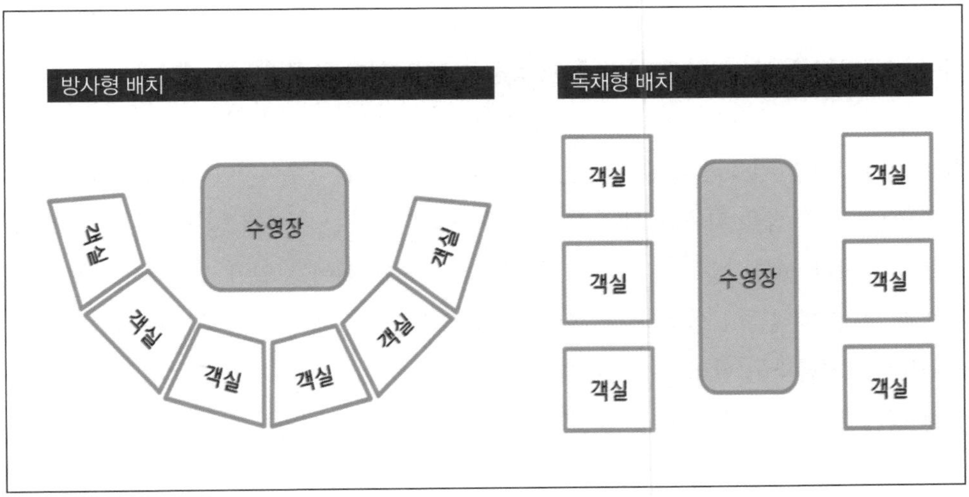

객실 형태에 따라 건물의 구조가 달라지기도 하지만, 부대시설에 따라서도 형태가 나뉩니다. 보통 수영장 등의 부대시설을 중심으로 한 방사형 배치나 독채형 배치로 구분됩니다. 주로 바다나 강가 조망이 어려운 내륙 지방에 위치한 펜션들에서 많이 볼 수 있는 구조들입니다. 방사형 배치나 독채형 배치는 데크나 수영장 등을 활용해, 눈에 보이는 규모를 크게 보이게 만들 수 있습니다. 수영장과 건물을 연결하는 부분을 방부목으로 만든 데크나 파고라, 카바나 등을 설치해, 전체적인 규모가 커 보이도록 만드는 방법입니다. 유의할 점은 수영장이나 데크 공사는 준공이 끝난 후 진행되어야 할 공정이라는 점입니다.

건물의 형태와 숫자, 구조가 결정되면 건축 방식에 대한 검토가 필요합니다. 펜션에 사용되는 건축 공법은 철근콘크리트조, 목조주택, ALC, 스틸하우스, 조립식주택 등으로 나뉘는데, 특별히 권하거나 피해야 할 이유는 없습니다. 다만, 자신이 구상하는 건물의 구조와 형태에 따라 가장 효율적인 방식을 택하면 됩니다. 개인적으로는 철근콘크리트조를 가장 선호합니다. 기술적 완성도와 철저한 시공이 선행될 경우 목조나 스틸하우스 등도 큰 문제는 없지만, 결로結露나 기후변화에 따른 내구성 문제는 항상 염두에 두어야 합니다. 이와 별도로, 다양한 내부 인테리어까지 염두에 둔다면, 건축 공법이나 방식에 따른 차이는 설계 의뢰 시 충분한 상담을 통해 검토를 끝마쳐야 합니다.

객실 구조를 복층으로 만들 때는 물론이며, 일반 주택과 달리 천정고가 높은 펜션의 특성을 생각하면 건축 방식에 대한 선택은 매우 신중하게 다루어져야 합니다. 하지만 대부분 싼 가격에 집을 지을 욕심에 이런 부분들을 간과하는 경우가 많습니다. 실제로 펜션을 운영하다 보면, 잘못된 시공 방식 때문에 골치를 썩이는 일이 생깁니다. 일반적인 주택과 달리, 매일같이 새로운 고객이 입실하고 퇴실하는 펜션은 다양한 문제와 부딪치게 됩니다. 처음과는 달리, 시간이 흐르면서 생겨나는 누수漏水나 결로, 부실한 단열로 인한 냉난방 효율의 저하 등은 생각 외로 큰 스트레스가 됩니다.

기획설계 단계에서 다양한 건축 공법이나 시공에 대한 검토를 마쳐야 차후 발생될 수 있는 오류나 문제점을 사전에 예방할 수 있습니다. 단지, 싸게 지을 수 있다는 논리에 휘둘려서는 곤란합니다. 건축과 인테리어의 완성도는 언제나 합당한 시간과 비용이 필요하다는 사실도 잊어서는 안 됩니다.

3

객실별 테마와 인테리어 디자인의 결정

펜션의 주된 콘셉트와 형태, 객실 숫자와 구조를 결정한 다음엔, 인테리어 디자인과 각 객실별 테마를 정리합니다. 인테리어는 고급 자재나 비용만으로 완성도가 결정되진 않습니다. 고급 자재 위주의 시공은 디자인 관점에서 가장 손쉬운 해결책입니다. 후발 주자가 가장 손쉽게 따라올 수 있는 방법이기 때문에 경쟁력을 유지해야 하는 펜션에는 적합하지 않습니다. 오히려, 다양한 디자인 스타일를 찾는 일에 집중해야 합니다. 이미, 앞에서 살펴본 바와 같이 펜션 인테리어에는 다양한 스타일이 존재합니다. 객실이라는 독립된 공간을 각기 다른 인테리어 디자인으로 채우는 일만으로도 충분한 경쟁력을 확보할 수 있습니다.

기획설계에서 정리되어야 할 인테리어 스타일은 매우 복잡한 과정을 거칩니다. 일단, 객실 구조에 따라 몇 개의 인테리어 스타일로 나눕니다. 가령, 10개의 객실을 가진 펜션일 경우 3개 객실은 클래식, 3개는 프로방스, 나머지 4개는 모던 스타일로 구분하는 방식입니다. 거기에 더해 같은 스타일의 객실조차 기본 색상과 조명, 인테리어 소품, 가구, 집기 등을 서로 다르게 만들어 변별력을 높여주는 디자인이 필요합니다. 일반적인 인테리어는 벽체나 바닥 마감 정도가 전부입니다. 벽체를 벽지나 도장으로 마감한 후 바닥을 데코 타일이나 강화마루 정도로 마무리하면 대부분의 작업이 끝납니다. 이와 달리, 펜션 인테리어는 판매가 가능한 상태의 객실을 완성하는 수준의 작업이 필요합니다. 객실별 기본 마감재의 종류와 색상, 침실, 거실, 주방 등 구역별 조명 계획과 월풀이나 스파 등 서비스 시설에 따른 마감까지를 포함합니다. 더 나아가, 각 방에 비치될 가구나 집기 비품 등은 물론이며, 창호에 설치될 커튼과 침실을 꾸며줄 각종 패브릭 종류까지 통일된 인테리어 디자인으로 완성되어야 합니다. 객실 테마도 중요합니다. 커플이나 가족 등 사용자에 따른 테마는 기본이며, 월풀이나 서비스 시설에 따른 테마도 필요합니다. 플레이스테이션이나 닌텐도, XBOX가 있는 게임룸을 꾸며주는 방법도 있으며, 넓은 아일랜드 주방과 조리 기구 비치해 요리를 테마로 삼을 수도 있습니다. 앞에 언급했던 파티룸도 비슷한 방식입니다.

건축 형태와 달리, 인테리어 디자인과 객실별 테마를 결정할 땐 희소성을 우선하면 효과적입니다. 자기 지역의 펜션들에서 찾아볼 수 없는 독특한 인테리어 스타일과 테마를 찾아내, 객실별로 배치하는 것이 가장 효율적입니다. 건축 형태나 외관은 선택의 폭이 한정적입니다. 아무리 뛰어난 설계라도, 예약률에 미치는 영향은 크지 않습니다. 유명 건축가의 손을 빌려 멋지게 만들어진 펜션들이 전국적으로 꽤 많습니다. 가끔은 명성에 걸맞은 유명세로 재미를 보는 곳도 있지만, 예약률 면에선 고전하는 곳들이 대부분입니다. 반대로, 인테리어는 확장성이 거의 무제한적이기 때문에, 희소성 있는 스타일과 테마를 찾는 것이 어렵지 않습니다. 범위를 넓혀서 보다 광범위한 지역의 트렌드를 조사할 수도 있으며, 아예 펜션이 아닌 다른 곳으로 시야를 돌려보면, 참고할 수 있는 레퍼런스 Reference는 무궁무진합니다. 젊은이들이 몰리는 핫 플레이스 Hot Place에 가보면 커피 전문점이나 레스토랑, 각종 상업 공간들이 너무나 다양한 디자인으로 꾸며진 것을 발견할 수 있기 때문이죠. 펜션의 객실을 주거 공간이 아닌 상품으로 바라볼 수 있다면, 최신 트렌드를 받아들이는 데 아무런 제약이 없습니다.

편의가 아닌 판매가 목적인 탓에, 콘크리트를 그대로 노출시킨 침실조차 아무런 문제가 없습니다. 푹신한 소파가 아닌, 화물 적재용 팔레트나 수도 배관 등을 이용한 가구와 테이블 등도 소비자들의 시선을 빼앗을 수 있습니다. 하룻밤 정도의 불편은 무리 없이 감수할 수 있는 젊은 고객들의 경우 자기들의 감성에 맞는 디자인으로 꾸며진 경우, 아무런 불만 없이 예약을 합니다. 오히려 확신 없이 만드는 과정을 지켜보는 주인들만 불안해합니다. 예약이 이루어지지 않는 경우는 오직 한 가지 이유뿐입니다. 자기 맘에 드는 객실을 발견하지 못했기 때문입니다.

인테리어 스타일과 객실별 테마를 결정하는 일은, 미리 전문적인 인테리어 디자이너의 도움을 받는 것이 좋습니다. 건축과 별개로, 전문 인테리어 회사를 사전에 선정해 건축 설계 단계에서부터 실무에 참여시키는 것이 효율적입니다. 건축과 인테리어는 전혀 다른 영역의 일입니다. 따라서, 사전에 인테리어 스타일과 테마를 결정해 건축 구조와 전기, 설비 등 설계 단계에서 필요한 부분을 미리 조율해 두면, 건축 공사를 마친 후 내부 인테리어 시공 시 좀 더 원활한 공사 진행이 가능합니다. 더불어, 전문적인 인테리어 디자이너와 충분한 의견 교환을 통해, 차별화된 펜션의 콘셉트와 테마를 결정할 수 있다는 점도 큰 도움이 됩니다.

4 서비스 시설 및 부대시설의 계획

객실에 설치될 서비스 시설은 인테리어 콘셉트와 테마, 가격에 따라 결정됩니다. 과거처럼 전 객실에 월풀이나 스파를 설치하는 방식은 더 이상 큰 효과를 기대하기 어려워졌습니다. 앞뒤 없이 무작정 설치하기보다는 객실 간의 차별화를 목적으로 설치하는 편이 효율적입니다. 다양한 크기와 구조를 가진 객실을 계획하다 보면, 상대적으로 경쟁력이 떨어지는 객실이 생깁니다. 평수가 작은 원룸형 객실은 복층형 구조의 객실이나 조망이 우수한 객실에 비해 예약률이 떨어지기 마련입니다. 이런 객실만을 선별해 월풀을 설치하면 불리함을 상쇄시킬 수 있을 뿐만 아니라, 가격 책정에도 용이합니다. 서비스 시설에 대한 개념을 보다 폭넓게 확장시키면 여러 대안을 발견할 수 있습니다. 빔프로젝터나 에스프레소 머신 등을 설치해 차별화를 주거나, 주방 기구나 집기 비품의 수준을 높여주는 일도 중요한 서비스 시설이 됩니다. 청결을 신뢰할 수 있는 침구류를 비치하는 일도 비슷한 효과를 가져다줍니다.

월풀이나 스파에 집착하는 이유는 고급 펜션이라는 이미지 때문입니다. 하지만 그 효용가치는 점점 더 떨어지고 있는 추세입니다. 기획설계 단계에서 서비스 시설에 대한 많은 고민이 필요한 이유입니다. 한 가지 사례를 살펴보겠습니다.

남해군 신축 및 리모델링 펜션 영업 현황

구분	상	중	하	실시간예약없음
현황	2	5	45	3

구분	현황
할인판매	23개
10% 할인	5개
15% 할인	7개
30% 할인	10개
40% 할인	1개

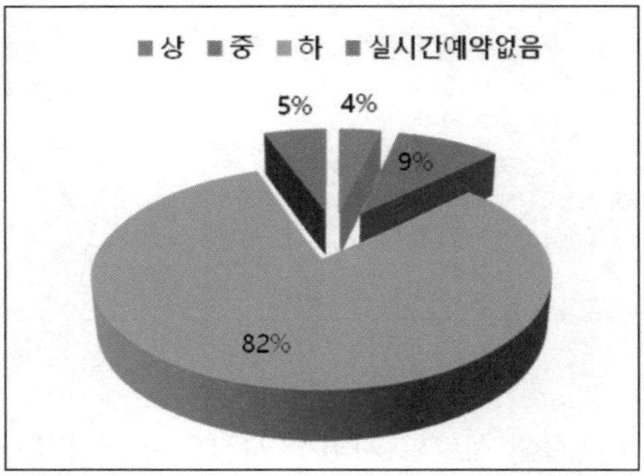

위에 표는 경남 남해군 펜션 중 신축 펜션과 리모델링 후 다시 오픈한 펜션들의 영업 현황을 조사한 자료입니다. 표에서 보는 것과 같이 경남 남해군에는 2013년 조사 자료와 비교해 2017년 2월 기준으로 약 55개의 신축 펜션과 리모델링 펜션들이 운영 중에 있습니다. 이들 펜션들은, 대부분 풀 빌라 급의 구조와 서비스 시설을 갖춘 펜션들입니다. 이중, 수익형 펜션 수준의 예약률을 나타내고 있는 펜션은 약 2개 펜션이며, 자립형 펜션이 약 5개 정도로 조사되고 있습니다. 보다 더 큰 문제는, 전체 55개 펜션들 중 약 40%에 달하는 펜션들이 객실 요금을 할인해서 판매 중이란 점입니다. 실제로 자립형 펜션 이상의 예약률을 유지하는 업체들 중 상당수가, 요금 할인 때문인 것으로 조사되고 있습니다.

요금을 과도하게 책정하게 된 배경도 결국, 월풀이나 스파, 전용 풀 등의 서비스 시설 때문이며, 요금 할인이 불가피한 이유도 서비스 시설로 인한 비싼 객실 요금 탓이란 점은 심각한 모순입니다. 서비스 시설을 강화해 좀 더 많은 고객을 유치하고자 했던 목적으로 설치된 월풀이나 스파, 전용 풀 등의 시설들이, 오히려 소비자들의 예약을 가로막는 걸림돌로 변해버린 사례입니다.

서비스 시설은 말 그대로 '서비스'로 인식해야 합니다. 월풀이나 스파 외에 다양한 기구들과 집기 비품까지를 서비스 시설에 포함시키는 이유는 사용자의 즐거움을 채워주기 위함입니다. 모든 소비자들이 똑같이 꾸며진 객실 인테리어를 선호하지 않듯이, 누구나 동일한 수준의 월풀이나 스파, 전용 풀 등을 원하는 것은 아닙니다. 기존 펜션들이 가지지 못한 다양한 형태의 인테리어와 차별화된 기본 시설들을 찾아내어 기획설계에 반영해야 합니다.

펜션의 다양한 부대시설들은 예약을 유도하기 위한 핵심 요소들입니다. 최근의 추세에 비추어보면, 잘 만들어진 야외 수영장의 위력은 점점 더 커지고 있습니다. 야외 수영장을 계획하는 경우엔 규모나 시공방법 외에 관리 부분에 대한 면밀한 검토가 필수입니다. 부지 선정 시 지하수 개발 가능성을 확인해야 하는 가장 큰 이유도 야외 수영장 때문입니다. 객실에서 쓰이는 기본 급수량 외에 청소나 세탁에 들어가는 물의 양은 생각보다 많습니다. 상수도에만 의존하기엔 너무나 큰 부담이란 뜻이죠. 수질을 관리할 수 있는 여과기의 종류나 사양도 사전에 충분한 검토를 거쳐야 합니다. 기획설계가 복잡한 이유입니다. 눈에 보이는 표면적인 부분들 외에 세부적인 항목들까지 꼼꼼하게 챙겨야 예상치 못한 문제들을 해결할 수 있습니다. 야외 수영장과 함께 잘 만들어진 데크와 파고라는 펜션의 규모와 수준을 좌우합니다. 최근에는 수영장 주변에 카바나를 설치해 숙박 손님 외에 당일 소풍 손님까지 받는 펜션들도 눈에 띄고 있습니다. 최근의 추세를 감안하면, 다양한 부대시설을 갖출 수 있는 충분한 여유부지를 확보하는 일은 필수라고 봅니다.

펜션 서비스와 객실별 가격 결정 5

펜션의 서비스에는 유료 서비스와 무료 서비스가 있습니다. 바비큐를 위한 도구와 숯불은 대표적인 유료 서비스이며, 간단한 조식을 제공하거나 차량이 아닌 대중교통으로 펜션을 찾아오는 사람들을 마중 나가는 픽업 Pick up 정도는 무료로 제공됩니다. 별도의 요금을 받고 제공되는 브런치나 바비큐용 고기를 판매하는 경우도 있습니다. 예약을 유도하는 다양한 서비스들이 존재하지만, 가장 중요한 사실은, 그 어떤 서비스도 펜션 운영에 부담을 주어서는 안 된다는 사실입니다. 요즘은 전반적으로 펜션의 예약률이 크게 떨어진 탓에, 서비스를 통한 부가 매출을 노리는 경우도 있지만, 그조차도 사사로운 잡수익 정도로 여겨야 합니다.

펜션에서 제공할 서비스도 종류와 규모를 적절하게 조절해야 합니다. 바비큐는 펜션 서비스 중 빠질 수 없는 서비스이기 때문에 가장 많은 신경을 써야 합니다. 최근에 유행하는 모던 스타일의 건축 구조는 바비큐 운영에 많은 부담을 줍니다. 개별 바비큐를 운영하는 경우 테라스까지 숯불을 전달할 수 있는 가장 효과적인 방법과 동선을 감안한 설계가 필요합니다. 바비큐 기구도 과거와 달리 다양한 종류가 출시되어 있기 때문에 펜션 운영에 부담을 줄일 수 있는 기구와 시스템을 갖추는 편이 유리합니다. 여력이 된다면, 바비큐 시즈닝 서비스 정도는 검토할 필요가 있습니다. 비용 대비 효과가 가장 크기 때문입니다.

바비큐를 제외한 나머지 서비스는 가급적 줄이는 편이 좋습니다. 픽업 정도는 큰 문제가 없지만, 조식이나 브런치 등, 조리가 필요한 서비스는 많은 부담으로 작용합니다. 간편한 조식으로 제공되기도 하는 컵라면이나 토스트조차도 부담스러울 때가 많습니다. 서비스의 종류가 늘어난 이유는 단 하나입니다. 떨어지는 매출을 줄여보자는 궁여지책입니다. 차별화된 인테리어와 서비스 시설, 야외 수영장과 같은 경쟁력 있는 기반 시설을 갖춘 경우라면 서비스는 최대한 줄이는 편이 좋습니다. 돈을 받고 제공하는 유료 서비스는 특히 더 합니다. 호의적인 반응보다는 본의 아닌 불평이 더 많아질 수 있기 때문입니다. 예상되는 매출이 일정 수준 이상인 경우, 서비스는 기획설계 단계에서부터 신중하게 다루어야 합니다.

객실별 가격을 결정하는 일도 중요합니다. 물론, 펜션이 완성된 후에 새롭게 조정되는 경우가 대부분이지만, 기획설계 단계부터 추정되는 예약률과 수익률, 전체적인 사업 예산을 결정하는 중요한 기준이 되기 때문입니다. 객실 요금은 보통 객실의 면적과 서비스 시설의 종류와 수준, 객실의 구조에 따라 달라집니다. 객실에서 바라다보이는 조망에 따라서도, 차등 적용되기도 합니다. 중요한 점은, 스스로가 받고 싶은 가격이 아닌 소비자가 받아들일 수 있는 합리적인 가격을 책정해야 한다는 것입니다. 시장조사를 통해 얻어진 자료는 객실 요금을 책정하는 데 중요한 잣대가 됩니다. 자기가 창업할 지역에 있는 기존 펜션들의 예약률과 요금을 조사해 보면, 합리적인 가격을 결정할 수 있는 기준을 세울 수 있습니다. 같은 규모와 시설을 가진 펜션들이 예약률에서 큰 차이를 보이는 가장 큰 원인이 요금 책정의 차이 때문입니다. 객실 요금은 펜션의 문을 연 직후, 임시 홈페이지를 운영하는 기간 동안 다양한 방법으로 테스트할 수 있습니다. 정식 홈페이지가 오픈되기 전 여러 이벤트성 행사를 통해 가격을 조절해보면 적정 가격을 찾을 수 있다는 뜻입니다.

기획설계 단계에서 사업 수익성을 판단할 수 있는 기준은 적정한 객실 가격입니다. 펜션의 입지, 객실 수, 인테리어 수준과 서비스 시설 등을 감안해, 다양한 투자 포트폴리오를 시뮬레이션 해보면, 실제 오픈 후의 예상 매출을 충분히 추정할 수 있습니다. 이 단계에서 판단 기준을 흐리게 하는 요인은, 오직 객실 가격뿐입니다. 예약률을 고정시킨 채 가격을 높게 책정해 보면, 수익률은 당연히 높아집니다. 하지만 가격을 올리는 경우 반대로 예약률은 낮아질 수밖에 없다는 사실을 잊어서는 곤란합니다. 높은 가격과 높은 예약률, 동시에 두 마리 토끼를 다 잡을 방법은 거의 없으며, 가격만을 우선시한 사업 계획과 투자 포트폴리오는 언제나 경계해야 합니다.

오픈 초기 광고 및 홍보 전략의 수립 6

새로운 제품이나 서비스를 시장에 선보이는 것을 론칭 Launching 이라고 합니다. 론칭은 로켓을 띄어 올리거나, 배를 진수시키는 일을 지칭하는 단어에서 나온 말입니다. 신제품 출시에 따른 행사를 개최하거나, TV, 라디오, 신문, 잡지, 온라인 등을 통한 광고나 홍보 등을 떠올리면 됩니다. 그런데 일반적인 제품이나 서비스에 비해 펜션은 이름을 띄울 수 있는 수단이 극히 제한적입니다. 가장 일반적인 도구가 온라인을 통한 '키워드 광고'이며, 부가적으로 쓸 수 있는 홍보 방식도 블로그나 일부 SNS를 통한 홍보가 전부입니다. 기획설계 단계에서 광고와 홍보 방법을 미리 결정해야 하는 이유는 바로 '비용' 때문입니다.

주인 스스로가 파워 블로거로 이름을 떨칠 수 있는 경우는 아주 드물며, 키워드 광고나 온라인을 통한 여러 홍보들 역시 비용이 수반되는 일들인 탓에, 기획설계 단계에서 미리 예산을 책정해두어야 합니다. 오픈 직후부터 손님들이 몰려드는 경우는 없습니다. 펜션이 알려져야 매출이 오르기 때문에, 오픈 직후부터 일정 기간 동안 광고와 홍보에 필요한 예산을 확보해 두지 않으면 곤란합니다. 사소해 보일 수도 있지만, 키워드 광고 비용은 상상외로 큽니다. 가장 큰 낭패를 보는 것 중 하나가, 자기 펜션 주변의 경쟁자들이 무제한적으로 키워드 광고를 클릭하는 경우입니다. 설마 그런 일이 일어날까 싶기도 하지만, 실제로 흔히 벌어지는 해프닝 중에 하나입니다. 키워드 광고의 경우 지역을 선별해서 노출시킬 수 있기 때문에, 오픈 직후 키워드 광고는 자신의 지역을 제외한 타 지역에 국한시키는 것도 좋은 방법입니다.

연관키워드	월간검색수 (PC)	월간검색수 (모바일)	월평균클릭률 (PC)	월평균클릭률 (모바일)	경쟁정도
가평펜션	35,800	86,100	3.23%	2.56%	높음
가평풀빌라	5,850	10,400	7.45%	10.45%	높음
키즈펜션	5,260	27,000	10.66%	6.41%	높음
가평스파펜션	4,570	12,500	4.4%	2.31%	높음
가평풀빌라펜션	4,180	16,300	7.14%	2.19%	높음
가평단체펜션	4,170	5,740	10.77%	4.82%	높음
아침고요수목원펜션	2,830	7,900	4.82%	3.35%	높음
가평팬션	2,580	5,850	3.39%	2.51%	높음
가평가족펜션	1,820	7,660	7.62%	2.76%	높음
애견펜션	1,520	3,770	5.98%	2.84%	높음

또 한 가지 유용한 방법은, 적절한 '키워드의 선택'입니다. 키워드 광고 비용은 키워드에 대한 집중도에 따라 비용이 달라집니다. 키워드 검색 결과에 따라 자신의 펜션이 노출될 위치를 '응찰'하는 방식으로 진행되기 때문에, 여러 가지 키워드 중 비용과 효율을 감안해 집중도가 높은 키워드를 선택하는 것이 좋습니다. 위에 표는, 키워드 광고 도구를 이용해 '가평펜션'이라는 키워드의 집중도를 검색해 본 결과표 중 일부입니다. PC와 모바일로 구분해 월간 검색수와 월평균 클릭률, 경쟁 정도를 한눈에 알아볼 수 있습니다. 당연히, 검색수와 클릭률이 높은 키워드가 가장 비싸며, 집중도가 떨어질수록 클릭당 요금은 싸집니다.

보통 펜션을 오픈하고 나면, 온라인 광고 대행사들이 접촉해 옵니다. 별도의 비용을 지급하는 건 아니고, 자신이 지출하는 키워드 광고 비용의 일부를 포털 사이트 측에서 지급하기 때문에, 온라인 광고 대행사를 특별히 경계할 이유는 없습니다. 오히려, 신뢰할 수 있는 대행사를 선정해, 번거롭고 복잡한 키워드 광고를 맡기는 편이 여러모로 편리할 때가 많습니다. 대신, 각 포털 사이트에서 진행하고 있는 키워드 광고 교육을 수강하는 것을 권장합니다. 키워드의 선정에서부터 광고 집행의 전반적인 내용을 충분히 숙지해야, 대행사를 통한 적절한 광고를 집행할 수 있기 때문입니다.

요즘은, 온라인 블로그 홍보를 대행해 주는 업체들도 많습니다. 이른바 파워 블로그들을 동원해, 키워드 검색 시 노출량이 늘어나게 만들어 주는 방식인데, 일정 금액의 수수료를 통해 대행해 주는 업체들입니다. 더러, 유용한 효과를 얻는 경우도 있긴 하지만, 크게 기대할만한 방식은 아닙니다. 기계적인 포스팅이나 뻔히 의도가 읽히는 광고성 블로그는 호의적인 이미지가 쌓이기보다는 부정적인 경우가 더 많습니다. 가장 중요한 점은, 온라인을 통한 홍보가 펜션에는 큰 의미를 가지지 못한다는 점입니다. 가장 많이 접하는 '맛집' 홍보나 소소한 제품 등을 다루는 상업적 블로그와는 달리, 펜션은 소비자들의 기대치와 가격이 높은 탓에, SNS 등을 통한 홍보가 효과를 거두는 경우가 지극히 제한적입니다. 시각을 달리하면, 오픈 초기 소셜커머스를 이용한 홍보도 고려해볼 만합니다. 흔히 생각하기에 소셜커머스를 통한 할인 판매는, 문을 연 지 오래된 펜션들이 고육지책으로 여겨지기도 하지만, 소셜커머스의 노출량을 생각해 보면 또 다른 형태의 홍보수단으로 이용해 볼 가치는 충분합니다. 펜션 오픈을 전면에 내세운 론칭 이벤트의 경우, 키워드 광고나 온라인 홍보 대행처럼 많은 비용이 들어가는 매체들보다 훨씬 더 큰 효과를 얻을 수 있습니다.

기획설계 단계에서, 오픈 후 일정 수준의 매출이 달성될 때까지의 광고, 홍보 비용을 미리 설정해 주는 일은 매우 중요한 의미를 가집니다. 입지의 선정에서부터 펜션을 완성하는 데 필요한 모든 예산을 한눈에 정리해 사업성을 평가해야 하기 때문입니다. 흔히들 예산이라고 하면, 땅을 사고 설계를 맡긴 후 건축과 인테리어에 들어가는 비용 정도로 한정시켜 생각하는 경우가 많습니다.

하지만 사업이라는 관점에서 보면 내가 만든 펜션이 잠재적인 소비자들에게 충분히 알려져 원하는 목표 매출을 달성하는 단계까지 필요한 모든 비용을 예산으로 생각해야 합니다.

수익형 펜션 창업에 필요한 기간의 산정

펜션은 계절과 시기에 따라 매출의 차이가 매우 큰 사업입니다. 1년을 12개월로 나누어보면, 월별 매출은 모두 다릅니다. 가장 장사가 잘 되는 시기는, 역시나 여름 휴가철이 몰려 있는 7월과 8월 두 달이며, 가장 사람이 뜸한 시기는 10월에서 11월, 2월과 3월입니다. 요즘은 사실상, 겨울 성수기란 의미가 사라지고 있습니다. 크리스마스를 전후로 잠시 반짝할 뿐, 예전처럼 겨울 방학 기간 전체를 성수기라고 부르기에는 민망한 수준입니다. 실제로 현장의 목소리를 들어보면, 겨울 성수기는 없어졌다고 보아도 무방할 정도입니다. 여름 성수기조차도, 7월 말에서 8월 초 정도만 예약이 집중되는 형편입니다. 예전에 비해, 명절이나 연휴 기간 매출도 신통치 못합니다.

시즌에 민감하다 보니, 펜션의 오픈 시기에 따른 초기 매출의 차이도 큽니다. 펜션 창업을 결심했다면, 오픈 시기에 따른 적절한 기간 산정은 아주 큰 의미가 있습니다. 펜션 오픈의 최적기는 여름 성수기가 시작되기 전인 3월에서 4월 사이가 가장 적당합니다. 따라서, 공사 기간은 오픈의 최적기라고 볼 수 있는 3월에서 4월을 기준으로 역산해서 잡아야 합니다. 여름 성수기 기간은 연중 매출의 30~40% 이상이 나오는 중요한 기간이기 때문에, 가급적 펜션 공사는 본격적인 여름 성수기가 시작되기 전에 끝마쳐야 합니다. 문을 연 직후, 여름 성수기를 맞이할 수 있다는 건, 창업 초기에 들어가는 창업 비용의 상당 부분을 회수할 수 있다는 특별한 의미를 가집니다. 이와 반대로 여름 성수기를 놓치게 되면, 사실상 1년 농사의 절반에 가까운 매출을 포기하는 것과 동일한 결과로 이어집니다.

대략, 여기까지는 쉽게 수긍할 수 있습니다. 문제는 구체적인 준비 기간을 어떻게 잡아야 하는지입니다. 막연하게 1월 정도나 좀 더 여유를 부려 그 전해 연말쯤에 공사를 시작할 요량인 경우, 영락없이 여름 성수기를 놓치게 됩니다.

1

공사 기간이 아닌 창업 기간!

정말 많은 사람들이, 펜션 창업을 준비하는 데 필요한 시간을 공사 기간과 혼동하곤 합니다. 업체에서 제시하는 공사 기간과 펜션 창업에 필요한 시간은 절대적인 차이가 있습니다. 예를 들어, 펜션 공사에 필요한 기간을 6개월이라고 할 때, 우리가 절대 착각해선 안 되는 것이 6개월이란 의미가 1월에서 6월까지가 아니라, 180일이라는 사실입니다.

180일이란 시간도 비가 오거나 작업을 쉬는 날 등을 제외한 날짜이기 때문에, 기간으로 따지면 얼마가 걸릴지는 아무도 장담할 수 없습니다. 물론, 업체 입장에선 하루라도 빨리 공사를 마치는 편이 이익이기 때문에, 고의로 기간을 늘리는 일은 좀처럼 없습니다. 다만, 현장 여건이나 기상 여건, 설, 추석 등의 휴무일 등이 겹칠 때는, 어쩔 수 없이 기간이 늘어날 수밖에 없다는 점을 감안해야 합니다.

또 하나, 공사 기간 외에 펜션 창업에 필요한 절대적인 시간도 계산해야 합니다. 부지 매입을 끝낸 후 공사에 착수할 때까지 필요한 각종 인허가 과정은, 여러 주체들의 참여와 그에 따른 업무 조율, 절대적인 처리 기간이 필요합니다. 토지 전용이나 측량, 토목 공사와 설계 등 건축에 들어가기 전에 필요한 업무시간은 생각 외로 긴 경우가 허다합니다. 관련 부서와의 협의와 인허가 과정은, 임의로 기간을 단축시키거나 과정을 건너뛰고 넘어갈 수 없는 탓에, 일사천리로 처리되기를 기대하기란 요원한 일들입니다.

이런 사전 작업들이 순조롭게 끝나 무리 없이 공사를 마쳤다고 해서, 곧바로 펜션 영업에 들어갈 수 있는 것도 아닙니다. 건축 업체나 인테리어 업체가 일을 끝내주는 단계는, 새로 분양한 아파트나 신축 건물에 입주하는 것과 마찬가지라고 생각해야 합니다. 준공에 필요한 최소한의 마감과 설비가 전부이기 때문에, 객실에 가구를 배치하고, 전자 제품이나 각종 영업에 필요한 집기 비품을 채워 넣는 과정과 그에 따른 시간들이 필요합니다. 객실 12개짜리 펜션을 오픈한다고 치면, 우리는 12쌍의 신혼부부가 밥을 해

먹고, 잠을 자고, TV를 시청하는 등. 최소한의 생활 환경을 갖춰주는 것과 동일한 과정을 거쳐야 손님을 받을 수 있습니다.

여기까지 준비를 마치고 나면, 펜션 영업을 시작하는 데 큰 무리는 없습니다. 하지만 장사를 하기 위해선 소비자들에게 자신의 펜션을 알리기 위한 나름의 준비와 충분한 홍보 기간이 필요하다는 점도 잊지 말아야 합니다.

장사를 위한 모든 준비를 마친 후엔 펜션 홈페이지를 제작해야 합니다. 그다음, 키워드 광고와 기타 여러 채널을 통해, 자신의 펜션이 오픈했다는 사실을 잠재적인 소비자들에 알려야 합니다. 이 모든 과정들 역시, 절대적인 시간이 필요합니다. 홈페이지가 완성되는 시간, 광고와 홍보를 통해 자신의 펜션이 충분히 알려지기 위한 기간이 필요하다는 의미입니다. 결국, 대략의 과정들만 생각해 보아도, 펜션 창업은 꽤 오랜 준비 기간이 필요하다는 사실을 쉽게 이해할 수 있습니다.

사전 준비 기간 2
부지 매입과 각종 인허가 업무, 설계 과정

펜션을 시작하기 위해서는 마땅한 땅을 구해야 하는데, 생각보다 꽤 오랜 시간이 필요합니다. 물론, 오랫동안 소유하고 있던 땅이 있거나 자신이 사는 집을 펜션으로 바꾸는 경우엔 간단하지만, 도시 생활을 정리한 후 새롭게 펜션을 시작하기 위해 땅을 구하는 경우에는 여러 가지 번거로운 과정들을 거쳐야 합니다. 입지나 수요 등에 대해서는, 이미 앞에서 여러 차례 설명했기 때문에 생략하기로 하고, 구체적인 부분으로 들어가서 따져보겠습니다.

아파트나 집을 보러 다니는 일조차도 꽤 오랜 시간이 필요합니다. 마땅한 펜션 부지를 찾기란 이보다 몇 배는 더 힘든 과정을 거치게 됩니다. 단순히 지역의 부동산을 돌아다녀 보는 것만으로 부족합니다. 가급적 자신이 직접 발품을 팔아, 최대한 맘에 드는 땅을 구해야 합니다. 펜션 창업을 위해 동해안에서 남해안, 서해안의 모든 해안 도로를 따라 1년 이상 땅을 구하러 다녔다는 사람도 있습니다. 맘에 드는 땅을 발견했다면, 공인중개사를 통해 흥정을 하는 과정과는 별도로, 해당 지자체에 인허가와 관련된 각종 제반 사항을 직접 문의해 보는 것이 좋습니다. 곧바로 펜션을 지을 수 있는 부지라면 큰 문제가 없지만, 용도를 변경하거나 기타 인허가와 관련된 문제가 있을 경우 비용과 처리 기간을 사전에 확인해 두는 편이 바람직합니다.

펜션 창업을 진행하다 보면, 행정처리에 발목이 잡히는 경우가 의외로 많습니다. 비용이나 노력의 문제와는 별개입니다. 착공에서 준공까지 거쳐야 하는 행정처리와 민원, 각종 인허가 등은 생각처럼 손쉽게 풀리지 않는 경우가 많습니다. 예정 부지 인근에 펜션들이 밀집해 있는 경우엔, 공사 기간에 일어날 수 있는 각종 민원에 대한 대책도 미리 염두에 두어야 합니다. 장사 '샘'이란 의외로 무서운 결과를 초래합니다. 공사를 진행하는 과정에서 발생하는 민원의 대부분은, 실질적인 문제와는 전혀 별개로 주변에 운영 중인 펜션들의 텃세에서 비롯되는 경우가 많습니다. 창업을 염두에 둘 때 지역의 연고나 사정에 밝은 곳을 염두에 두는 편이 좋다고 한 이유입니다. 사전에 이웃들과의 충분한 소통이나 잦은 교류를 통해, 말썽의 소지를 줄여가는 노력이 필요합니다. 물론, 그런 노력만으로 모든 문제를 피해 갈 순 없지만, 적어도 발생 빈도쯤은 최소화시킬 수 있습니다.

설계에 필요한 시간도 감안해야 합니다. 기획설계 단계에서 세밀하게 검토된 사항들을 설계사에게 전달해, 구체적인 도면이 나오기까지는 생각보다 많은 시간이 필요합니다. 1차로 확정된 도면을 가지고, 자신의 의도나 펜션 운영에 필수적인 부분들이 반영되었는지 확인하고 수정해야 합니다. 몇 차례 이런 과정을 겪고 나면, 설계 도면을 가지고 업체를 선정해야 합니다. 업체 선정도 신중을 기해야 합니다. 가급적 펜션에 대한 이해가 깊고, 시공 실적이 많은 업체를 찾아야 합니다. 가장 중요한 선정 기준은 해당 업체가 시공한 펜션의 실시간 예약률이란 점을 잊지 말아야 합니다.

공사에 필요한 기간 3

건축, 인테리어, 부대시설 공사에 필요한 시간들

모든 사전 준비를 무사히 마친 다음엔, 본격적인 펜션 공사에 들어갑니다. 앞서 언급한 바와 같이, 공사 기간이란 말 그대로 각 공정별로 소요되는 절대적인 작업 시간을 뜻합니다. 이 역시도 임의로 시간을 줄이거나 건너뛸 수 있는 여지가 거의 없습니다. 대신, 보다 효율적인 관리를 통해 불필요한 시간을 줄일 방법은 있습니다.

일반 건축과 달리 펜션은 건축과 인테리어를 별도로 진행해야 하는 경우가 많습니다. 건축과 인테리어를 별도로 발주한 경우, 겹치는 공정이나 연계되는 부분을 사전에 미리 체크한 후 업체들과 충분한 조율을 해두는 편이 좋습니다. 시간과 비용을 월등하게 줄여 줄 수 있기 때문입니다. 준공 전과 후로 나누어서 작업해야 할 부분들을 꼼꼼히 점검해 효율적으로 작업을 배분하는 것도, 오픈을 앞당길 수 있는 방법 중 하나입니다.

각 참여 주체들과의 지속적인 커뮤니케이션도 중요합니다. 요즘은 예전과 달리, 이유없이 말썽을 부리는 업체들은 거의 찾아보기 힘들지만, 펜션 건축과 인테리어처럼 복잡한 시설을 만드는 일에서는 언제나 예상치 못한 문제가 일어날 가능성이 높습니다. 따라서, 모든 것을 믿고 맡기는 태도 역시 바람직하지 못합니다. 수익형 펜션의 기획설계가 중요한 이유 중 하나도, 전체 공사 기간의 단축과 깊은 관련이 있습니다.

일반인이 건축이나 인테리어와 관련된 기술적인 문제에 관여하기란 좀처럼 쉽지 않습니다. 대신, 사전에 충분한 검토를 통해 만들어진 기획설계가 존재하는 경우엔 상황이 조금 달라집니다. 기술적인 부분은 제외하더라도, 기획설계에 따라 반드시 짚고 넘어가야 할 부분들과 챙겨야 할 요소들을 관리해야 합니다. 전문적인 대화가 아닌, 상식적인 의사소통만으로도 충분합니다. 문제가 발생하기 전에, 스스로의 의도와 필요를 공사에 참여하는 주체들에게 분명히 전달하고 숙지시키는 노력이 필요합니다.

공사에 참여하는 주체들의 입장이 갈릴 경우, 사전에 검토한 계획을 토대로 의견을 조율해야 합니다. 물론, 그에 따른 합리적인 비용과 시간은 양보해야 합니다. 건축이나 인테리어 공사를 진행하는 사람들의 목표는 분명합니다. 계약 범위와 비용에 근거해, 설계상 하자 없는 건물을 완성하는 것이 그들의 목적입니다. 반면에, 수익형 펜션을 위한 우리의 목표는 건물의 완성도나 인테리어의 수준만이 전부가 아닙니다. 소비자들에게 팔릴 수 있는 펜션, 효율적인 운영을 위한 시스템까지 챙겨야 합니다. 빠른 준공과는 별개로, 공사를 진행하는 동안 기획설계에서 검토되었던 모든 부분들이 빠짐없이 반영될 수 있도록 지속적인 의견 교환과 협의가 필요합니다. 막상 문을 연 다음 문제점을 알아차리게 되면, 해결에 필요한 시간과 비용은 곱절로 늘어나기 때문입니다.

4

오픈 준비 기간

영업 준비 및 홈페이지 제작, 광고와 홍보에 필요한 기간

모든 공사가 완료되어 준공까지 마치고 나면, 본격적인 영업에 필요한 준비 기간이 필요합니다. 준공이 끝난 후 미진한 공사를 완료할 시간입니다. 복층 공사나 야외 수영장, 각종 부대시설의 설치는 모두 준공 후의 작업들입니다. 각 객실별 가구와 집기 비품 등의 구입과 설치에도 많은 시간이 소요됩니다.

사전에 구입해야 할 품목들을 정리해 미리 주문을 마친 경우에도 마찬가지입니다. 각 객실별로 인테리어와 어울리는 커튼이나 가구를 고르는 일에서부터, 주방용품과 전자제품의 구입, 침구류의 제작 등은 단시간에 해결할 수 있는 일들이 아닙니다. 좀 더 욕심을 부려, 객실별로 유니크한 소품까지 비치할 욕심이라면, 전문적인 인력의 손을 빌려야 할 경우도 생깁니다.

관리에 필요한 인력을 선발하는 일에도 꽤나 많은 시간이 필요합니다. 펜션 관리에 경험이 있는 인력을 적시에 채용할 수 있다면 별다른 문제가 없습니다. 그렇지 못할 경우, 적절한 인력을 뽑는 일은 꽤나 많은 수고와 긴 시간을 필요로 합니다. 바비큐 시스템이나 펜션 서비스에 관련된 부분에 대한 준비도 마찬가지입니다. 평생 자기 집에 오는 친지나 지인들만 상대하던 사람이, 돈을 내고 찾아오는 '손님'을 맞이하기란 좀처럼 쉬운 일이 아닙니다.

오픈에 필요한 모든 준비를 마치고 나면, 홈페이지 제작에 들어갑니다. 홈페이지 제작과 관련된 사진 촬영이 끝나고 나면, 대략 일주일 전후로 임시 홈페이지가 만들어집니다. 임시 홈페이지도 생각 외로 좋은 반응을 이끌어낼 수 있습니다. 신축 펜션을 선호하는 소비자들의 심리 때문에, 임시 홈페이지를 운영하는 기간 동안에도 꾸준한 예약이 들어옵니다. 따라서 모든 촬영이 끝나고 나면, 언제라도 불편함 없이 고객을 맞이할 수 있는 준비가 되어 있어야 합니다. 아직 처음이라는 구차한 변명이나 양해만으로는 부족합니다. 자신의 경험을 실시간으로 빠르게 전파할 수 있는 요즘 같은 환경에서라면 더욱 그렇습니다. 미처 준비가 소홀한 탓에 벌어진 약간의 실수만으로도, 출발부터 삐걱대는 경우가 벌어질 수 있습니다.

홈페이지의 제작 단가와 수준에 따라 제각각이지만, 대략 5~6주 정도가 지나면 정식 홈페이지가 완성됩니다. 부분적인 수정까지 끝나고 나면 대략 2달 정도의 기간이 필요합니다. 이때부터 필요한 것이 바로 광고와 홍보입니다. 전국적으로 2만여 개에 육박하는 펜션 홈페이지가 운영되고 있으며, 자기 지역에서만 적게는 100여 개, 많게는 5~6백여 개에 달하는 펜션들과 경쟁해야 합니다. 경쟁을 이겨내고, 원하는 매출을 달성하기 위한 광고와 홍보에는 최소한 2~3개월의 시간이 필요합니다. 상황에 따라선 좀 더 많은 시간이 필요합니다.

결국, 수익형 펜션 창업을 위해서는 적어도 최소 1년 이상의 기간이 필요하다는 사실을 알 수 있습니다. 창업을 결심하고 땅을 보러 다니는 시간이나 시장조사와 기획설계 기간을 제외하고도, 각종 인허가와 공사에 필요한 기간, 오픈 준비와 홈페이지 제작 등에 필요한 기간을 모두 합치면 적어도 1년은 너끈히 소요됩니다. 펜션 오픈의 최적기인 3~4월에 문을 열기 위해선 적어도 전해 3월이나 4월에는 기획설계에 들어가야 한다는 결론에 다다릅니다. 펜션 창업에 대한 준비 기간은 길면 길수록 좋다고 항상 주장하는 이유도, 여기에서 기인한 논리입니다. 사람을 동원해 집을 짓는 일은 간단합니다. 하지만 우리가 원하는 수익형 펜션은 눈에 보이는 건물과 객실만으로 만들어지는 게 아닙니다. 충분한 사전 준비는 물론이며, 꼼꼼한 검토와 점검이 필요한 공사 기간, 소비자들에게 스스로의 존재를 알리고 고객을 맞이할 만반의 준비를 마칠 수 있는 절대적인 시간이 필요합니다.

수익형 펜션 창업의 예산 수립 방법

펜션 창업엔 상당한 수준의 비용이 필요합니다. 웬만한 집 한 채를 짓는 일에도 꽤 많은 돈이 들어가는데, 그보다 몇 배는 더 큰 펜션은 더 이상 말이 필요 없겠죠. 땅을 사는 비용과 건축, 인테리어 견적만이 창업 비용의 전부는 아닙니다. 펜션 사업을 준비하는 기간에 들어가는 소소한 비용에서부터, 건축과 인테리어가 완료된 후 장사에 필요한 물품 구입과 광고, 홍보 비용 등을 모두를 포함시켜야 합니다.

땅을 사서 집을 짓는 과정에 너무 많은 돈을 쏟아붓다 보면, 정작 장사를 준비하는 데 필요한 자금이 부족해 큰 낭패를 겪기도 합니다. 풀 빌라 급 펜션을 표방하는 곳들 중, 완성도가 떨어져 영업에 애를 먹는 경우들이 여기에 해당합니다. 간혹, 펜션 사업을 시작한다는 들뜬 마음에 고가의 픽업Pick up용 SUV 차량부터 구입하는 사람들도 있지만, 매우 바람직하지 못한 태도들입니다.

업체에서 제시하는 견적이나 어림셈만으로 달려들었다가, 마무리 공정에서 돈이 부족해 곤란을 겪는 일은 허다합니다. 이 모든 일들이 사전에 충분한 검토 없이 일단, 쓰고 보자는 막무가내식 투자 때문에 일어납니다.

펜션 창업에 필요한 전체 예산을 짤 땐 일의 순서와는 정반대로 비용을 계산하는 것이 안전합니다. 맨 먼저, 오픈 직후 필요한 광고 및 홍보 비용을 책정하고, 홈페이지 제작에 필요한 비용을 잡아봅니다. 펜션 관리와 운영에 필요한 비품의 구입이나 초기 3개월 정도의 운영비 등을 미리 확보해 두는 편이 안전합니다. 준공을 마친 후 부대시설을 설치하는 데 들어가는 예산과 가구, 집기 비품, 전자 제품, 주방용품 등을 구입할 돈도 사전에 계산해 두어야 큰 낭패를 면하는 좋은 방법이 됩니다. 그럼, 각 단계별로 필요한 예산에 대해 알아보도록 하겠습니다. 이해를 돕기 위해 일의 순서를 역순으로 설명해보겠습니다.

1 오픈 초기 펜션 홈페이지 광고 및 홍보 비용

펜션을 오픈하고 나면 자신의 펜션을 알리기 위한 광고와 홍보가 필수입니다. 키워드 광고와 SNS를 통한 간접 홍보, 소셜커머스 등을 활용한 이벤트성 행사 등이 대표적입니다. 키워드 광고는 기본 중의 기본입니다. 선택하는 검색어와 범위에 따라 비용이 달라지는데, 지역명+펜션 키워드 조합이 가장 일반적입니다. 주의해야 할 점은 같은 지역의 경쟁자들에 의한 무한 클릭입니다. 장사에 민감한 펜션주인들은 새로 만들어진 펜션 홈페이지를 반복해서 클릭해보는 경향이 있습니다. 예약률이나 매출이 궁금한 이유가 가장 크지만, 간혹 나쁜 의도로 반복해서 클릭하는 경우도 있기 때문에 지역을 선별하는 것이 좋습니다. 각 검색 포털에서 제공하는 키워드별 검색량을 잘 따져본 후, 효과가 높은 조합을 선택하는 것도 좋은 효과를 얻을 수 있습니다.

블로그 등 SNS를 활용한 홍보도 비용을 필요로 합니다. 효과에 따른 검증이나 개인의 호불호를 떠나서, 펜션을 오픈한 직후엔 어쩔 수 없이 이런 유의 SNS 홍보에 돈을 쓰게 됩니다. 혹시 모를 불안감 때문이죠. 그래서, 지극히 제한적인 효과에도 불구하고, 굳이 말리는 편은 아닙니다. 직접 효과를 체험하는 방법 외엔, 별다른 대안이 없기 때문입니다. 키워드 광고나 블로그 등을 통한 간접적인 홍보에는 비용이 필요하다는 점을 인식하고, 사전에 충분한 예산을 확보해 두는 편이 좋습니다.

소셜커머스를 이용한 런칭 이벤트도 고려해볼 만합니다. 판매량에 따라 수수료를 정산하는 일반적인 방법 외에 소셜커머스의 여행, 숙박 카테고리 중 사이트 하나를 유료로 임대해 소비자들을 상대로 한 무료 이벤트를 진행하는 방법입니다. 소셜커머스를 방문하는 잠재적 소비자들의 숫자와 범위를 생각하면 자기 펜션의 인지도를 높이는 데 큰 도움이 되기도 합니다. 물론 사이트를 임대하는 비용은 소셜커머스 업체별로 모두 다르기 때문에 충분한 검토 후에 선택해야 합니다.

오픈 초기 광고 홍보비용은 아쉽게도 얼마 정도의 비용이 적정선이냐는 딱 잘라 말하기가 어렵습니다. 광고 효과와 비용이 정비례하는 건 아니지만, 꼬집어서 아니라고 주장할 근거도 없기 때문이죠. 개인적으로 생각하는 적정 수준은, 한 달 기준으로 최하 2~3백만 원 수준입니다. 오픈 직후부터 여름 성수기를 맞이하는 2~3개월 동안, 대략 천만 원 정도의 광고, 홍보 비용이 필요하다고 보면 무리가 없을 것 같습니다.

홍페이지 제작 비용 2

과거에 비해 가격이 많이 저렴해졌다고는 하지만, 펜션 홈페이지 제작에 들어가는 비용도 결코 무시할 수 없습니다. 가장 기본적인 수준이 대략 2~3백만 원 선이며, 고급형은 6~7백만 원 정도입니다. 최고급형의 경우 천만 원이 넘게 들어가는 경우도 있는데, 가장 큰 비용의 차이는 사진 촬영의 기간과 품질에서 나옵니다. 가격이 저렴할수록 펜션의 객실이나 시설에 대한 사진 촬영은 간략하게 넘어가는 편이며, 비용이 비싼 경우엔 며칠에 걸쳐 상당량의 원본 사진을 촬영한 후 제작에 들어갑니다. 당연히 소스Source가 되는 사진의 양이 많을수록 홈페이지의 완성도는 높아지기 마련입니다.

홈페이지 제작사의 디자인 능력이나 실적도 완성도를 좌우합니다. 펜션 홈페이지만을 전문적으로 다루는 제작사들은 나름의 노하우와 독특한 디자인 능력을 갖추고 있어, 실제 영업에도 많은 도움이 됩니다. 대신, 지속적인 사후 관리와 꾸준한 서비스를 제공할 수 있는 업체를 선정해야 합니다. 잠재적 소비자들과 시장에 자기 펜션을 소개하고 소통할 수 있는 유일한 통로가 홈페이지뿐이기 때문에, 믿을 수 있는 업체와의 협업은 언제나 중요합니다. 펜션 홈페이지 제작 비용도 최하 5백만 원 정도는 생각해 두고 있어야 합니다.

3

서비스 시설 및 객실 비품 구입 비용

펜션 건축과 인테리어가 끝나고 나면, 싱크대와 욕실이 구비된 상태의 객실이 완성됩니다. 우리가 흔히 생각하는 새집의 모습과 크게 다르지 않습니다. 이때부터 각 객실별로 가구와 전자제품, 집기 비품 등을 구입해서 비치하는 일을 시작해야 합니다. 객실 하나당, 신혼살림에 준하는 살림살이가 들어간다고 보면 큰 무리가 없습니다. 기본적인 가구와 전자제품 외에, 침구나 커튼, 주방에 비치할 그릇이나 각종 소품들을 모두 합치면, 상당한 금액이 필요합니다. 객실에 월풀이나 스파 등의 서비스 시설을 설치할 경우 비용은 더욱 늘어납니다. 월풀은 보통 2백만 원 내외, 스파는 7백만 원 정도의 구입 비용이 들어가는데, 사양이나 기능에 따라 가격의 폭도 큽니다. 야외 수영장의 경우도 마찬가지입니다. 시공 방식이나 규모에 따라 비용의 차이가 크게 나기 때문에, 기획설계 단계에서 꼼꼼한 시장조사를 통해 미리 예산을 확보해 두어야 합니다.

서비스 시설 및 집기 비품 구입 비용

구분	항목	내용	추정예산
서비스 시설	월풀	기구 구입 및 설치	2,000,000
	스파	기구 구입 및 설치	7,000,000
객실 비품	패브릭	커튼, 러너, 러그, 쿠션 등	1,000,000
	가구	침대, 식탁, 의자, 화장대, 스툴 등	1,500,000
	전자제품	TV, 냉장고 전자레인지, 에어컨 등	2,000,000
	주방기구	냄비 후라이팬, 식기, 전기쿡탑, 후드 등	700,000
	침구류	매트리스, 이불, 베개 등	800,000

단순히 비용적인 부분을 떠나, 이런 모든 종류의 집기와 비품, 시설 등을 고르고 구입하는데 필요한 발품 또한 무시 못합니다. 인테리어 업체에서 대행을 해주거나 전문적인 코디네이터의 도움을 받지 못하는 경우엔, 스스로 얼마나 많은 발품을 파느냐에 따라 차이가 크게 납니다. 요즘은 대형 쇼핑몰 등에 각 분야별로 온갖 종류의 물품을 한데 모아둔 곳이 늘어나 예전만큼 힘들진 않아도, 일반인이 감당하기엔 여전히 만만치 않은 시간과 노력이 필요합니다. 이 부분도 사전에 충분한 예산이 확보되어 있어야, 발품을 파는 과정에서의 스트레스를 크게 줄일 수 있습니다.

건축 및 인테리어 비용 4

펜션 사업을 시작할 때 가장 많은 신경을 쏟는 부분이 바로, 건축과 인테리어 비용입니다. 건축 및 인테리어 예산은 서로의 입장에 따라 규모가 갈리기 때문에 평균적인 단가를 이야기하기란 결코 쉽지 않습니다. 시공 방식에 따라 비용이 절감된다는 주장들조차, 타당성에 의문이 갈 수밖에 없습니다. 건축과 인테리어는 욕심을 내는 만큼 비용이 올라갈 수밖에 없는 구조입니다. 동일한 크기의 건물조차 시공 방식을 떠나, 자재나 마감에 따라서 비용의 차이가 큽니다. 특히, 인테리어에 들어가면, 평당 단가는 사실상 의미가 없어지기도 합니다. 그래서, 적정한 수준의 타협과 본질, 비본질을 구분한 체계적인 기획설계가 필요합니다. 본질이라 함은 영업과 예약률에 꼭 필요한 부분들을 말하며, 비본질은 단순히 건물의 외관을 돋보이게 하거나 건물주 스스로의 취향에 좌지우지되는 부분들을 말합니다.

수익형 펜션의 건축과 인테리어 비용은 평당 6백만 원 정도가 가장 보편적인 수준이라고 봅니다. 꽤 많은 업체들이 일반적인 전원주택을 기준으로 3~4백만 원 선의 평당 단가를 제시하기도 하지만, 펜션이라는 특수성을 감안하면, 평당 6백만 원이라는 기준은 큰 오차 없이 선택할 수 있는 최소 비용이라고 봅니다. 여기에, 객실 구조가 복층인 경우에 2~30% 정도 비용이 늘어나며, 층고를 높이거나 고가의 마감재나 고급 자재를 선택한 경우에는 단가가 더욱 높아집니다. 물론, 실제 견적은 설계가 끝난 다음에 정확한 비용을 산출할 수 있습니다.

대략 여기까지 정리해보면, 70평 한 동을 기준으로 펜션을 오픈하는 데까지 필요한 대략적인 예산은 최하 5억 원 선이라는 계산이 나옵니다. 토지 구입 비용과 토목 공사 비용을 제외하고도 말입니다. 풀 빌라 급 펜션이라면 어림도 없는 수준이지만, 수익형 펜션의 경우 이 정도 이상의 비용이 투자될 경우, 초기 투자비용의 회수 기간이 지나치게 늘어나게 됩니다. 여기에 추가로 들어가는 비용도 많습니다. 측량이나 토지 전용, 설계에 필요한 비용 등이 대표적이며, 전기 인입이나 증설, 상하수도 공사, 지하수 개발 등 건축주가 부담해야 하는 비용 항목들은 여러 가지입니다. 쉽사리 일반화시킬 수 없는 예산 항목들까지 포함시키면, 사업 예산은 더더욱 늘어나게 됩니다.

5 사업 진행비

마지막으로 눈에 보이지 않는 예산 항목 중 하나가, 펜션 창업을 결심한 순간부터 펜션을 오픈해 원하는 매출이 나오는 시점까지의 사업 진행비입니다. 직장을 다니면서 펜션 사업을 준비하는 경우도 있고, 부업으로 펜션을 운영하는 예외적인 경우들을 제외하면, 적어도 1년 이상 소요되는 펜션 창업 기간 중에 들어가는 소소한 비용들도 사업 예산에 반영되어야 합니다. 당장, 생계를 유지하는 데 필요한 돈도 무시할 수 없으며 땅을 알아보거나 업체들을 만나러 다니는 일들도 크고 작은 비용이 들게 마련입니다.

펜션 창업 비용을 역순으로 계산하고, 전체 사업 진행비까지 거론하는 이유는, 사업의 안정성 때문입니다. 초기 기획 단계에서, 면밀한 시장 분석과 철저한 기획설계를 거쳐 사업 타당성까지 평가를 끝냈다고 해도, 실제로 공사에 들어가 문을 열 때까지 어떤 예상치 못한 문제에 부딪치게 될지는 아무도 장담하지 못합니다.

무리한 욕심으로 초기에 너무 많은 돈을 써버리고 나면, 막상 문을 열 때쯤 돈이 부족해 원하는 만큼의 완성도를 갖추지 못하는 일이 숱하게 벌어집니다. 단순히 돈을 아껴 쓴다고 되는 일이 아닙니다. 꼭 필요한 부분엔 과감하게 투자를 해야 성공할 수 있습니다. 업체들이 제시하는 단가도 100% 신뢰할 수 있는 정답이 아닌 탓에 창업에 필요한 모든 예산은, 스스로 끊임없이 점검하고 복기復棋 해야 합니다.

일정 부분의 예비비를 확보하는 일도 중요합니다. 기획 단계의 예상과 실제 일어나는 일들이 반드시 일치하란 법은 없습니다. 뜻하지 않은 일들 때문에, 사업 초기 부진을 겪는 일도 미리 예상해야 합니다. 사업의 안정성 못지않게 생활의 안정성도 중요합니다. 미리 충분한 대비를 해두어야, 예상치 못했던 난관을 뚫고 사업을 끌고 나갈 수 있기 때문입니다.

놓치지 말아야 할 핵심이 한 가지 더 있습니다. 철저하고 세밀한 기획설계와 예상 가능한 모든 변수를 포함한 사업 예산과는 별도로, 자신의 투자 여력과 실행 가능성을 충분히 고민해야 합니다. 돈이 모자라거나 순조로운 사업 진행을 위한 여력이 부족한 경우에는, 아예 창업 자체를 미루거나 규모를 줄이는 편이 현명합니다. 모자란 돈을 무리하게 빌려 쓰거나, 막연한 전망에 기대어 무리하게 사업을 진행하는 일은 절대 금물입니다. 펜션은 시작하기도 어렵지만, 포기하기란 더더욱 어려운 사업입니다. 한번 시작되고 나면, 중도에 그만두는 일 자체가 불가능한 경우가 더 많습니다.

여전히 펜션에 대한 헛된 희망이나 책임질 수 없는 전망을 내놓는 사람들이 많습니다. 펜션 사업은 중년에 접어든 대부분의 사람들이 한 번쯤은 꿈꿔보는 멋진 사업 중에 하나임엔 틀림없습니다. 하지만 결코 만만히 보고 달려들 사업은 절대 아닙니다.

달콤한 성공의 이면에 숨어있는 실패의 참혹한 결과를 생각하면 더더욱 그렇습니다.

특히, 펜션 사업 자체가 자신이 살아온 지난 삶의 결과를 모두 쏟아 부어야 하는 경우엔 더욱 신중하게 접근해야 합니다. 시작은 서두르지 않는 편이 유리하며, 비용도 여유를 가질 수 있을 때 시작하는 편이 가장 안전합니다.

"돈 많은데 뭘~"

펜션 건축 현장에서, 주인 몰래 수근거리는 말들 중 가장 자주 듣는 이야기입니다. 펜션 주인들의 엄살 섞인 하소연에도 불구하고, 펜션은 아무나 할 수 있는 사업은 아니라고 봅니다. 땅을 사서 집을 짓는데, 적잖은 돈이 들어가기 때문이죠. 주인의 이런저런 요구에 사람들이 보이는 반응은, 이 한마디로 정리할 수 있습니다. 돈에 여유가 있기 때문에 펜션을 지을 수 있고, 돈이 있으니 하고 싶은 거 다 할 수 있다는 부러움 반, 시샘 반인 셈이죠.

펜션? 솔직히 돈만 있으면 누구나 쉽게 만들 수 있습니다. 돈만 있으며, 라면 봉지 뒷면의 레시피 따윈 신경 쓰지 않아도 됩니다. 이름난 음식점을 찾아 돈만 내면, 불어터진 라면 따위를 마주 대할 일은 없기 때문이죠. 그런데 이런 호사도 펜션을 만들어 문을 열 때까지일 뿐입니다.

돈으로 장사를 좌지우지할 순 없습니다. 생각만큼 장사가 따라주질 않으면, 몸과 마음이 모두 고달픕니다. 사람들 쓰자니 타산이 맞지 않아, 몸은 고달프고 주변의 수군거림에 마음이 아픕니다. 어느 순간, 내가 왜 이 짓을 하고 있나 회의감마저 듭니다. 돈에 여유가 있어 시작한 펜션이 돈 때문에 애물단지가 되는 일은 순식간입니다.

펜션 비즈니스의 실상은 잔인하기 그지없습니다. 장사가 잘되면 잘될수록 하루가 어떻게 지나가는지 모를 정도로 매일같이 녹초가 되곤 합니다. 장사가 안되면 고민은 한없이 커집니다. 쉽게 팔 수도 없고, 과감하게 문을 닫을 수도 없습니다. 희망에 부풀어 펜션을 만들 땐, 돈 없다는 소리가 엄살에 불과하지만, 막상 문을 연 다음에 쏟아내는 하소연은 곡소리에 가깝습니다.

그럼에도 불구하고, 지금 이 순간에도 새로운 펜션이 속속 문을 열고 있습니다. 다들 어렵다고 아우성인 시장 분위기와는 정반대입니다. 펜션 창업을 희망하는 사람들에게 더없이 매력적인 사업인 탓이겠죠. 하지만 분별없이 헛된 돈을 쓰는 사람들도 무척 많습니다. 전문가들이라는 사람들조차, 돈에 대한 각자의 이해와 욕심이 갈려 올바른 방향을 제시하는 경우가 드뭅니다.

간혹, 펜션에 대한 부정적인 이야기를 전해 들어도, '나는 다르다, 나는 성공할 수 있다'라는 특유의 기질과 고집으로 밀어붙입니다. 그동안 만났던 대부분의 사람들에게서 발견할 수 있었던 공통점들입니다. 무언가 대단한 걸 기대하고 찾아왔던 사람들은 대부분 별거 아니란 표정으로 돌아서곤 합니다. 그들이 기대하는 무언가를 채워줄 수 있다면 좋겠지만, 솔직히 그럴만한 능력이나 획기적인 성공의 노하우 따윈 없습니다. 만약, 펜션 사업에 대한 확실한 성공 비법 따위를 알고 있다면, 결코 그 누구에게도 말해주지 않을 겁니다. 반대로, 꼭 빠뜨리지 말아야 할 것들, 하지 말아야 할 일들만큼은 자신 있게 말해줄 수 있습니다. 아쉽게도 그들의 귀엔 들리지 않겠지만 말입니다.

책이나 한 권 써볼까 하는 가벼운 마음으로 시작한 일이, 자그마치 3년이란 시간이 걸렸네요. 누군가 남겨둔 결과물이나 미리 정리해둔 자료라도 많았다면 이렇게 오랜 시간이 걸리지는 않았을 겁니다. 맨 처음 펜션 업계에 발을 디뎠을 때만 해도 제 눈에 비친 펜션은 환상과 낭만 그 자체였습니다. 대형 서점의 서가 한구석에 간혹 꽂혀있던 펜션 관련 서적엔 온통 장밋빛 희망만이 가득 차 있었고, 현장에서 만난 펜션 주인들은 한눈에 부유함이 엿보였던 탓이죠. 겉으로 보이는 펜션의 규모와 시설의 화려함을 바라보면서, 부러움을 숨기지 못할 때가 많았습니다.

하지만 얼마 지나지 않아, 눈에 보이던 그 모든 것들이 허상에 불과하다는 것을 알게 되면서 펜션 마케팅에 대한 고민을 시작하게 되었습니다. 지금껏 만나본 대부분의 펜션 주인들이나 예비 창업자들은 펜션 비즈니스의 냉혹한 현실 따위엔 별다른 고민이 없는 사람들이었습니다. 어찌 보면 당연한 일일지도 모르겠습니다. 누구나 아는 것 같지만, 그 누구도 제대로 알지 못하고 있는 것이 펜션 비즈니스인 탓일 것입니다. 만나는 사람들마다 더 많은 돈을 쓰라고 종용만 할 뿐, 정작 돈 버는 방법에 대해선 알려주지 못한 결과일 수도 있습니다.

펜션에 대한 나름의 생각을 정리하는데, 대략 10여 년의 시간이 흘렀습니다. 적어도 이제껏 궁리하고, 경험했던 모든 것들을 다 풀어놓았다고 생각합니다. 좀 더 냉정하고 엄혹한 현실을 가감 없이 적어보려고 애썼지만, 그 결과물이 신통한 것 같지는 않습니다. 하지만, 앞으로 어떤 이야기를 할 수 있을까 고민될 만큼 최선을 다했습니다.

마지막으로, 부디 이 책이 새롭게 펜션을 창업하시려는 분들께 라면 봉지 뒷면에 적혀 있는 레시피만큼의 값어치를 했으면 하는 바람으로 펜션 마케팅의 모든 이야기를 마칩니다.